MELHOR & MAIS RÁPIDO

JEREMY GUTSCHE

[MELHOR & MAIS RÁPIDO]
O CAMINHO COMPROVADO PARA IDEIAS IMBATÍVEIS

Tradução
Bruno Casotti

Rocco

Título original
BETTER AND FASTER
The Proven Path to Unstoppable Ideas

Copyright © 2015 by Jeremy Gutsche Consulting Inc.

Todos os direitos reservados incluindo o de reprodução
no todo ou em parte sob qualquer forma.

Edição brasileira publicada mediante acordo com
Crown Business, um selo da Crown Publishing Group,
uma divisão da Penguin Random House LLC

Direitos para a língua portuguesa reservados
com exclusividade para o Brasil à
EDITORA ROCCO LTDA.
Av. Presidente Wilson, 231 – 8º andar
20030-021 – Rio de Janeiro – RJ
Tel.: (21) 3525-2000 – Fax: (21) 3525-2001
rocco@rocco.com.br / www.rocco.com.br

Printed in Brazil/Impresso no Brasil

Preparação de originais
SOFIA SOTER

Revisão Técnica
MELINA FRANÇA

CIP-Brasil. Catalogação na fonte.
Sindicato Nacional dos Editores de Livros, RJ.

G995m   Gutsche, Jeremy
        Melhor & mais rápido: o caminho comprovado para ideias
    imbatíveis / Jeremy Gutsche; tradução de Bruno Casotti.
    – 1ª ed. – Rio de Janeiro: Rocco, 2016.

        Tradução de: Better anda faster: the proven path to unstoppable ideas

        ISBN 978-85-325-3036-3 (brochura)

        ISBN 978-85-8122-667-5 (e-book)

        1. Empreendedorismo. 2. Negócios – Administração. I. Título.

16-35402   CDD-658.11
                                                                  CDU-658.016.1

SHELAGH GUTSCHE:

Este livro é dedicado a você, minha mãe campeã, por tudo o que fez para criar dois filhos felizes, motivados e empreendedores, enquanto nos ensinava a importância da família, dos amigos e de pessoas compreensivas.

SUMÁRIO

PRÓLOGO   9

Parte I   DESPERTE

Capítulo 1   O CAÇADOR E O AGRICULTOR   17

Capítulo 2   ARMADILHAS DE AGRICULTOR *VERSUS* INSTINTOS DE CAÇADOR   24

Capítulo 3   COMO CRIAR UM CAÇADOR   50

Parte II   CACE

Capítulo 4   GANHANDO IMPULSO A SEU FAVOR   61

Capítulo 5   CONVERGÊNCIA   65

Capítulo 6   DIVERGÊNCIA   88

Capítulo 7   CICLICIDADE   111

Capítulo 8   REDIREÇÃO   129

Capítulo 9   REDUÇÃO   144

Capítulo 10 ACELERAÇÃO   160

Parte III   CAPTURE

Capítulo 11 O TERRITÓRIO DE CAÇA   181

Capítulo 12 EXAMINANDO INDÚSTRIAS INDIVIDUAIS   193

CONCLUSÃO   219

Apêndice: Estudos de caso

    Como abrir um restaurante em trinta dias   221

    Como educar o mundo   229

Agradecimentos   237

PRÓLOGO

Qual a relação entre aviões de papel, foguetes, corações humanos e origami? Para a maioria de nós esses elementos não parecem relacionados, mas para Robert Lang, sim. Especialista em origami, ele usa o poder de dobrar papéis para salvar vidas. Muitos de nós já fizemos aviõezinhos de papel quando éramos crianças, mas Lang transformou a antiga arte asiática na paixão de sua vida. Sua jornada peculiar começou no primeiro ano primário, quando sua professora lhe deu um livro sobre a arte do origami. Ela esperava que esse desafio estranho o impedisse de distrair seus colegas. Estava certa: Lang ficou obcecado por seu recém-descoberto hobby.

O origami pode ser divertido, mas muitos o acharão uma ocupação frívola. O que os professores de Lang não perceberam foi que a cada aviãozinho e a cada tsuru que fazia, ele chegava mais perto de descobrir segredos que o transformariam num importante inovador nos campos da indústria aeroespacial, da cirurgia cardíaca e da engenharia automotiva. O que Lang via que outros não viam? Ele começou a ver além da arte.

Ele viu os padrões.

Os padrões nos cercam. Nós os comemos, vemos, cheiramos, provamos e passamos por eles todos os dias. No entanto, a maioria das pessoas deixa de ligar os pontos. Elas não reconhecem ideias com as quais outros se identificarão, lacunas em serviços ou nichos nos quais se pode ganhar muito dinheiro divergindo da tendência predominante.

Quanto mais Lang se aprofundava na arte de dobrar papéis – um hobby tradicional que estava estagnado há séculos e aparentemente limitado em alcance – mais os padrões se tornavam inescapáveis. Certos formatos eram considerados difíceis demais para recriar, como aranhas, percevejos e besouros, mas esses limites só faziam desafiar a imaginação de Robert. Ele era fascinado por impossibilidades. Na época ele não sabia, mas isso foi o seu despertar.

De dia, Lang estudava engenharia elétrica em Stanford e acabou obtendo um PhD no Caltech (Instituto de Tecnologia da Califórnia), escrevendo uma tese sobre "Lasers semicondutores: novas geometrias e propriedades espectrais". Seu trabalho de doutorado não estava relacionado a sua arte, mas, fora de seus objetivos acadêmicos, ele estudou os grandes nomes do origami japonês e aprendeu sozinho a fazer construções em dobras inacreditavelmente difíceis, incluindo figuras de papel de Jimmy Carter e Darth Vader. Ele queria fazer formigas-lava-pés, caranguejos-eremitas e dragões, mas esses feitos ainda estavam além de seu alcance.

O origami era um hobby exigente.

Após o PhD, Lang se tornou um talentoso pesquisador de fibra ótica, mas durante suas horas livres ele alimentava sua fome de origami, participando do submundo competitivo dos origamis japoneses. Suas realizações o levaram a ser aceito pela Origami Detectives, uma aliança, com sede japonesa, de dobradores de papéis que ousavam sonhar com proezas de dobraduras inconcebivelmente intricadas, como criar um besouro alado com chifres.

Trabalho e brincadeira logo se fundiram. Empenhando-se com a intensidade de um cientista louco, Lang começou a ver a ciência por trás de seus origamis. Ele descobriu que todas as formas seguem alguns padrões previsíveis, uma verdade que passara despercebida durante séculos, e desenvolveu um software para calcular o padrão de dobradura de quase todas as figuras imagináveis. Ele introduzia um simples desenho de pauzinhos no programa e o software ditava as dobras necessárias para realizar o que antes se pensava ser impossível. Seus colegas de dobradura chamaram isso de "A Arma Secreta".

Lang revolucionou o origami. Por fim, ele conseguiu fazer a cobiçada joaninha. De repente, o grau de dificuldade dos concursos de origami aumentou muito, com o número médio de dobraduras por papel aumentando de trinta para cem.

Apesar de ter assegurado 46 patentes em optoeletrônica, aos 40 anos de idade, Lang abandonou sua bem-sucedida carreira em pesquisa de fibra ótica para *dobrar* em tempo integral.[1] Ele passou a dedicar sua vida a caçar oportu-

---

[1] Susan Orlean, "The Origami Lab", *The New Yorker*, 19 de fevereiro de 2007. Disponível em: <http://www.newyorker.com/reporting/2007/02/19/070219fa_fact_orlean?currentPage=2>.

nidades de origami inexploradas. "Havia gente demais fazendo lasers", disse ele. "As coisas que eu podia fazer com origami, se eu não fizesse, não seriam feitas por mais ninguém."

Lang estava certo, mas havia um significado oculto em sua mensagem. Ele percebeu que o origami podia ajudar um mundo desesperado por soluções. Seus avanços demonstraram como as técnicas de dobradura criativas podem resolver uma série de problemas de engenharia mecânica. Quando a NASA precisou de uma maneira revolucionária para dobrar um telescópio e colocá-lo em um foguete, aproveitou-se da expertise de Lang. Quando um fabricante de automóveis alemão precisou de uma técnica superior para embalar air bags, os origamis de Lang o salvaram. Hoje, bioengenheiros usam métodos de origami para embalar filamentos de DNA.

"Quase todas as inovações acontecem fazendo-se conexões entre campos que outras pessoas não percebem que existem", explicou-me Lang. Para encontrar uma oportunidade, ele me disse que é preciso "procurar as conexões e tentar entender os padrões. É muito bom quando você vê uma conexão entre dois campos, mas se você entende o padrão subjacente, pode ver mais facilmente tipos semelhantes de conexão em jogo em outros campos de empreendimentos."

A capacidade aparentemente milagrosa de Lang de expandir os origamis para além de suas raízes originais é uma metáfora apropriada para este livro. Lang nos ensina que em algum lugar lá fora está a sua grande ideia. Você só precisa saber onde procurar. Aprendendo a encontrar padrões em vários lugares incomuns, você pode se beneficiar de avanços em outras indústrias, acelerar sua busca por novas ideias e utilizar melhor seu potencial.

Há, no entanto, um problema. Tomar consciência do padrão não é tão fácil quanto possa parecer de início. Nos anos 1950, o tempo de vida médio de uma das maiores empresas do mundo era de 75 anos, semelhante ao de um ser humano. Hoje, esse número caiu para o tempo de vida médio de um cachorro – apenas 15 anos – e alguns esperam que despenque para apenas cinco anos.[2] Empresas não estão conseguindo se adaptar. Na última década, Kodak, Border's, Trump Entertainment, Hostess Foods e Tower Records ruíram, sem

---

[2] Steve Denning, "Why Did IBM Survive", *Forbes*, 10 de julho de 2011. Disponível em: <http://www.forbes.com/sites/stevedenning/2011/07/10/why-did-ibm-survive>.

falar em todas as companhias aéreas, bancos e fabricantes de automóveis americanos que tiveram de ser salvos em resgates financeiros de emergência feitos pelo governo com muitos bilhões de dólares. Está claro que precisamos saber como identificar melhor os padrões destrutivos que regularmente caem sobre nós como uma onda, mas precisamos também saber como entrar melhor nessa onda e passear nela, se isso servir para alguma coisa.

Depois de anos assessorando centenas das maiores marcas, da Coca-Cola à IBM e à Victoria's Secret, aprendi que a única coisa mais forte do que uma ideia é a cultura que a nutre – ou que a impede de criar raízes. Parte do que este livro oferece é uma maneira de superar as armadilhas psicológicas e culturais que levam pessoas inteligentes a deixar de ver oportunidades.

O PODER DA MASSA

Durante anos, corri atrás da minha própria ideia empreendedora, mas, como muita gente, nunca encontrava uma que parecesse exatamente certa. Aos 29 anos, eu trabalhara como consultor de gerência, chefe de analítica, condutor de inovações e, por fim, diretor de banco. Fizera uma carreira ajudando pessoas a encontrar as ideias *delas* sem encontrar a minha. Até que, certa madrugada, criei uma comunidade na internet para as pessoas compartilharem ideias de negócios – a Trend Hunter (Caçador de Tendências). Eu esperava que alguém em algum lugar me ajudasse a encontrar minha inspiração – mas quando o site teve um crescimento explosivo, percebi que a própria Trend Hunter era minha oportunidade.

A PESQUISA QUE LEVOU A ESTE LIVRO

À primeira vista, você pode confundir o site da Trend Hunter com uma publicação de mídia, mas nos bastidores ele é cuidadosamente estruturado para ser um laboratório de pesquisa gigante. Imagine ter seis estádios de basquete cheios de especialistas em caçar ideias para você. Em seguida, imagine testar o apelo de uma ideia com milhares ou, em alguns casos, centenas de milhares de pessoas. Isso é a Trend Hunter. Até hoje, já analisamos 250 mil produtos.

Tradicionalmente, as pesquisas sobre tendências eram dominadas por gurus e intuições. Nossa abordagem divergiu disso reunindo contribuições de muitas pessoas simultaneamente. Em 2007, um ano antes da crise financeira, estávamos simultaneamente investigando um declínio da paixão pelo luxo, um crescimento do que chamamos de "alta-costura da contração do crédito" e um "retorno à cozinha", três mudanças-chave no comportamento do comprador que prognosticavam um mercado para novos produtos e serviços. Um ano antes, em 2006, havíamos previsto que os marqueteiros levariam suas verbas da TV para a internet, e em 2007 estávamos falando do Twitter como uma nova e poderosa plataforma de marketing, apesar de só existir há alguns meses. Repetidamente, a Trend Hunter provou sua eficácia como motor de ideias global. A Trend Hunter não é tolhida pelas limitações de ninguém; em vez disso, a contribuição de milhões de pessoas incansavelmente curiosas gera um poder de previsão surpreendente.

Quando começamos a oferecer às empresas os serviços especializados de pesquisadores da Trend Hunter, nossa lista de clientes explodiu, o que nos deu um acesso raro a alguns dos problemas de inovação mais difíceis que os negócios enfrentam. Em um dia qualquer, podemos prever interfaces futuras para a Samsung ou a Intel, ajudar a Adidas a explorar a cultura pop em seu novo tênis de sucesso, ou inspirar novos brinquedos criativos da Crayola. Essas missões têm nos dado oportunidades raras de testar nossa metodologia e entender como os inovadores mais brilhantes do mundo permanecem à frente da curva.

Ao longo do caminho, entrevistamos quase mil inovadores, empreendedores e clientes para entender melhor seus segredos. Baseado nessas pesquisas, *Melhor & mais rápido* ensinará *seis* padrões específicos que você pode usar como atalhos para novas oportunidades. Embora os dados sejam aprofundados, minha preferência é por contar histórias – não apenas as conhecidas, mas também aquelas que você provavelmente nunca ouviu antes: histórias envolvendo pessoas de diferentes níveis econômicos que alcançaram o inacreditável. Ao ver como indivíduos e empresas específicos dominaram os padrões, você poderá ser mais inovador, inteligente e hábil.

Aproveite!

PARTE 1

DESPERTE

CAPÍTULO 1

O CAÇADOR E O AGRICULTOR

Vivendo uma era de mudanças sem precedentes, é fácil pensar que temos oportunidades potenciais ilimitadas. Mas não é bem assim. Precisamos ser inteligentes o bastante – *evoluídos* o bastante – para alavancar mudanças. Precisamos ir além de nossas raízes de "agricultor" e encontrar nosso "caçador" interno.

Há dez mil anos, algo mudou. Alguém plantou as primeiras sementes, prenunciando uma nova era. A humanidade tinha agora uma fonte de alimentos confiável, eliminando a necessidade de gastar tempo procurando plantas selvagens e caçando animais como nômade. Era possível se fixar num lugar, formar comunidades e adquirir posses. Ao longo das quinhentas gerações seguintes, a previsibilidade e a proteção da ordem se tornaram soberanas. Evoluímos para nos tornarmos excelentes agricultores. É simples assim: depois de encontrarmos um campo para cultivar, somos neurologicamente programados para repetir a cadeia de decisões que levou à colheita anterior. Hoje, podemos ver essa programação no modo como a maioria das corporações se comporta. Depois de se tornar bem-sucedida, uma empresa cria regras, procedimentos e políticas para proteger o *status quo*.

Todo mundo cultiva. Seu "campo" pode ser seu trabalho, seu produto ou sua marca, mas, automaticamente, quando encontra um campo fértil, você o cultiva. Suas preferências neurológicas assumem o comando e você se torna protetor de sua arte, empenhando-se para o que espera ser uma repetição da colheita anterior.

Embora tenha nos servido bem nos últimos dez mil anos, essa tendência nos deixa despreparados para a época atual de mudanças rápidas. Para nos libertarmos, precisamos entender melhor a tendência ao cultivo e aprender a despertar nosso caçador interno. Sim, é tentador pensar: "Mas eu *já sou* um caçador. Por isso estou lendo este livro. Por que não posso apenas saber quais são esses padrões e começar já?" Mas há um perigo imenso nessa impaciência. Se você cair nas armadilhas do agricultor, não conseguirá explorar plenamente os padrões. Portanto, ouça.

O AGRICULTOR: XAROPE PARA TOSSE, MOMENTOS ESTRANHOS E PODER DE SEDUÇÃO

Roy Raymond era uma versão dos anos 1970 dos empreendedores californianos ambiciosos de hoje. Formado em administração em Stanford, ele estava à procura de um conceito comercial para chamar de seu, mas não o estava encontrando seguindo uma carreira na Vicks, empresa desenvolvedora de xarope para tosse. Um dia, durante uma missão para encontrar um presente para sua mulher, ele entrou na seção de roupas íntimas de uma loja de departamentos local. A experiência foi estranha, para dizer o mínimo. Ele se sentiu como "um intruso indesejado", constrangido e perdido em meio a "cabides de roupões atoalhados e camisolas de náilon floridas e feias".[1]

O desconforto levou a uma ideia: por que não criar uma loja mais confortável para os homens, em que eles pudessem comprar lingerie para suas namoradas ou esposas? Sua ideia teve como base duas percepções: primeiro, a de que uma loja de lingerie voltada para homens os deixaria mais confortáveis para comprar; e, segundo, a de que lingerie realmente sexy faria sucesso com homens *e* mulheres.

Em 1977, Raymond implorou e conseguiu US$ 80 mil emprestados de seus parentes para abrir uma pequena loja de lingerie. Com paredes de madeira, peças de roupa modernas e uma estética sofisticada e voltada para homens, a loja vendeu meio milhão de dólares em seu primeiro ano. Esse sucesso financiou outros três endereços. Com a intenção de tornar a loja nacional, Raymond lançou um catálogo para pedidos pelo correio que virou o principal assunto da indústria e chamou ainda mais atenção quando foi pregado em vestiários masculinos por toda parte. Alguns anos depois, ele estava acrescentando novos endereços e faturando milhões.

---

[1] Emily Newhall, "A Catalog-Business Boom", *Newsweek*, 16 de novembro de 1981.

A essa altura você provavelmente adivinhou que a loja de Raymond era a Victoria's Secret, embora reste pouco do modelo de negócio original na rede internacional que conhecemos hoje. Raymond fez muitas coisas da maneira certa – incluindo transformar uma experiência de compras frustrada num conceito de varejo lucrativo e se utilizar de um nicho inexplorado – e por isso colheu recompensas. Mas, apesar de todas essas ações inteligentes, ele não viu o quadro mais geral. Acontece, é claro, que as *mulheres* compram a maior parte da lingerie, e não os homens – portanto, Raymond estava vendendo para o sexo errado. O principal motivo pelo qual as mulheres compravam em suas lojas era mesmo a lingerie moderna, mas não especificamente porque esta deixava os homens felizes. Em vez disso, era porque a lingerie as fazia se sentirem mais confiantes. Raymond não percebeu nada disso. Sua rede caminhava para a falência quando o magnata do varejo Leslie Wexner tirou a empresa de suas mãos.

Em questão de meses, os novos administradores modificaram radicalmente as lojas e o catálogo: imagens, marca, cores e estilos foram replanejados para o olhar feminino, e a nova abordagem de dar poder à mulher funcionou como mágica. O resultado: três décadas depois, a Victoria's Secret se tornou uma megamarca de US$ 6 bilhões.

Seria fácil preterir o talento de Raymond com base no tamanho de seu erro. Poderíamos argumentar que ele estava deixando de perceber o óbvio, mas não devemos esquecer que suas lojas iniciais venderam milhões. Ele tinha uma fórmula comprovada e se apegou a ela por anos.

Infelizmente, assim como muitos indivíduos e equipes, Raymond ficou feliz demais desempenhando o papel de agricultor. Se tivesse experimentado mais e se disposto a deixar de lado as crenças que enraizou, ele poderia ter se aproveitado plenamente das oportunidades que sua empresa estava preparada para explorar.

Que oportunidades *você* está perdendo neste momento? Quantas ideias de negócios revolucionárias estão a apenas alguns passos de distância daquilo em que você já está trabalhando? A realidade é que você não pode saber. Diferentemente de Raymond, a maioria de nós jamais verá alguém chegar e fazer nosso trabalho muito melhor.

Embora o fracasso de Raymond tenha sido catastrófico, suas falhas são comuns em negócios e empreendedores. Raymond sofreu com as três armadilhas do agricultor: foi complacente com seu sucesso, repetitivo e excessivamente protetor com suas crenças.

Por mais estranho que isso possa parecer, uma das lições mais difíceis de aprender com essas armadilhas é que "ser bom" em alguma coisa pode acabar impedindo você de alcançar seu pleno potencial.

O CAÇADOR: ALTA-COSTURA, JEANS E NENHUMA FOTOGRAFIA

Para entender como evitar essas armadilhas, vamos conhecer um caçador improvável: um homem de 78 anos que vive na movimentada cidade portuária espanhola de Corunha. Ele usa o mesmo uniforme azul quase todo dia. Almoça no refeitório de seu trabalho e raramente tira férias. Não dá entrevistas, e até 1999 não existia nenhuma fotografia publicada desse homem misterioso.

O único motivo pelo qual ele finalmente concordou em ser fotografado foi porque ele *teve* que fazê-lo por causa da oferta pública inicial de ações de sua empresa. Ele ganhou bilhões revolucionando a moda e hoje é o terceiro indivíduo mais rico do mundo, mais rico do que Warren Buffet e Larry Ellison, só um pouco atrás de Carlos Slim e Bill Gates.

Amancio Ortega é o criador da Zara, uma próspera rede internacional de lojas de roupas que você pode, equivocadamente, achar igual a qualquer outra, sendo que é completamente diferente. O diretor de moda da Louis Vuitton considera a Zara "possivelmente a empresa varejista mais inovadora e devastadora do mundo".[2] A empresa não faz propaganda porque não pode e não precisa. Não tem todos os modelos e tamanhos em estoque, e os estilos raramente são coerentes. E é exatamente por isso que é bem-sucedida.

Entender como a Zara tornou Ortega fabulosamente rico é entender o futuro do negócio – em *qualquer* indústria. Esta não é uma lição de moda.

A lição começa com a velocidade. Uma empresa de roupas mediana demora vários meses ou até um ano para transformar um design em um produto pronto para ser comprado. A Zara demora apenas 14 dias.[3]

---

[2] "Zara, a Spanish Success History", CNN, 15 de junho de 2001. Disponível em: http://edition.cnn.com/BUSINESS/programs/yourbusiness/stories2001/zara.

[3] "The Reclusive Billionaire: Secret Life of Zara Boss Amancio Ortega and His 'Fast Fashion' Empire", *The Age*, 5 de março de 2013. Disponível em: <http://theage.com.au/executive-style/management/the-reclusive-billionaire-secret-life-of-zara-boss-amancio-ortega-and-his-fast-fashion-empire-20130305-2fhne.html>.

Todos os dias, estilistas e modelistas criam vários conceitos que a empresa rapidamente produz em sua fábrica local. Terceirizar na China não é uma opção, porque a distância atrasaria a produção. A Zara com frequência começa trabalhando com tecidos crus, ou seja, inacabados, quase sem cor. Trabalhar com tecidos nesse estado significa que eles podem ser tingidos no último minuto.

Se a última inspiração da Zara é um vestidinho vermelho com gola, cinco tamanhos desse modelo serão produzidos e enviados a cada uma das 2 mil lojas da rede – tudo isso em duas semanas. Se você comprar esse vestido vermelho, um vendedor lhe perguntará por que você gosta dele. Perguntas assim podem parecer inócuas, mas no fim do dia legiões de lojistas se reportarão à matriz. Se um número suficiente de mulheres gostar do vestido mas não muito da gola, o estilista criará rapidamente um novo modelo sem gola, e em 14 dias este chegará a todas as 2 mil lojas.

O estoque escasso tem muitos benefícios. A empresa raramente mantém roupas que não consegue vender e a propaganda é desnecessária, irrelevante e impossível. Não faz sentido pôr um vestido num cartaz se ele não estará disponível na semana seguinte. Por fim, o suprimento limitado reforça a exclusividade. Se você tiver sorte o bastante para arrematar a saia nova, que está em alta esta semana, ótimo, mas, se hesitar, pode ser que nunca mais a encontre na loja. Isso gera urgência, se utilizando da mentalidade de predador e presa que fisga muitos compradores. As clientes também se sentem confortáveis por saberem que as colegas dificilmente aparecerão no trabalho com o mesmo vestido.

Esses métodos incomuns ajudaram a Zara a se tornar um dos varejistas de crescimento mais rápido no mundo, e um dos mais inovadores. Em artigo sobre a empresa, o jornal britânico *The Telegraph* relatou que a abertura de uma loja da Zara é um "indicador de cidade com estilo", e citou uma jovem dizendo, "Graças a Deus não seremos mais um país com moda do terceiro mundo".[4]

Diferentemente do arquétipo do "agricultor" que descrevi, Ortega não é complacente. É insaciável. Em suas próprias palavras, quer você seja um esti-

---

[4] Marion Hume, "The Secrets of Zara's Success", *Telegraph* (Londres), 22 de junho de 2011. Disponível em: <http://fashion.telegraph.co.uk/news-features/TMG8589217/The-secrets-of-Zaras-success.html>.

lista ou um lojista, "a tarefa diária é marcada pelo autoaprimoramento e pela busca de novas oportunidades". Ortega não cai na repetição, nem é protetor em relação a suas criações modernas. Ele é incansavelmente curioso e disposto a destruir.

Estes são os três instintos do caçador – insaciabilidade, curiosidade e disposição para destruir.

DESPERTANDO SEU CAÇADOR INTERNO

Embora possam parecer conceitos simples, pô-los em prática é outra questão. O primeiro passo é despertar – um processo do qual fui lembrado durante um telefonema antes de uma apresentação em uma empresa. O CEO da empresa me estimulou ao estilo de Tony Robbins, embora fosse eu o contratado para fazer a palestra motivacional.

Ele preside uma empresa bilionária de seguros que está crescendo, embora não tão rápido quanto seus acionistas gostariam. Ele não perdeu tempo:

"Posso ser sincero com você? Podemos falar como se fôssemos duas meninas num vestiário?"

Eu pensei: "Bem, não entendo a referência... mas claro."

Ele continuou com um monólogo animado que evoluiu como o discurso de um técnico de futebol rígido cujo time está perdendo no intervalo do jogo:

"Nossa marca é como um leão. Nós nos tornamos reis. Reivindicamos nossa terra. Mas agora somos esse mesmo leão e estamos dormindo embaixo de uma árvore. As pessoas vêm trabalhar, ganham seu sustento, pagam a prestação da casa e vão para casa. Somos bons, mas não ótimos. Perdemos nossa fome. Somos um leão sentado embaixo da árvore, vendo as hienas passeando em nosso território. Elas estão vindo em nossa direção. Elas arranham. Empurram. Estão comendo nossa comida! Em determinado momento, precisamos nos lembrar que somos uma p**** de um leão. Nós precisamos levantar e precisamos rugir, p****!"

A complacência era o inimigo desse caçador, e ele estava mais do que consciente disso – estava *obcecado*.

"As coisas precisam mudar", rosnou o CEO. "E precisam mudar agora. Ou as pessoas estão comigo na nova ordem mundial ou não estão. E isso pode significar que nem todo mundo ainda é adequado para o trabalho. Isso pode significar que as pessoas mudam. Mas uma coisa é certa!", trovejou ele. "Somos caçadores e agora é a nossa hora de caçar!"

Muitas das empresas mais fortes de hoje são grandes leões. Elas têm a capacidade de reivindicar novos territórios com ferocidade, mas, depois de fazê-lo, com frequência são tentadas a parar para se deleitar em sua glória. Reis da selva, não conseguem se imaginar destronadas. Essa atitude não passa despercebida. O resto do reino animal nota essa complacência. Eles a farejam e a conhecem. As hienas se tornam um pouco mais ousadas e famintas.

Confrontado com um mundo de negócios que não é mais definido pela estabilidade e previsibilidade, você precisa se adaptar. É hora de sair das sombras de seus predecessores – hora de afiar suas armas. Caçadores procuram pistas, escutam passos e farejam cheiros que levem a oportunidades. Se sua lança errar o alvo, atire outra ou faça uma arma melhor. Caçadores constantemente reavaliam sinais e buscam novos padrões que os ajudem a seguir o rastro de sua próxima presa.

Agora é hora de despertar seu caçador interno. Atire sua lança. Coma à vontade enquanto o leão cochila! Crie uma cultura de velocidade e reconheça que sua principal vantagem competitiva é a capacidade de entender seu cliente, adaptar-se e criar soluções rápidas.

Não importa o seu tamanho. Levante-se, reivindique o que é seu e ruja.

CAPÍTULO 2

ARMADILHAS DE AGRICULTOR *VERSUS* INSTINTOS DE CAÇADOR

Despertar seu caçador interno exige que você entenda melhor as armadilhas do agricultor. Exige também que você desenvolva instintos para evitar essas armadilhas.

ARMADILHA DE AGRICULTOR Nº 1: COMPLACÊNCIA

Há trinta anos, os *baby boomers* iniciaram carreiras de sucesso em empresas grandes e estabelecidas. Estavam confiantes de que, se trabalhassem duro o suficiente, seus empregadores aumentariam regularmente seus salários pelo resto de suas vidas profissionais. Só que esse mundo chegou ao fim. Hoje, mesmo empresas bem administradas não conseguem se adaptar, em grande parte devido à complacência que com tanta frequência se insinua de maneira insidiosa na cultura de uma firma.

Em meu primeiro livro, *Criação e inovação no caos: 150 maneiras criativas de pensar e agir em tempos de incertezas e oportunidades,* escrevi sobre uma empresa icônica que mudou o jogo e reinventou a comunicação. A inovação estava em seu sangue: foi a inventora do processador de texto para laptop, do corretor ortográfico e do corretor gramatical. Em 1989, arrebatou US$ 500 milhões em faturamento e ainda estava crescendo. A maioria das pessoas acharia que estou me referindo à Apple, Microsoft, HP, IBM ou Xerox, mas elas não estariam nem perto da resposta certa. Trata-se da Smith Corona, a melhor empresa de máquinas de escrever do mundo.

A Smith Corona se envolveu com computadores num empreendimento conjunto com a Acer, em 1990, mas, menos de dois anos depois, seu CEO cancelou abruptamente a investida, comentando: "Muita gente acredita que o negócio de máquinas de escrever e processadores de texto é uma indústria antiquada, o que está longe de ser verdade. Ainda há um forte mercado para nossos produtos nos Estados Unidos e no mundo."[1]

A falta de visão do CEO foi extraordinária. Três anos depois, a Smith Corona declarou falência e a Acer foi em frente, tornando-se, em determinado momento, a segunda maior empresa de computadores pessoais do mundo.

A Smith Corona não está sozinha. Ao longo das décadas, muitas corporações antes dominantes perderam território de mercado. Por exemplo, houve um tempo em que yuppies corporativos se gabavam alegremente de sua dependência da BlackBerry. Para manter sua posição de liderança, a Blackberry (que originalmente se chamava Research in Motion) construiu uma marca forte, que se vangloriava de oferecer segurança e confiança sem igual. Essas qualidades proporcionaram à empresa o equivalente a um fosso de castelo medieval, impedindo concorrentes de entrar no mercado corporativo. Mas o foco introspectivo da Blackberry e sua complacência cegaram a empresa para o potencial do mercado de consumo, em rápida expansão. Essa miopia foi sua maldição. Consumidores convencionais, não ligados a negócios, correram para as ofertas elegantes da Apple e da Samsung. Aos poucos, esses novos rivais também melhoraram sua segurança e confiança e abocanharam todo o adorado mercado corporativo da BlackBerry. Foi um golpe de nocaute que a BlackBerry não viu se aproximando e que a levou a uma queda vertiginosa.

No nível corporativo, é fácil ver como a complacência pode acontecer. Mas a armadilha apanha indivíduos também. Com muita frequência, pessoas constroem suas carreiras em torno de objetivos superficiais, de curto prazo, e se veem limitadas por incentivos impróprios e estruturas rígidas. Um documentário recente da ESPN intitulado *Broke* revelou que 78% dos jogadores da NFL declaram falência (ou quase declaram) alguns anos depois de se aposentarem, e que 60% dos aposentados da NBA seguem o mesmo caminho. Ascensões e quedas semelhantes assolam astros de cinema, rappers, donos de pequenos

---

[1] Kris Frieswick, "The Turning Point", *CFO Magazine*, 1º de abril de 2005, http://ww2.cfo.com/strategy/2005/04/the-turning-point.

negócios e empreendedores financiados por capital de risco. É um padrão repetido por milhões de indivíduos que evidencia um problema mais profundo relacionado à capacidade das pessoas de lidar com mudanças.

Considere a ascensão e queda do M.C. Hammer, um dos maiores sucessos e fracassos da história do rap. Aqueles que olharem sua história superficialmente poderão supor que ele foi um prodígio de uma música só, de ambição e talento limitados. Na verdade, Hammer trabalhou duro. Depois de três anos na Marinha, ele não quis só assinar contrato com uma gravadora, e criou a sua própria, sabendo que selos com frequência ganham mais dinheiro do que artistas individualmente. No começo, ele se promoveu incansavelmente, vendendo discos do porta-malas de seu carro. E, embora a maioria das pessoas tenha passado a ignorá-lo após seu megassucesso de 1991, *Too Legit to Quit*, ele continuou gravando, lançando mais oito álbuns.

Mas, no auge de seu poder de faturamento, Hammer cometeu um erro colossal. Ele gastou bem mais do que podia – em determinado momento, estava torrando cerca de US$ 500 mil por mês com seu *entourage* – e sua popularidade despencou. Seu sucesso apropriadamente chamado "U Can't Touch This" foi por si só uma metáfora de 1989, quando ele estava no topo. Mas bons tempos não duram para sempre e, assim como tantos rappers que subiram e caíram antes dele, Hammer estava fadado a uma dura queda. Em 1996, havia gastado sua fortuna de US$ 33 milhões e teve de pedir falência. O "Hammer Time" virou história.

Como se estivessem tomando emprestada uma página do manual de estratégia do M.C. Hammer, incontáveis negócios não conseguem se adaptar e desperdiçam o dinheiro de marketing e inovações. Isso ocorre de maneira ainda mais impressionante em empresas que experimentaram o sucesso. O sucesso gera uma forma de complacência em que trabalhadores caem na armadilha de "jogar com o dinheiro da casa". A expressão tem origem no fato de jogadores assumirem riscos demais depois de ganharem muito, apostando com o novo dinheiro como se ainda pertencesse ao cassino (conhecido como "a casa").

INSTINTO DE CAÇADOR Nº 1: INSACIABILIDADE

Para neutralizar a complacência, você precisa mostrar insaciabilidade. Coma ou será comido – esta é a força primal que move o caçador. Embora de vez em quando os caçadores possam desfrutar de um banquete, é muito mais frequente eles precisarem esquadrinhar o horizonte à procura da próxima refeição. Ajuda se os caçadores viverem numa cultura obcecada por agradar o cliente.

Richard Fairbank é o Amancio Ortega da indústria dos cartões de crédito. Assim como Ortega, ele é rico e recluso, e não é alguém que a maioria das pessoas conheceria ou reconheceria. Mas Fairbank é o fundador do bem-sucedido banco Capital One.

Em 2006, o Capital One começou a divulgar uma série de comerciais de sucesso mostrando banqueiros "visigodos". O argumento era que, se um bando de banqueiros bárbaros estivesse se preparando para saquear suas economias, você certamente iria querer alguém do seu lado. A metáfora tinha o objetivo de simbolizar a diferença entre os bancos da "velha guarda" e o Capital One.

Em 2014, quase 50 milhões de pessoas tinham um cartão do Capital One na carteira. Antes do Capital One, quase todos os cartões de crédito cobravam uma taxa de juros de 20% e uma anuidade. Era um mundo financeiro de "tamanho único", dominado por grandes bancos. A crença de Fairbank era de que um foco insaciável em dados e estatísticas – em grande parte como o gosto de Ortega por acompanhar tendências da moda – poderia levar a algo muito diferente. Se você entendesse tudo sobre seus clientes, poderia prever melhor o uso que eles dariam ao produto, a probabilidade de eles pagarem empréstimos e seus interesses gerais. Isso lhe permitiria fornecer tarifas, taxas e benefícios personalizados de um modo que nenhum outro banco poderia igualar.

Em 1999, quando a maioria dos concorrentes não dispunha nem de um site na internet, a *Fast Company* escreveu sobre a insaciabilidade de Fairbank: quando um cliente telefona, "computadores de alta velocidade entram em ação. Carregados de informações básicas sobre um em cada sete lares dos EUA e de dados abrangentes sobre como os milhões de clientes da empresa se comportam, os computadores identificam quem está ligando e preveem o motivo da chamada. Após analisarem cinquenta opções sobre a quem notificar, eles escolhem a melhor opção para cada situação. Os computadores também puxam e transmitem aproximadamente duas dúzias de informações sobre a pessoa que está ligando. E até preveem o que o autor da chamada poderá querer comprar".[2]

Na época, o Capital One, com 11 anos de existência, acumulara 16,7 milhões de clientes e um arquivo de 28 mil experimentos financeiros – cada um deles uma nova combinação de produto, preço e promoção. Fairbank disse à *Fast Company* que seu sucesso era impulsionado por uma fome muito mais ampla de inovação: "Cartões de crédito não são atividade bancária, são informações", explicou ele. "O que fizemos foi criar uma máquina de inovação." Na década seguinte, o Capital One foi esperto e expandiu para além dos cartões, realizando financiamentos para compra de casa própria, pequenos negócios e banco de varejo, aumentando sua base de clientes para 45 milhões.

Comecei a trabalhar na sede canadense do Capital One em 2004. Testávamos vários produtos por mês, inclusive combinações impossíveis que nunca seriam lucrativas. Mas talvez, quem sabe, outra coisa tornasse aquele produto lucrativo no futuro, e os testes anteriores se provassem valiosos.

Três anos depois, nosso apetite por testes havia aumentado. Minha equipe abriu caminho para alguns dos primeiros testes de planejamento de experimentos (DOE, do inglês *design of experiments*) da empresa. Para entender esses testes, imagine que você está criando um veículo. Você pode optar por fazer um carro, um caminhão, um barco ou uma motocicleta. O veículo pode ser rápido, elegante ou econômico. Vermelho, azul, preto, branco, cinza ou amarelo. Movido a diesel, gasolina ou bateria. Por fim, pode também exibir a marca Super, Incrível, Legal, Econômico ou Elegante. São muitas escolhas – 1.080 combinações, para ser exato. Escolhas demais para testar. Mas, com uma boa dose de matemática, você pode prever as melhores combinações, testando vinte ou trinta combinações aleatórias.

Para acelerar a capacidade do Capital One de evoluir e mudar, Fairbank criou uma cultura em que pessoas e funções estavam constantemente se adaptando. Destruir estruturas empresariais arcaicas é o caminho mais rápido para esse objetivo. Fairbank pôs a experimentação à frente da hierarquia. Se um funcionário júnior tivesse a ideia de um teste inteligente, mas contraintuitivo, nós não a rejeitávamos. Simplesmente acrescentávamos seu teste ao próximo

---

[2] Charles Fishman, "This Is a Marketing Revolution", *Fast Company*, maio de 1999, http://www.fastcompany.com/36975/marketing-revolution.

experimento. Se funcionasse, esse analista júnior teria um dia de folga para comemorar – e mergulharia em outro experimento imediatamente depois. O sistema estava constantemente evoluindo.

No meu caso, comecei na equipe de avaliações. Quando meus modelos de previsão tiveram um desempenho melhor do que as abordagens anteriores, fui rapidamente promovido à direção dessa equipe. Mesmo assim, eu desejava mais, então escrevi uma proposta para montar uma "Equipe de Estratégia Competitiva e Inovação". Eu queria fazer parte de uma equipe multidisciplinar que pudesse idealizar novos produtos e construir um fluxo superior de desenvolvimento. Quando terminei de apresentar a ideia, meu chefe respondeu:

"Ótimo, onde eu assino?"

Eu não entendi bem, até que ele tornou clara minha promoção em tempo real:

"A equipe é sua, portanto escolha as pessoas e comece a dirigi-las."

Essa oportunidade de pular a hierarquia raramente acontece com jovens de 28 anos, principalmente em um banco. Foi uma ótima oportunidade. Logo fui promovido de novo e passei a dirigir uma linha de negócio. O problema era que as mudanças no mercado estavam pressionando nossas margens de lucro. Quando assumi a posição, a empresa me deu o objetivo de assegurar que o negócio não encolhesse mais do que 20%. A missão era desanimadora. Imagine alardear para seus amigos: "Meu novo trabalho está indo muito bem! Eu só encolhi o negócio em 20%."

Felizmente, nunca precisei ter essa conversa. A mentalidade de caçador do Capital One me permitiu testar ideias que não decolariam na maioria dos bancos, incluindo um plano de encontrar fisicamente potenciais clientes. Montei estandes por todo o país, em shoppings e praças públicas, e me juntei à minha equipe exibindo uma camiseta do Capital One e perguntando às pessoas o que elas procuravam num cartão de crédito.

Conhecendo clientes pessoalmente, descobrimos uma maneira muito mais simples de descrever nosso novo produto. É engraçado como você pode se tornar tão especializado que perde a capacidade de entender o que os clientes pensam sobre sua categoria. Por exemplo, nós adorávamos números e jargões, mas para as pessoas comuns estávamos apenas vendendo mais um cartão de crédito. Uma das coisas que aprendi ao longo do caminho é que às vezes você tem que desaprender o que pensa que é ótimo. Assim você consegue se abrir para o que seu cliente está realmente pensando.

Na época, nosso principal produto tinha uma taxa de juros baixa e consistente de 5,99% – de longe o menor preço canadense. Estranhamente, isso não importava. Como em uma armadilha, os consumidores eram atraídos pelos preços iniciais baixos de nossos rivais – mesmo que seus cartões fossem enganadores e a taxa subisse para 20% depois de alguns meses. Uma matemática simples nos dizia que nosso produto era bem melhor para as pessoas a longo prazo, portanto isso era realmente frustrante.

Nossos grupos focais e pesquisas tradicionais não estavam ajudando. No entanto, como estávamos lá fora conhecendo clientes, aprendemos algo crucial. Os consumidores não entendiam como éramos diferentes da concorrência. Eles chegavam precipitadamente a uma conclusão errada, supondo que começávamos a 5,99% e saltávamos para 20%.

Nossa guinada veio a partir de meus testes seguintes. Determinamos um preço para tudo com base na taxa preferencial de juros, assim como no financiamento de uma casa. Em vez de 5,99%, vendemos os cartões de crédito Prime+2 e Prime+1, e as pessoas adoraram. O preço parecia justo e ajudou os consumidores a perceber que a taxa de juros não dispararia. No mês seguinte, nossos novos contratos triplicaram e o negócio rapidamente cresceu para uma carteira de US$ 1 bilhão de ativos de baixo risco.

Essa carteira de US$ 1 bilhão foi meu distintivo de honra corporativo, porém o mais importante é que me ensinou uma lição-chave em empreendedorismo: para vencer a longo prazo, você precisa estar estruturado para se adaptar.

Deixei o Capital One em 2007 para levar a Trend Hunter para o próximo nível. Timing, como se diz, é tudo, e quis o destino que isso acontecesse apenas um ano antes da contração do crédito que destruiu 465 bancos americanos,[3] do Washington Mutual (o maior fracasso bancário da história dos EUA) ao IndyMac, passando por Colonial, Guaranty, BankUnited, AmTrust, California National e Superior. É desnecessário dizer que continuei de olho no Capital One. Graças a muitos testes e a uma capacidade incomum de se adaptar, a empresa saiu incólume. Não apenas sobreviveu como cresceu.

Independentemente do negócio em que você esteja, para prosperar você precisa combater a presunção de que conhece seu cliente. Além disso, precisa

---

[3] "Failed Bank List", Federal Deposit Insurance Corporation (ver também http://en.wikipedia.org/wiki/List_of_bank_failures_in_the_United_States_%282008%E2%80%93present%29#cite_note-FDIC-1).

se estimular a desafiar "certezas". Busque clientes incansavelmente, converse com eles e não tenha medo de estar errado. Você precisa combater sua arrogância e testar impossibilidades.

ARMADILHA DE AGRICULTOR Nº 2: REPETIÇÃO

A cada estação, o agricultor repete com zelo as mesmas tarefas: semear, cultivar, regar e, por fim, colher. Ele espera que sua rotina leve à melhor safra possível e não ousa se desviar desse padrão.

De maneiras semelhantes, empresas públicas se esforçam para tomar decisões coerentes e chegar a resultados trimestrais previsíveis. Quando se dão bem, elas escalam, repetindo e otimizando seus processos.

David Cook entendia essa estratégia de negócio comprovada quando abriu a Blockbuster Video, em outubro de 1985. Ele era um especialista em bancos de dados, já rico graças a seu trabalho anterior, e seu objetivo era criar um negócio de franquia padronizada de locadoras de vídeo. Grande parte de seu sucesso se baseava no uso de dados para prever aquilo a que os consumidores poderiam querer assistir – não muito diferente da estratégia da Netflix hoje em dia.

As primeiras lojas de Cook fizeram um enorme sucesso, então ele decidiu escalar o negócio reproduzindo cada loja nos mínimos detalhes. Em 2009, a Blockbuster fincara sua bandeira em 9 mil lugares e tinha cerca de 60 mil funcionários.

Ironicamente, ao longo dos anos, a Blockbuster teve muitas oportunidades de comprar a ascendente Netflix pelo que, em retrospecto, só poderia ser visto como uma pechincha. Mas a gigante do varejo não viu necessidade e em 2004 lançou o Total Access, seu próprio site para aluguel de DVDs. No entanto, não deu ao site muita chance de êxito. Em 2007, a Blockbuster estava reduzindo drasticamente o foco do Total Access, por achar que o site estava distante demais de seu muito bem-sucedido modelo de franquia de lojas.

O que aconteceu depois disso?

Sim, você adivinhou: nos anos seguintes, a Blockbuster afundou como o *Titanic*. Em 2010, a rede moribunda foi atropelada pelo serviço de *streaming* de vídeos. A empresa declarou falência, e a Netflix disparou, tornando-se uma empresa de US$ 26 bilhões.

A otimização é uma ferramenta sedutora. Leva CEOs e gerentes a seguir por uma estrada ampla e aparentemente garantida para um resultado conservador, em vez de tomar um caminho estreito para um fim possivelmente ultrajante. Empresas adoram lançar políticas, procedimentos, hierarquias e diretrizes para ampliar um negócio, mas, inevitavelmente, a estrutura rígida limita a flexibilidade e tolhe a capacidade delas de se adaptar.

Como indivíduos, nós também podemos facilmente cometer o erro de cair na armadilha da repetição. Quando você acha uma empresa que paga bem, tende a se apegar a ela. Se você esbarrar em uma nova categoria de investimento que dá lucro, será tentado a investir exageradamente nesse nicho. E quando você tem uma carreira de sucesso, provavelmente repete o que o levou a isso, perdendo algumas das melhores oportunidades que aparecem.

INSTINTO DE CAÇADOR N° 2: CURIOSIDADE

Libertar-se da repetição exige aperfeiçoar sua curiosidade instintiva de caçador. Para inspirar curiosidade em sua organização, é essencial renovar fontes e experimentar novas ideias.

Nascido e criado em South Central, área turbulenta de Los Angeles, Ron Finley é um empreendedor afro-americano famoso por usar ternos jeans feitos sob medida – prova tangível de como ele vence as adversidades por meio de seu estilo rebelde de empreendedorismo. Apesar de ter crescido num dos bairros mais perigosos dos Estados Unidos, Finley se tornou um estilista e colecionador de sucesso e, mais recentemente, uma força importante na transformação de sua comunidade.

A violência e a atividade das gangues de South Central são conhecidas por muita gente, mas a região é também o coração cultural da comunidade negra da Califórnia e berço de astros que vão de Barry White a Ice Cube. Na juventude, curioso em relação a sua cultura, Finley progrediu do hábito de colecionar roupas de natação dos anos 1930, relógios de pulso antigos e máquinas fotográficas para passar a focar em memorabilia de entretenimento negro. Na verdade, ele desenvolveria uma coleção tão impressionante que acabaria sendo exibida no Museu de Arte Afro-Americana.

Além de sua curiosidade, tinha também uma saudável tendência rebelde. Quando Finley era estudante do ensino médio, professores lhe informaram que as aulas de economia doméstica eram para "meninas", mas ele argumentou que os chefs em geral eram homens e que queria aprender a cozinhar. E foi assim que sua escola passou a permitir que meninos tivessem aula de economia doméstica.

Depois de esgotar sua curiosidade com comida, Finley se voltou para as roupas. Ele se perguntou por que os estilistas nunca faziam nada para as pessoas de *seu* bairro. Então, na pequena garagem de sua família, ele começou a costurar agasalhos de moletom com capuz, casacos de brim e blazers elegantes, feitos sob medida, que logo conquistaram celebridades, rappers e astros da NBA, de Will Smith a Shaquille O'Neal e Robert Horry. Sua Dropdead Collexion se tornou campeã de vendas na Neiman Marcus, na Nordstrom e na Saks Fifth Avenue.

Mas Finley não largou South Central, entrou numa limusine, foi para Beverly Hills e nunca mais olhou para trás. Por que ele não abandonou um bairro tão violento? Simplesmente porque ainda estava alimentando sua curiosidade em South Central.

Quando olhou em volta, ele começou a notar o rápido crescimento de "lojas de bebidas, fast-food e terrenos baldios". Todas as pistas indicavam uma abundância de comida nada saudável. Ele me disse que estava vendo "cada vez mais crianças acima do peso", um crescimento impressionante de clínicas de diálise e estacionamentos cheios de patinetes motorizados para obesos. Mas ninguém mais parecia estar notando. Se estavam, com certeza não estavam fazendo nada a respeito.

Ao ampliar sua pesquisa, Finley se deparou com o conceito de deserto de comida, termo que se refere a distritos de baixa renda sem acesso a alimentos frescos. Os desertos de comida são predominantemente um fenômeno americano que afeta dezenas de milhões de pessoas. Finley percebeu que South Central se tornara um desses desertos.

Ele soube que o sul de Los Angeles sofria com um índice de obesidade cinco vezes maior do que Beverly Hills, o bairro vizinho e muito rico.

– Imagine se seu bairro não tivesse nenhum tipo de comida de verdade? – disse-me ele. – E se tudo fosse fast-food ou altamente processado? E se você não pudesse comprar uma maçã?

Finley decidiu atacar o problema. Ele não sabia como cultivar uma horta, mas o caçador que havia nele viu um potencial em todos os terrenos baldios e nas faixas de terreno público ao lado das calçadas. Ele se inscreveu num curso, comprou algumas ferramentas e arrancou o mato ao lado de sua calçada para plantar suas primeiras sementes.

Finley não sabia ao certo o que aconteceria, e durante algumas semanas sua horta de guerrilha parecia igual a qualquer outro pedaço de terra vazio. Até que os primeiros vegetais brotaram – rúcula, cebolas, alho e cenouras. Ele os viu como uma metáfora. "Cultivar seu próprio dinheiro", foi como chamou aquilo.

Vizinhos curiosos começaram a lhe perguntar sobre as plantas misteriosas que brotavam no sul de Los Angeles. Quando crianças se aproximaram para examinar sua horta, Finley começou a imaginar que hortas urbanas poderiam se tornar uma ferramenta de recuperação. Ele sonhava em ensinar os outros a cultivar uma horta para que o deserto de comida no meio do qual eles se encontravam se transformasse numa floresta de comida.

Tarde da noite, Finley viu uma mulher e sua filha apanhando vegetais em sua horta. Ele saiu e lhes disse que os alimentos eram para elas – para levar. "Pessoas me perguntaram: 'Fin, você não teme que as pessoas roubem sua comida?' E eu: 'De jeito nenhum, não tenho medo de que a roubem. Por isso ela está na rua!'"[4]

Então alguém reclamou. Aparentemente Finley estava violando as regras: você não pode se apropriar de terras públicas e transformá-las numa horta. Finley viu a crítica como uma chance de conduzir sua causa para o próximo nível. Ele levou sua cruzada para o *Los Angeles Times* e para seu conselheiro municipal, e divulgou um abaixo-assinado no site change.org, que inspirou as assinaturas de novecentos aliados.

Hoje, Finley é considerado um dos fundadores do LA GreenGrounds, um grupo diversificado de horticultores renegados – muitos deles ex-membros de gangues – que está cultivando centenas de variedades de plantas comestíveis em terrenos baldios.

---

[4] Ron Finley, entrevista a Guy Raz, 20 de dezembro de 2013, transcrição, "How Can You Give a Community Better Health?", Jefferson Public Radio, http://ijpr.org/post/how-can-you-give-community-better-health.

Finley nos ensina a ligar os pontos. Ele nos mostra que se manter constantemente consciente de seus arredores pode levar você a decifrar padrões significativos. Demonstra também que se você olha para as coisas e as pessoas que estão ao fundo, e não apenas para os personagens principais, você pode explorar novos mundos e mudar de carreira com mais facilidade do que poderia imaginar. Para isso, você só precisa puxar o gatilho e seguir sua curiosidade.

MODELOS DE CAPA, CARTAS DE AMOR E BOLAS MAGNÉTICAS

"Querida Desconhecida, você está fantástica nesse casaco. Alguém tinha que dizer isso, e esse alguém pode muito bem ser eu."

Você pode achar essa "carta de amor" um pouco esquisita, mas pode também sorrir se um estranho entregá-la a você no Starbucks, simplesmente para iluminar seu dia. Sem mais nem menos, Jake Bronstein e sua namorada escreveram mil bilhetes de amor com palavras semelhantes e os entregaram a desconhecidos que se alegraram. Por quê? Este era um dos experimentos de Jake para se divertir.

Eu era um fã das proezas e iniciativas peculiares de Bronstein muito antes de finalmente nos conhecermos num bar em Manhattan. Usando óculos enormes dos anos 1960, camisa xadrez e casaco de moletom com capuz, Bronstein tem a aura de um perfeito hipster ao andar de metrô carregando um skate e uma revista *FHM*. E há bons motivos para isso, já que ele foi um dos editores que fundaram a conhecida revista masculina.

Durante sua gestão, a *FHM* se tornou a revista masculina americana de crescimento mais rápido, segundo a *Adweek*. São de Bronstein algumas das reportagens e fotos de sucesso da revista, mas, depois de seis anos editando artigos sobre jogos de bar, Bronstein viu sua gestão na *FHM* chegar a um fim irônico, porém abrupto. Por quê? Alguns comentários inócuos sobre a namorada de Howard Stern numa entrevista em rádio o levaram a ser demitido.

Precisando de um novo rumo e forçado a fazer um inventário pessoal, Bronstein reconheceu que a curiosidade e a diversão eram temas comuns em sua vida.

A viagem na qual embarcou não era típica de alguém em busca de um novo trabalho ou negócio. Ele criou um site na internet, Zoomdoggle, que o levaria a dezenas e mais dezenas de experimentos criativos. Depois de várias centenas, cada um mais louco do que o outro, Bronstein se viu pensando numa ideia genuinamente nova – bolas magnéticas de neodímio. As bolinhas do tamanho de ervilhas aderem umas às outras e podem ser dispostas em formatos interessantes. Foram criadas originalmente com o objetivo prático, mas banal, de ajudar pesquisadores a estudar geometria molecular. Se você pegar um punhado desses pequenos ímãs, terá, porém, dificuldade para largá-los. Logo, Bronstein e seu amigo Craig Zucker se perguntaram se as bolinhas poderiam se tornar um novo e atrativo brinquedo de escritório. "As primeiras (e maiores) perguntas que precisavam ser respondidas", disse-me Bronstein, eram extremamente simples, mas incrivelmente importantes: "Para que servem? O que as pessoas fazem com elas?" As respostas para essas perguntas se revelaram semelhantes ao propósito da série na TV de George e Seinfield "sobre nada".

Eles chamaram o produto de Buckyballs e embalaram as bolas magnéticas numa caixa original marcada com as palavras "sem instruções". Durante os dois empolgantes anos seguintes, Bronstein e Zucker venderam mais de 2 milhões de unidades, gerando uma renda estimada em US$ 50 milhões.

Então veio o caos. Em julho de 2012, a Comissão de Segurança de Produtos para o Consumidor requisitou a interrupção da venda de Buckyballs, por acreditar que havia o risco de crianças pequenas engolirem as bolas. Ameaças legais levaram Bronstein e Zucker a encerrar a produção e recolher o produto.

Agora Bronstein estava de volta à estaca zero – de novo.

Quando procurava uma nova ideia, ele se viu examinando um anúncio da American Apparel. Pensou no valor do slogan "Made in America". Mas também reconheceu que a American Apparel estava assolada por controvérsias, proibições internacionais e alegações de que sua propaganda sexualizava demais as mulheres jovens. Apesar de seus próprios antecedentes na picante *FHM*, Bronstein sonhou em abrir uma empresa de roupas americana com uma imagem mais saudável.

Poucos novatos têm a audácia de pensar que podem abrir uma empresa de roupas, mas para Bronstein isso era apenas mais um experimento. Ele encontrou uma fábrica americana que poderia fazer seu primeiro produto – cuecas samba-canção – e criou um site para a marca, que chamou de Flint and Tinder.

Então ele lançou seu primeiro financiamento coletivo no Kickstarter. Seu objetivo: pré-vender US$ 30 mil em cuecas de alta qualidade. Em vez disso, ele pré-vendeu US$ 291.493 – na época, a mais bem-sucedida campanha do Kickstarter já ocorrida. Em seguida, ele pré-vendeu mais de US$ 1 milhão em casacos de moletom com capuz, outro recorde.

Bronstein nos ensina que brincadeiras devem ser incentivadas, e que o sucesso provém de perseguir a curiosidade e a experimentação incansavelmente. Também é importante o fato de que ele testou sua ideia de negócio em pequenos passos, como a campanha no Kickstarter com o objetivo de verificar se havia mercado para seu produto. Hoje, nunca foi mais fácil produzir protótipos, vender ideias e testar conceitos de negócios sem os incômodos e riscos de um grande gasto de capital.

PRINCESA, MODELO, EMPREENDEDORA: TRIPLA AMEAÇA

No início dos anos 1960, Diane Halfin era uma jovem determinada que estudava economia na Universidade de Genebra. Ela estava encaminhada para uma carreira previsível e potencialmente sem graça em economia, mas tinha alguma curiosidade em relação à moda. Como você poderia supor, as oportunidades de emprego para economistas de moda são escassas. Disposta a seguir sua paixão, Diane deixou a Suíça – e a possibilidade de um trabalho bem remunerado – para fazer um estágio como assistente de um fotógrafo em Paris. "Eu não sabia o que queria fazer", explicou ela, "mas sempre soube a mulher que eu queria ser."

Em seguida, Diane teve uma aprendizagem na Itália com o renomado designer Angelo Ferretti. O trabalho pagava apenas uma fração do que ela poderia estar ganhando como economista, mas ela aprendeu a criar suas próprias roupas. Sua ambição tinha origem em sua mãe, uma sobrevivente do Holocausto que lhe ensinou que o medo não era uma opção.

Em sua jornada de autodescoberta, ela se apaixonou, mas não por um homem qualquer, e sim por um príncipe. Tornou-se Sua Alteza, a Princesa Diane von Fürstenberg, mais conhecida hoje por sua marca: DVF. Como a maior parte da realeza, a princesa Von Fürstenberg não precisava trabalhar, mas jamais perdeu o desejo de construir uma marca de moda. Ela continuou fazendo sua própria linha de roupas e enviando fotos de suas criações em que ela própria fazia o papel de modelo. Princesa, modelo, empreendedora – Von Fürstenberg era uma tripla ameaça.

Embora tenha se divorciado de seu príncipe em 1972, sua interpretação do vestido envelope, um de seus modelos mais criativos, atraiu a atenção de Diana Vreeland, a famosa editora da *Vogue*. E quando Vreeland chamou o trabalho de Von Füsternberg de "absolutamente incrível", as vendas anuais de sua empresa rapidamente dispararam para US$ 150 milhões. A curiosidade compensou.

Para meu prazer, Diane von Fürstenberg enviou recentemente um bilhete à Trend Hunter dizendo que era uma fã e queria marcar um encontro. Na noite em que eu a entrevistei, ela estava comemorando um desfile bem-sucedido e um novo tipo de tecnologia de compras sociais em sua loja conceito em Nova York. Eu lhe perguntei como ela permanecia na vanguarda, esperando ouvir que ela analisava revistas de moda e frequentava os grandes desfiles. Mas, em vez disso, ela disse: "Eu sempre carrego uma máquina fotográfica. Você nunca sabe o que verá. Quando descubro uma jovem com uma roupa atraente ou incomum, talvez uma combinação que eu nunca tenha visto, eu peço para fotografá-la."

Para alimentar sua curiosidade, ela mora e trabalha no mesmo edifício de tijolos aparentes e quatro andares no Meatpacking District, em Nova York. Você poderia esperar que ela morasse num apartamento glamouroso no Upper East Side de Nova York ou em Paris, mas Von Füsternberg acha esses lugares entediantes. Ela mora e trabalha no mesmo prédio para se manter conectada com seus clientes e seus experimentos. A loja em si é mais um subproduto de sua curiosidade. Ela foi uma das primeiras lojistas a colonizar o Meatpacking District – ainda nos anos 1970, quando a área era pobre e perigosa. Hoje, o lugar se tornou uma meca para os estilistas americanos.

Quanto à tecnologia, ela se associou à HP porque queria realizar seus sonhos de compras sociais. Enquanto seus concorrentes ainda estavam analisando se deveriam abrir uma conta no Twitter, Von Füsternberg já instalara telas interativas com tecnologia touch screen por toda a sua loja. As telas permitem aos clientes misturar e combinar roupas e acessórios e compartilhar suas escolhas com amigos antes de decidir suas compras.

DVF nos ensina a investir tempo e esforço para entender nosso novo mercado, mesmo que isso signifique um trabalho não tão bem remunerado.

Ela nos mostra como explorar o mundo como uma criança curiosa, aberta ao potencial do que pode acontecer.

ARMADILHA DO AGRICULTOR Nº 3: PROTEÇÃO

A perspectiva inerentemente protetora do agricultor com frequência o leva a erguer barreiras para proteger o *status quo*. Mas quando o mundo muda rapidamente, esse conservadorismo inibe a evolução. Agarrar-se ao que funcionou no passado torna-se contraproducente.

Considere a história de Steve Sasson, um jovem e brilhante cientista cuja curiosidade o levou a inventar a câmera digital. O problema é que ele inventou a câmera quatro décadas atrás para a Kodak, um monopolista vagaroso que perdeu a chance de explorar sua invenção.

Em 1976, Sasson produziu para a Kodak um relatório intitulado "A câmera do futuro". O relatório previa cartões de memória, armazenamento de imagens e um processo para enviar imagens por linhas de telefone – uma visão um tanto inovadora considerando a década. Sasson era engenheiro elétrico e me explicou que pensou que "seria perfeito fazer uma câmera sem partes móveis". Com um pequeno orçamento, ele construiu um protótipo que funcionava.

Sua câmera digital atraiu muita atenção dentro da Kodak, mas a administração superior reagiu com um monte de motivos pelos quais aquilo não daria certo. "Eles acharam que as pessoas não iriam querer ver as imagens num aparelho de TV", disse-me ele. "As imagens impressas têm um aspecto melhor!" E essa observação impediria a Kodak de perceber o potencial da inovação de Sasson.

A Kodak era obcecada pela fotografia perfeita. "A questão da qualidade da imagem era uma coisa cultural. A cultura tem um papel importante em qualquer processo de inovação", ele me disse. "Nossa cultura era fornecer as melhores imagens possíveis. O filme tinha uma capacidade enorme. O argumento era: será que algum dia as imagens [digitais] alcançarão a qualidade necessária para corresponderem ao filme [em qualidade]?"

Em se tratando de filmes, a Kodak "podia controlar a maioria dos aspectos do processo de tratamento da imagem". A empresa vendia as substâncias químicas, o filme e o papel, e, no fim das contas, podia garantir fotos e impressões quase perfeitas.

Décadas depois, a gigante dos filmes fotográficos foi pressionada a fazer um derradeiro investimento quando sua feroz rival, a Fuji, ingressou na fotografia digital. Essa competição tardia estimulou a Kodak a desenvolver dezenas de novas tecnologias digitais. Mas foi muito pouco e muito tarde. A empresa passara décadas demais protegendo seu "perfeito" negócio de filmes e, em 2012, declarou falência.

Hoje, Sasson parece assombrado pela realidade de que poderia ter sido o Henry Ford da fotografia digital se a Kodak tivesse sido mais agressiva. "Eu fico pensando na cultura. A Kodak tinha uma boa cultura. Mas acredito que toda cultura forte contém a semente de sua própria destruição. A cultura é um conjunto definido de comportamentos que se desenvolve com o passar do tempo. Mas quando novas oportunidades surgem, a cultura detém você."

A Kodak não está sozinha. Nos anos 1980, a Microsoft, que queria transformar o modo como as pessoas aprendem, procurou a Britannica com a perspectiva de tornar o conteúdo de sua respeitada enciclopédia num CD-ROM. Mas a Britannica era uma marca bem-sucedida que quase tinha o monopólio do mercado. Rejeitou imediatamente a oferta, declarando publicamente: "A Encyclopedia Britannica não tem nenhum plano de estar em um computador doméstico. E como o mercado é muito pequeno e apenas 4 a 5% dos lares têm computadores, não gostaríamos de prejudicar nosso método de venda tradicional."[5]

Como eles avaliaram mal o futuro.

Intrépida, a Microsoft comprou um concorrente mais fraco, a Funk & Wagnall's Encyclopedia, e rapidamente a transformou na Microsoft Encarta. Alguns anos depois, a enciclopédia em CD-ROM da Microsoft se tornou a enciclopédia mais bem-sucedida comercialmente de todos os tempos. Agora, a Microsoft é que era quase monopolista – o caçador capturara sua presa. Mas, como acontece com tanta frequência, isso também gerou complacência. Assim como a Britannica rejeitara o compartilhamento de seu conteúdo num PC, a Microsoft, para proteger suas vendas de CD-ROM, recusou-se a comparti-

---

[5] Shane Greenstein e Michelle Devereux, "Crisis at Encyclopedia Britannica", Kellog School of Management, http://slideshare.net/renerojas/case-study-encyclopedia-britannica.

lhar a Encarta na internet. Isso preparou o terreno para a Wikipedia arrebatar o espaço com um novo e diferente modelo de enciclopédia (em que amadores registrados contribuem com verbetes) e muito rapidamente se tornou o sexto site mais popular na internet. De uma hora para outra, a Encarta era tão antiquada quanto a enciclopédia encadernada da Britannica.

O sucesso pode nos cegar. Embora Bill Gates tenha ganhado dezenas de bilhões de dólares no mundo em rápida transformação da alta tecnologia, até mesmo ele reconheceu muitas falhas da Microsoft na exploração de novos mercados. Em seu livro *A estrada do futuro*, ele escreveu, "O sucesso é um péssimo professor. Induz gente brilhante a pensar que é impossível perder. Não é um guia confiável para o futuro."[6]

A Kodak e a Microsoft dominavam seus mercados, mas ambas se comportaram equivocadamente como um agricultor, protegendo seus territórios e deixando de ver aquilo que se tornaria um produto revolucionário.

Num nível individual, essas armadilhas levam as pessoas a se apegar a um sucesso passado, a se manter numa carreira por tempo demais e a resistir a experimentar novas tecnologias e maneiras diferentes de fazer as coisas.

Quando nos tornamos bem-sucedidos, tendemos a cair na estratégia de times esportivos perdedores: tentar proteger uma liderança. Evitar riscos e buscar a perfeição podem parecer grandes objetivos, mas, infelizmente, a perfeição demora muito a chegar e pode ser enganosa. Hoje, você precisa readaptar seu processo de inovação para a velocidade. Você precisa agir rápido e consertar mais tarde.

Você precisa adotar o terceiro e último instinto de caçador.

INSTINTO DE CAÇADOR Nº 3: DISPOSIÇÃO PARA DESTRUIR

Para evitar cair na armadilha da proteção, você precisa se dispor a destruir – ou seja, abandonar a segurança relativa da normalidade. O caçador precisa ser capaz de descartar seus planos vigentes e tentar algo ousado.

Aos 29 anos, Eric Ripert se tornou um dos mais jovens chefs a receber quatro estrelas do *New York Times*. Ele se tornaria o único chef a receber essa

---

[6] Bill Gates, Nathan Myhrvold, Peter Rinearson, *A estrada do futuro*. São Paulo: Companhia das Letras, 1995.

honra cinco vezes consecutivas. Foi também um dos poucos a ganhar três estrelas do Michelin, o "Oscar" das artes culinárias.[7] Quase uma década depois, seu cabelo tem fios grisalhos, mas seus talentos culinários continuam supremos. Diferentemente de muitos chefs que ascenderam e caíram, ele ainda tem todas aquelas estrelas no Michelin, que são mais fáceis de ganhar do que de manter. O *New York Times* resumiu o desafio enfrentado por todo grande chef:

> Há um motivo para ter pena dos quase perfeitos. Eles têm muitas maneiras de vacilar. Escravos de sua própria lenda, eles podem ir longe demais, trocando a glória pela insensatez, ou podem simplesmente se deixar levar, transformando a aclamação em ocioso narcisismo. Eles podem deixar que a autoconfiança leve à arrogância e baixar a guarda contra o erro.[8]

Por que é tão difícil para um chef manter um trono culinário? Você pode provocar papilas gustativas e impressionar os críticos, disparando para a fama durante uma estação, mas no ano seguinte espera-se que você crie refeições de cair o queixo e dar água na boca com um cardápio inteiramente reformulado. Repetir o sucesso anterior com um novo produto todo ano é algo que poucas empresas ou indivíduos conseguem fazer, que dirá alguém cujo negócio é tão variável e subjetivo quanto a cozinha.

No Art Director's Club, em Manhattan, um templo moderno para talentos criativos, ouvi Ripert descrever seu método para encontrar inspiração culinária. Para uma pessoa de seu nível, você poderia esperar um estilo que fosse sua marca registrada ou aquele prato que você sempre pede, mas Ripert se recusa a se acomodar sobre seus louros. Se um cliente entrar em seu restaurante e pedir uma entrada específica que ouviu falar que era sua "especialidade", ele lhe dirá que está em falta e retirará a entrada do cardápio antes que ela acabe sendo conhecida como sua marca registrada. Embora muitos chefs vejam uma marca registrada como uma conquista, Ripert acha que isso "significa que seu

---

[7] Eric Ripert Bio, Le-Bernardin, 17 de abril de 2013, http://le-bernardin.com/about/#eric-ripert.

[8] Frank Bruni, "Only the Four Stars Remain Constant", *New York Times*, 16 de março de 2005, http://events.nytimes.com/2005/03/16/dining/reviews/16rest.html?ref=ericripert.

sucesso está no passado [...] [e] você não está inspirando ninguém. Todo o cuidado que você dedicou ao prato antigo acaba porque ninguém se importa mais [...] Você já não está sendo criativo."[9]

A implacável rejeição de Ripert à coerência produziu mais experimentações do que muitos chefs tentam durante a vida inteira. A constante modificação do cardápio lhe dá uma compreensão mais profunda sobre como casar pratos, combinar gostos e o que é preciso fazer para se adaptar. Produzindo sucessivamente centenas de sabores, cheiros e combinações ecléticas, Ripert está trilhando um caminho culinário de certa maneira semelhante àquele em que Amancio Ortega foi pioneiro com sua moda rápida.

E funcionou. Se você quiser experimentar seu menu de degustação, o Chef's Tasting Menu, por US$ 332, faça uma reserva com antecedência, porque, apesar dos preços astronômicos, pode levar semanas para conseguir reservas para seu restaurante.

Destruir intencionalmente seu modelo de negócio, seus produtos e seus serviços pode parecer desconfortável e até doloroso, mas a destruição possibilita uma criatividade irrestrita, proporcionando flexibilidade e profundidade novas. Os maiores inovadores com frequência começam do zero – e até adotam uma prática de destruir regularmente os protótipos ou a mais recente repetição para gerar urgência e pensamentos desenfreados. As pessoas precisam se forçar a aprender novas habilidades além daquelas que parecem testadas e aprovadas. As empresas precisam buscar oportunidades de se adaptar e questionar o *status quo.*

ARMAS DE BRINQUEDO, LÁPIS DE COR E CATAPULTAS

Uma coisa é um inovador como Eric Ripert – que gosta de ter liberdade de ação sobre seu cardápio e sua cozinha, sem a interferência de ninguém – demonstrar o valor de destruir intencionalmente uma criação. Outra coisa bem diferente é uma empresa estabelecida fazer o mesmo. Esse é um passo enorme – sobre o qual pensei muito enquanto fazia uma longa viagem de carro até a

---

[9] Saabiri Chaudhuri, "Where the Passion Comes: One of America's Greatest Chefs Shares His Sources of Inspiration", *Fast Company*, 28 de março de 2008, http://www.fastcompany.com/772725/where-passion-comes-one--americas-greatest-chefs-shares-his-sources-inspiration.

sede da Crayola, com seus 6 mil funcionários, na cidade de Easton, na Pensilvânia.

A fábrica da Crayola fomenta a economia local desde 1903, quando cada lápis de cor era cuidadosamente embalado a mão por esposas de agricultores. Enquanto eu me aproximava da Crayola, não consegui deixar de pensar no forte impacto da era digital sobre as artes manuais. Será que os onipresentes tablets com tela sensível ao toque e videogames interativos vão aniquilar o icônico fabricante de lápis de cor e canetas hidrográficas? Que papel as artes manuais tangíveis terão no futuro da educação criativa? Será que os pais ainda pensarão que colorir com lápis de cor é um requisito para a formação de uma criança? Ou esses produtos clássicos estão perdendo sua relevância?

Havia ainda uma ironia sutil no desafio da empresa no mercado. Conhecida como inspiradora da criatividade juvenil, a Crayola teria que evocar sua própria inventividade para se conectar com jovens e pais enfeitiçados pela era digital.

Ao entrar na fábrica histórica, fui recebido por Susan, há muito tempo recepcionista da empresa, com um alegre "Bem-vindo ao mundo das cores!". Fiel a essa recepção, a sala de espera da Crayola é um vibrante arco-íris de paredes enfeitadas com cerca de cem impressionantes desenhos infantis em lápis de cera. Não pude deixar de me sentir animado porque os gerentes da empresa haviam aceitado meu pedido peculiar.

Eu queria muito fazer uma visita à fábrica. Percorremos algumas dezenas de metros e... *voilà*, ali estava! Era um lugar incrível, uma versão artística da fictícia *Fantástica fábrica de chocolate*. Tonéis de cera azul-celeste, verde-limão e cor-de-rosa alimentavam grandes máquinas manejadas por trabalhadores imbuídos de um senso de propósito: fomentar a criatividade e a autoexpressão.

Meus clientes me escoltaram pela fábrica até o "Playground Criativo", a sala de aprendizado da diretoria da empresa. O aroma dos lápis de cera, com um quê de baunilha, levou-me ao passado, e isso não é segredo nenhum. Meus sentimentos de nostalgia são compartilhados por milhões de pessoas no mundo.

Mais recentemente, a Crayola enfrentou um novo desafio: os meninos. Como os papais estão fixados em novos aparelhos e brinquedos eletrônicos, o tempo para brincar com seus filhos se transformou em um bombardeio de brinquedos de alta tecnologia, de videogames a helicópteros com controle remoto e arminhas Nerf incrementadas. E toda vez que o pai chama o filho para um jogo de videogame ou um combate com arminhas Nerf, menos lápis de cor rabiscam a página.

Portanto, se você trabalha na Crayola, como compete com o hábito das brincadeiras digitais entre pais e filhos? Não é fácil. Sharon DiFelice, líder de inovação e pesquisa de consumidor da Crayola, disse-me: "É difícil mudar aquilo que te dá segurança." Historicamente, para a Crayola, esse espaço seguro significava um mercado definido como "artes, artesanato e artigos de papelaria". Essa definição funcionou durante um século, mas quando os videogames e jogos de *laser tag* começaram a crescer, a Crayola percebeu que agora era mais importante focar na experiência do cliente. Essa observação a levou a descartar essa concepção antiquada e substituí-la por uma definição mais ampla do mercado da empresa – algo a que agora se refere como o "Tempo Livre das Crianças".

Para entender melhor esse mercado, a Crayola começou a observar exatamente o que acontecia durante esse tempo para brincar. A empresa notou que os meninos pequenos, diferentemente das meninas, anseiam por um padrão repetitivo – destruição. Depois que constroem a perfeita torre de blocos ou alinham todos os seus carros primorosamente, os meninos derrubam essas mesmas torres e batem esses carros, transformando a ordem no caos. Enquanto as meninas pequenas podem proteger com orgulho e até exibir sua arte com Crayola, um menino pequeno tem uma probabilidade muito maior de rabiscar tudo.

Mais ou menos como nosso chef intencionalmente destrutivo, Eric Ripert, os meninos são predispostos a destruir. Essa observação inspirou a Crayola a desenvolver o Create 2 Destroy (Crie para Destruir), um kit de massinha de modelar que permite a pais e filhos construir castelos. Depois que os edifícios estão completos, os construtores usam um kit de catapulta para facilitar a destruição dos trabalhos. Fazendo jus a seu nome, o kit permite aos meninos e seus pais criar com o propósito de destruir – assim como a própria Crayola fez ao destruir as suposições antiquadas sobre onde plantar suas sementes e começar a caçar sua "presa" num território novo e desconhecido.

A destruição criativa é natural. Não é algo a ser temido ou evitado. É uma força para ser aceita e admitida, e o melhor de tudo é que você já é bom nisso. Portanto, canalize sua criança interior destrutiva e passe a se preocupar menos com seu *status quo* atual e mais com aonde o futuro pode levar você.

SEGREDOS, NOVOS COMEÇOS E UMA ESCRITORA BILIONÁRIA

Diz a lenda que há milhares de anos a fênix se tornou o rei dos pássaros, uma figura mítica celebrada por sua grandeza e imortalidade. Mas, quando envelhecia ou era desafiada por um inimigo, ela se autodestruía. Ateava fogo a si mesma para renascer de suas cinzas. A questão é que chega um tempo em que você precisa imitar a fênix. A destruição leva à criatividade. A peste negra, os incêndios em Londres, o furacão Katrina – tudo acabou levando a mudanças progressivas, do Renascimento à Londres moderna e às grandes iniciativas ambientais para salvar nosso planeta.

Se você faltou à aula em que a lenda da fênix foi contada, pode ser que ela lhe pareça conhecida por causa do quinto livro campeão de vendas de J.K. Rowling, *Harry Potter e a Ordem da Fênix*. A metáfora da fênix é inspiradora para um inovador, mas também se aplica à trajetória notável de J.K. Rowling. Sua primeira história, que a tornou rica da noite para o dia, é uma saga maravilhosa, mas existe uma segunda surpresa pós-Harry Potter que poucos previram.

Nascida na cidadezinha inglesa de Yate, Rowling suportou uma infância quase tão triste quanto aquela que um dia imaginaria para Harry Potter. Sua mãe sofria de esclerose múltipla, e ela considerava seu pai um homem duro, que não a apoiava. Apesar de sua criação difícil, Rowling tentava alegrar a vida de sua irmã, Dianne. Aos 6 anos, Rowling começou a escrever seus primeiros contos, que lia em voz alta para inspirar a irmã de 4 anos.

Rowling se tornou uma estudante exemplar, chegando a ser monitora, a melhor de sua turma. Ela estava acostumada a alcançar seus objetivos escolares e ficou chocada quando Oxford rejeitou seu pedido para estudar na universidade, desprezando a mulher que se tornaria a primeira escritora bilionária do mundo. Em busca de uma saída, Rowling foi parar em Paris, onde estudou francês e os clássicos. Isso a levou ao cargo de baixa remuneração de secretária bilíngue. Sua vida estava fora dos trilhos. Ela vivia na pobreza. Então sua mãe morreu.

Rowling transformou toda essa negatividade em energia para escrever seu primeiro livro. Depois se mudou para Portugal, onde casou, teve uma filha, divorciou-se e foi obrigada a voltar para casa sem nada além de três capítulos de um livro infantil. Com uma vida difícil, ela se sentia um fracasso. Anos depois, no entanto, descreveria como o fracasso e a destruição podem ser libertadores:

> O fracasso significou remover o que não era essencial. Parei de fingir para mim mesma que eu era algo que não era e comecei a direcionar toda a minha energia para terminar o único trabalho que importava para mim. Se eu tivesse sido bem-sucedida em qualquer outra coisa, pode ser que nunca tivesse encontrado a determinação para ser bem-sucedida na única área à qual eu realmente pertencia. Eu fui libertada, porque meu maior temor havia acontecido e eu ainda estava viva. E ainda tinha uma filha que adorava, tinha uma velha máquina de escrever e uma grande ideia. Então o fundo do poço se tornou uma base sólida sobre a qual reconstruí minha vida.[10]

Assim como a fênix, Rowling ressurgiu das cinzas. Escrevendo em cafés e mal conseguindo sobreviver com benefícios do Estado, ela finalizou o primeiro livro da série Harry Potter numa velha máquina de escrever manual, e em seguida ficou desolada quando o manuscrito foi rejeitado por doze editoras. Mesmo assim, não perdeu a esperança. Um ano depois, em 1996, Barry Cunningham, da pequena Bloomsbury Publishing, concordou em publicar o manuscrito. Pagou-lhe modestas 1.500 libras esterlinas de adiantamento, mas a aconselhou a conseguir um emprego fixo. O resto é história. A série Harry Potter se tornou uma das mais bem-sucedidas franquias literárias de todos os tempos, vendendo 450 milhões de livros e gerando US$ 15 bilhões. Rowling ganhou uma quantia estimada em US$ 1 bilhão.

Mas, se você fosse Rowling, o que faria em seguida? Como a autora de livros infantis mais bem-sucedida comercialmente, o próximo passo lógico seria outra série infantil. O problema é que Rowling não queria escrever outra série infantil.

Em seu esforço seguinte, *Morte súbita*, ela, ousada, se aventurou em um mistério para adultos. Lançado em 2011, o romance foi comercialmente bem-

---

[10] "The Fringe Benefits of Failure", palestra de J. K. Rowling no TED, 2008.

-sucedido, mas colecionou críticas variadas. O *Guardian* disse que não era "nenhuma obra-prima, mas de jeito nenhum é ruim",[11] comparando-o, assim como na maioria das críticas, à franquia Harry Potter: "Faltam o calor e o charme dos livros de Harry Potter; todos os personagens são absolutamente horríveis." Grande parte das críticas ao livro girou em torno do modo como este abordava tópicos inapropriados para o público infantil anterior de Rowling. Por mais ignorantes que possam parecer, algumas críticas de uma estrela no Amazon incluíram comentários como "Meu filho de 8 anos leu. Estou enojada com todo o sexo e uso de drogas".

Rowling estava sentindo o tipo de pressão que empresas dominantes com frequência enfrentam quando estão tentando seguir adiante após um produto de êxito ou um ano bem-sucedido. O sucesso dissemina um conjunto de expectativas, e o desejo de agradar acionistas pode desencorajar a caça. Mas Rowling sabia que, como escritora criativa, não podia escrever outra história de Harry Potter sem comprometer sua série extraordinária.

Assim como a fênix, ela precisava se libertar. Em seu esforço seguinte, Rowling abandonou o respaldo internacional de sua marca pessoal e escreveu sob um pseudônimo. Robert Galbraith, cujo segredo foi vigilantemente protegido, foi descrito por sua editora como "um ex-investigador à paisana da Polícia Militar Real que saiu em 2003 para trabalhar na indústria de segurança civil".[12]

O chamado do Cuco foi elogiado por críticos e escritores de romances policiais e, três meses depois, a identidade do verdadeiro autor do romance vazou e, presumivelmente, provocou uma avalanche de vendas. Mas o que Rowling mais gostou foi de escrever e publicar numa situação em que estava livre para seguir seus impulsos criativos. Como disse durante o alvoroço da mídia: "Foi maravilhoso publicar sem badalação ou expectativa, e um puro prazer receber feedback sob um nome diferente."[13]

---

[11] Theo Tait, "J. K. Rowling: The Casual Vacancy – Review", *Guardian* (Londres), 26 de setembro de 2012, http://www.theguardian.com/books/2012/sep/27/jk-rowling-casual-vacancy-review.

[12] Richard Brooks, "Whodunnit? J. K. Rowling's Secret Life as a Wizard Crime Writer Revealed", *Sunday Times* (Londres), 14 de julho de 2013, http://www.thesundaytimes.co.uk/sto/news/uk_news/Arts/article1287513.ece.

[13] Haroon Siddique, "J. K. Rowlings Publishes Crime Novel Under False Name", *Guardian* (Londres), 14 de julho de 2013, http://theguardiam.com/books/2013/july/14/jk-rowling-crime-novel-cuckoos-calling.

Lembre-se: quer você seja um romancista realizado, um CEO bem-sucedido ou um aspirante a empreendedor, o sucesso anterior cria barreiras que tanto você quanto seus clientes precisam superar. Para inovar, você precisa se libertar do sucesso passado.

RESUMO: O CAÇADOR *VERSUS* O AGRICULTOR

As armadilhas que nos prendem com frequência são desencadeadas por nosso próprio sucesso. Para evitar cair nelas, precisamos recorrer a nossos instintos de caçador.

ARMADILHA 1: COMPLACÊNCIA → SEJA INSACIÁVEL – A complacência bloqueia a curiosidade. Experimentando, criando protótipos e reavaliando nossas suposições, podemos entender melhor quando é hora de fazer uma mudança radical.

ARMADILHA 2: REPETIÇÃO → PERMANEÇA CURIOSO – A repetição com frequência impede que novas ideias sejam testadas. Quando uma empresa próspera começa a expandir, pode haver uma forte tendência a reproduzir o modelo de cada loja ou escritório por coerência. Lembre-se: essa repetição rígida reduz a capacidade de adaptação.

ARMADILHA 3: PROTEÇÃO → DISPONHA-SE A DESTRUIR – Em determinado momento, para liberar o potencial, é preciso destruir o que funcionou no passado.

CAPÍTULO 3

COMO CRIAR UM CAÇADOR

Criado numa casa minúscula, de apenas um cômodo, meu pai, Sig, aprendeu cedo a tirar o máximo proveito do que recebia. Aos 8 anos, ele abriu seu primeiro negócio, vendendo produtos de uma mercearia local que não haviam sido comprados. Ao longo dos anos seguintes, o pequeno homem de negócios passou a ir de porta em porta para vender donuts, provisões para casa e revistas do mês anterior. Aos 16 anos, de algum modo ele conseguiu alugar uma boate, tornando-se um menor de idade proprietário de um bar sem bebidas. Não sei ao certo que regras um adolescente precisa distorcer para alugar uma boate, mas meu pai conseguiu.

Certa noite, ele alugou seu estabelecimento para um grupo religioso. O que ele não percebeu foi que os fiéis também tinham algumas obsessões profanas, incluindo bebidas, jogo e strippers. A polícia invadiu a casa e procurou o proprietário, que por acaso estava em casa fazendo seu dever do ensino médio. Seus pais ficaram compreensivelmente chateados, mas ficaram ainda mais furiosos quando os jornais do dia seguinte mostraram o dono de boate de 16 anos.

Para seus colegas, porém, Sig era incrível.

Ao longo dos cinquenta anos seguintes, meu pai repetiria esse padrão de encontrar valor em oportunidades de negócio negligenciadas. Ajudava-o o fato de que ele exalava um carisma que criava amizade com todo tipo de gente. Um dia, ele estava negociando dicas para compra de ações com um magnata de petróleo, no dia seguinte estava rindo com um operário de construção que conhecera na rua. Quando eu tinha 18 anos, ele comprou um salão desativado chamado Roxbury. Os proprietários anteriores haviam gastado meio milhão de dólares reformando o prédio e transformando-o num salão de bilhar sofisticado, com um charmoso interior de tijolos aparentes e uma mesa de bilhar erguida de cabeça para baixo sobre o bar. Infelizmente, o preço da comida sofisticada e das bebidas afugentou os clientes, e meu pai tirou o salão da falência – por US$ 175 mil, aproximadamente o preço do prédio.

Ele sabia que precisaria de mais do que apenas boa comida e uma decoração moderna para fazer um estabelecimento deslanchar. Qualquer empreendedor precisa dar duro para fazer as coisas acontecerem. Ele me ensinou que muitas pessoas não sabem como dar continuidade. Embora possam estar apaixonadas por sua ideia inicial, elas não se esforçam o suficiente.

Mas não Sig. Ele bateu em cada porta num raio de três quarteirões. Queria conhecer cada pessoa da área, convidá-la para um drinque e informá-la de que o estagnado Roxbury seria o novo point. E isso aconteceu logo. Com os clientes agora sentindo que tinham uma ligação pessoal e um convite, o salão se recuperou imediatamente.

Sig não era apenas alguém que trabalhava duro. Ele se dispunha a descobrir oportunidades que outros poderiam deixar de ver, como na época em que percebeu que o valor oculto do Roxbury estava na parede externa do prédio de dois andares. Enquanto outros viam apenas uma parede, ele a viu como uma tela em branco: uma tela de frente para uma das ruas mais populares do centro da cidade e que serviria, portanto, como um cartaz de propaganda capaz de gerar US$ 200 mil por ano – mais do que meu pai pagou pelo negócio.

Sig encontrava oportunidade no caos. Ele era um verdadeiro caçador.

ESCOLHA, DESAFIO E O AZARÃO

Um dia, meu pai se viu diante de uma escolha extraordinária: ele havia concedido um modesto empréstimo ao Calgary Stampeders, um time da Liga Canadense de Futebol Americano que estava em dificuldades financeiras. Então o dono do time foi apanhado numa controvérsia com ações, e o time acabou em uma concordata. Essa reviravolta estranha teve duas consequências: meu pai jamais receberia de volta seu capital, e seu pequeno empréstimo o tornara o dono de fato. Quer dizer, isso *se* ele optasse por aceitar a enorme responsabilidade financeira. Embora possuir um time de esporte possa parecer glamouroso, os times esportivos estão entre os investimentos com piores desempenhos, e meu pai não tinha nem de longe dinheiro suficiente para sobreviver a uma grande perda.

A mídia previu o fim do time justo quando meu pai ponderava sobre assumir aquele fardo potencialmente custoso. Sem um salvador, o Stampeders poderia acabar ou ser forçado a se transferir para outra cidade. Poucos sabiam que meu pai era o proprietário da dívida e que a liga estava lhe implorando para salvar o time. Minha mãe, uma assistente social, tinha sérias reservas. Mas para meu pai, um empreendedor que crescera num bairro pobre e turbulento, possuir um time de futebol americano significaria que ele vencera. Afinal de contas, quantas pessoas – mesmo pessoas bem de vida – possuem franquias de esportes? Havia outro fator. Ele sempre fora tentado por oportunidades de dar uma virada. Seu desafio era monumental: com um público médio de apenas 13 mil pessoas por jogo, a franquia era uma ferida aberta, sangrando US$ 2 milhões por ano. Meu pai não podia cobrir perdas a mais, porém achava que o time havia sido mal administrado. Ele viu o potencial para corrigir esses erros, então aceitou a responsabilidade pela posse. Seus amigos, por outro lado, temeram que ele estivesse dando um passo maior do que as pernas.

Lembrando-se do Roxbury, ele chegou a três conclusões. A primeira foi de que o estádio possuía muitas oportunidades de propaganda inexploradas, mais ou menos como a parede externa do Roxbury. A segunda foi de que o estádio podia ser usado para shows, uma nova fonte de renda. A terceira, e mais importante, foi o entendimento de que comparecer a um jogo de futebol americano era um acontecimento inerentemente social e tinha muito em comum com ir a um bar ou restaurante. Em outras palavras, haveria um efeito bola de neve positivo se ele pudesse ocupar mais assentos e fazer o estádio parecer uma festa.

Para aumentar o público, ele doou milhares de ingressos a um hospital infantil local. E promoveu eventos pré-jogo e entretenimento que transformariam cada jogo num festival. Os locutores de jogos tradicionais foram substituídos por personalidades divertidas do rádio. Os programas chatos nos intervalos dos jogos foram substituídos por grandes brincadeiras voltadas para os torcedores. Por exemplo, duzentos torcedores iam às linhas laterais do campo onde, no momento correto, jogavam bolas de futebol americano em miniatura em direção às janelas abertas de um carro em movimento. Cada bola era marcada com o nome do torcedor, e se você a acertasse, fazendo-a entrar pela janela, ganhava um ingresso grátis para o jogo final da temporada. Se repetisse a proeza de acertar a bola no último jogo, ganharia o carro. Ao longo de dez jogos, 2 mil pessoas visitaram o campo – uma proporção enorme em relação ao público do ano anterior.

Ele também se esforçou para dar aos "clientes" o toque pessoal que era sua marca registrada. Se um torcedor havia cancelado os ingressos para a temporada pouco tempo antes, podia receber um telefonema de meu pai ou de um jogador – por exemplo, o zagueiro Doug Flutie, um astro. Quando meu pai telefonava, não desligava até esgotar todas as possibilidades. Depois, durante os jogos, ele passava cinco ou dez minutos num assento e ia para o seguinte, conhecendo massas de torcedores radicais. Em suas próprias palavras, "Eu me sentei em quase todos os assentos daquele estádio e fiz muitos amigos". Ele se conectava com as pessoas, agradecia a elas por participarem de algo e lhes pedia para trazerem os amigos no jogo seguinte. Repetiu isso em dezenas de jogos, conhecendo milhares de torcedores.

Quando lhe perguntavam sobre as perspectivas do time, meu pai brincava com a imprensa, dizendo coisas como: "Somos o time mais pobre da liga... Não podemos nos dar o luxo de perder." Nada como ser um azarão popular – parecia que toda a cidade estava torcendo para o Stampeders. Mas as piadas públicas de meu pai também criaram um senso de urgência. Se você quisesse que o time permanecesse em Calgary, agora era a hora de mostrar seu apoio.

Os torcedores que possuíam ingressos para a temporada toda eram tratados como privilegiados – a cada um deles foi enviada uma carta com um adesivo de para-choque com o logotipo formidável do Stampeders, um cavalo branco galopando. Os adesivos se tornaram virais. Parecia que todas as 10 mil pessoas que tinham ingressos para a temporada haviam enfeitado seus veículos com o cavalo branco, como se isso fosse um distintivo de honra. Em poucos meses, o público duplicou, e o impulso estava se traduzindo numa temporada vitoriosa no campo. A virada começara.

Na temporada seguinte, o burburinho se transformou em rugido e o estádio estava lotado, com mais de 35 mil torcedores. O Stampeders se tornara o acontecimento mais badalado da cidade. Era o negócio perfeito para meu pai. Sua origem simples, de operário, e seu senso de humor combinavam com os dos melhores torcedores do esporte. Sem dúvida, ele foi o único proprietário de time a entrar a cavalo – a mascote do time – no saguão de um hotel (estava à frente de um desfile do time). Essa natureza despreocupada e o amor por sua cidade o tornaram rapidamente uma pessoa muito mais bem relacionada do que um proprietário de time comum, de terno e gravata. Nas poucas vezes em que ele caminhava até o campo, os torcedores começavam a gritar "Sig, Sig, Sig!".

Mas, seis anos depois da experiência de possuir uma franquia, meu pai percebeu que precisava desesperadamente de um comprador. O time finalmente estava dando lucro, mas o fardo da dívida ainda era insuportável.

No período de mais de meia década em que ele foi dono do time, o Stampeders esteve na primeira posição quase todos os anos, jogando em cinco das seis semifinais e vencendo duas vezes a Grey Cup. Em seu último ano, meu pai recebeu a posse permanente do Keith Spaith Memorial Award, uma distinção reservada ao jogador mais valioso. Ele nunca jogou futebol americano, é claro. Mas o prêmio é dado com base em votos de torcedores, e milhares deles haviam riscado os nomes dos jogadores nas cédulas de votação e escrito o nome de Sig. Eu me tornei o caçador que sou hoje graças às lições que aprendi com meu pai. Lamentavelmente, meu pai faleceu pouco depois de eu entrevistá-lo, então eu conto esta história em sua homenagem.

FILHO DE SIG

Caubói de coração, cresci na região rural de Alberta, com um daqueles endereços rurais sem número que exigem direções como "continue em frente alguns quilômetros pela estrada de terra até chegar a uma curva com um trator estacionado ao lado de um poço...". Passei minha infância andando de bicicleta, atirando com estilingue e construindo coisas com meu pai. Determinado a inventar alguma coisa, qualquer coisa, eu estava o tempo todo explorando, fazendo protótipos e procurando ideias de negócios promissoras.

Embora eu tenha crescido literalmente ao lado de campos agrícolas, percebo hoje que as lições de vida de meu pai me ensinaram a adotar os três instintos do caçador:

INSACIÁVEL – Para permanecermos inspirados, sempre caçávamos ideias juntos, devorando centenas de revistas e jornais. Nossa mesa na sala de estar era uma colagem de publicações. Folheávamos exemplares de *Popular Mechanics, Popu-*

lar Science, *Time*, *Newsweek*, *Car & Driver*, *Automobile*, *Motor Trend*, *The Economist*, *Fast Company*, *Inc.*, *Forbes* e *National Geographic*. Examinávamos cada novo produto, questionando um ao outro se faria sucesso ou como poderíamos mudar aquilo.

CURIOSIDADE — Enquanto outros meninos colecionavam figurinhas de hóquei em caixas de sapato, eu recortava fotos dos dispositivos e aparelhos novos que achava mais interessantes (juntamente com meus anúncios favoritos) e as guardava em algumas gavetas. Com óculos de nerd, eu andava com um caderninho vermelho para anotar ideias de negócios, como um carro magnético, um umidificador/ventilador doméstico e um forno de micro-ondas que podia misturar a massa de seus biscoitos e assá-los (quem não iria querer um desses?). De certa maneira, esse caderninho vermelho foi um precursor do site de marca vermelha da Trend Hunter, que eu lançaria vinte anos depois.

DISPOSIÇÃO PARA DESTRUIR — Quase todo domingo, eu e meu pai íamos a vendas de garagem, liquidações e lojas de atacado, tentando imaginar que novo aparelho poderíamos consertar ou construir. Usando pedaços de sucata que comprávamos nesse dia, construíamos carros com controle remoto, uma panela para cozinhar vegetais no vapor e até um skate movido a foguete. Algumas de nossas criações eram maravilhosas, outras explodiam em chamas, mas aprendi a fazer protótipos. E quando terminávamos, passávamos para algo novo, o que me ensinou a não proteger demais nenhuma ideia.

Aprendi a ver o empreendedorismo como uma extensão daqueles projetos de fim de semana. Um amigo certa vez descreveu a criação que eu tive como a "Escola Hogwarts de Empreendedorismo", e anos depois vejo a clara ligação entre o modo como fui criado e meu caminho incomum.

O COMEÇO DE MINHA CAÇA

Meu pai inspirou minha fome de empreendedorismo, mas eu não sabia que tipo de negócio queria abrir. Em meu segundo ano na universidade, testei meus genes empreendedores abrindo uma empresa de pintura de doze pessoas.

Armado da impulsividade da juventude e com uma sede insaciável por negócios, reuni um grupo de amigos e comecei a promover minha franquia, a College Pro Painting. Eu trabalhava insanas 130 horas por semana batendo às portas, registrando clientes, treinando pintores e entregando tinta. Adorava aquilo.

Naquele verão, tripliquei meus números no distrito, estabelecendo o recorde inicial da College Pro com uma receita de US$ 135 mil e um lucro de US$ 55 mil. Eu provara a mim mesmo que podia ser um empreendedor. O problema é que eu não queria dirigir um negócio de pintura para sempre. Meu nerd interno precisava de um empreendimento que abrangesse duas palavras: *ponto* e *com*.

Para acelerar minha busca, fiz uma especialização em finanças a fim de estudar por que algumas empresas são bem-sucedidas e outras fracassam. Eu passava trinta horas por semana num programa extracurricular chamado Calgary Portfolio Management Trust (CPMT), ajudando a administrar uma carteira para um fundo de doações da universidade, mas ainda não encontrara uma ideia de negócio que combinasse comigo. Apostar no crescimento das ações das ponto-coms parecia ser a melhor opção disponível. Investi todos os meus US$ 55 mil do lucro com as pinturas em ponto-coms promissoras. Em um ano, meus US$ 55 mil mais do que triplicaram, chegando a quase US$ 200 mil.

Então, assim como o M.C. Hammer, tornei-me complacente com meu sucesso. Assim como muitos outros naqueles tempos impetuosos, pensei equivocadamente que era um investidor com um toque mágico. Passei para as coisas mais complexas: opções, apostando nas oscilações diárias do mercado. Em finanças, esse é o caminho mais rápido para triplicar sua aposta – ou para quebrar. Minha confiança era alimentada por programas de computador que eu criara para buscar tendências e oportunidades comerciais. Eu me sentia um jogador profissional de cassino capaz de contar as cartas. Até que, em abril de 2000, os deuses das finanças me ensinaram uma lição. A Nasdaq quebrou e meus US$ 200 mil caíram para US$ 50 mil em quatro dias de revirar o estômago.

Um efeito de prazo mais longo foi que minha perda financeira abrupta me tornou excessivamente cauteloso. Eu ainda estava caçando uma ideia para um grande negócio, mas agora achava que esta precisava ser perfeita. Em vez de correr um risco, eu passaria a década seguinte perseguindo um caminho corporativo. Ao obter meu título de Analista Financeiro Licenciado, eu aprendi que o que estava experimentando é chamado de efeito mordida de cobra. Depois que são mordidas por uma grande perda, as pessoas tendem a se tornar irracionalmente conservadoras. Essa armadilha captura igualmente jogadores, investidores e inovadores, e é semelhante à armadilha do agricultor que é protetor demais.

CONSUMIDO PELA BUSCA

Por fim, tornei-me consultor administrativo do Monitor Group, para aprender sobre diferentes indústrias e ganhar experiência ajudando CEOs de grandes empresas a avaliar seus novos empreendimentos. Depois disso, obtive meu MBA e meu título de Analista Financeiro Diplomado, o tempo todo procurando uma ideia de empreendimento apropriada. Querendo sujar minhas mãos em projetos no mundo real, comecei a trabalhar no Capital One.

Minha carreira corporativa estava indo bem, mas eu sabia que estava decepcionando meu eu empreendedor. Eu torrara uma década do meu auge de trabalho ajudando outras empresas e marcas e ao mesmo tempo traindo meus sonhos empreendedores. Eu estava desesperado por uma ideia de negócio.

Foi então que abri a Trend Hunter. Pensei que se construísse um lugar onde pessoas do mundo inteiro pudessem compartilhar ideias de negócios, alguém, em algum lugar, certamente contribuiria com uma ideia que poderia inspirar meu novo empreendimento. O que não percebi foi que a *própria* Trend Hunter se tornaria minha grande ideia.

De dia, eu continuava a cortar lenha cinquenta horas por semana no Capital One, mas estava dedicando ainda mais horas à Trend Hunter à noite e nos fins de semana. Enquanto o site crescia, eu continuava aumentando meu investimento mental – e financeiro. Fiz minha primeira contratação quando ainda trabalhava em tempo integral. Bianca Bartz, uma colaboradora jovem e ambiciosa, tornou-se nossa primeira editora, preparando a edição diária em seu escritório improvisado numa Starbucks a alguns milhares de quilômetros de distância.

No ano seguinte, a Trend Hunter estourou. Parecia que da noite para o dia havíamos nos tornado um exército internacional de caçadores em busca de milhares de novas ideias para milhões de pessoas que pensavam de maneira semelhante. Ironicamente, a MTV me descreveu como alguém que estava "na vanguarda da modernidade",[1] sem saber que de dia eu era diretor de um banco. Mas minha experiência bancária no Capital One conferiu um benefício positivo: levou-me a pensar no site não como uma publicação de mídia, mas sim como um laboratório gigante de pesquisas para o consumidor, um experimento pioneiro em big data e crowdsourcing.

Em meu aniversário de 30 anos, dei um salto empreendedor e comecei a caçar tendências em horário integral. Diferentemente da maioria das start-ups, eu já tinha impulso e um fluxo de receita com propaganda, então nunca precisamos aceitar capital de risco. Dois bilhões de visualizações e várias centenas de clientes depois, desenvolvemos um método comprovado e testado para identificar padrões e encontrar ideias melhores com mais rapidez; esse mesmo método eu compartilharei com você no decorrer deste livro.

Agora, você tem uma boa ideia das armadilhas a serem evitadas e de como despertar seus instintos de caçador. Em seguida vem a parte divertida, a parte fácil – aqueles padrões que mudarão o modo como você vê o mundo e lhe permitirão identificar oportunidades para onde quer que você se vire.

---

[1] "Trend Spotting", *MTV News*, 22 de junho de 2006.

PARTE 2

CACE

CAPÍTULO 4

GANHANDO IMPULSO A SEU FAVOR

Se você quer encontrar uma ótima ideia que pode revolucionar sua carreira ou seu negócio – e talvez até mudar sua vida –, despertar seu caçador interno é um bom começo. Mas como encontrar oportunidades melhores com mais rapidez? Como você pode ser regularmente mais inteligente, mais adaptável e mais hábil do que seus concorrentes? Para vencer, você precisa saber onde caçar e como alavancar o impulso de seu ambiente.

Várias centenas de anos atrás, milhões de búfalos selvagens perambulavam pela América do Norte. Uma única dessas feras de novecentos quilos podia alimentar sua família durante meses e fornecer couro e pele para roupas e abrigo, mas tentar derrubar um búfalo é extraordinariamente perigoso. As feras são grandes, surpreendentemente rápidas e sabem muito bem se proteger. Se você tentasse entrar furtivamente no meio de um grupo deles, provavelmente seria pisoteado, mas e se você pudesse usar a manada em seu benefício?

Perto da divisa entre o norte de Montana e o sul de Alberta fica um antigo território de caça dos povos nativos chamado Head Smashed-In Buffalo Jump.* O nome um tanto sinistro se refere ao penhasco íngreme que era usado como armadilha para manadas de búfalos. Em vez de caçar animais menores, ou tentar apanhar um búfalo de cada vez, os bravos nativos desenvolveram uma estratégia inteligente. Eles simplesmente esperavam a manada aparecer ali perto, nos Porcupine Hills. Em seguida, os "corredores de búfalo" se vestiam como coiotes e lobos para assustar as feras gigantes até todos eles correrem em estouro para uma direção. Quando corriam para escapar, os búfalos eram aprisionados por seu próprio impulso, e nessa hora os guerreiros à sua espera os

---
* Salto do Búfalo da Cabeça Esmagada. (N. do T.)

desviavam para um caminho específico que os levava diretamente para o penhasco. Cada caça rendia dezenas de búfalos, proporcionando comida e pele abundantes para a tribo sobreviver ao inverno.

A lição é que, ao tentar dominar forças grandes – quer sejam manadas de búfalos, megatendências ou grandes concorrentes –, o impulso pode lhe dar uma vantagem. Você precisa coordenar seu ataque e depois usar as características e os padrões de seu ambiente em seu benefício. Este capítulo lhe mostrará como.

OS SEIS PADRÕES DE OPORTUNIDADE

Assim como Robert Lang desenvolveu uma matemática para os padrões de origami, a Trend Hunter está desenvolvendo uma matemática para os padrões de inovação. Até hoje, estudamos 250 mil ideias. Examinando as escolhas e o comportamento das 100 milhões de pessoas que visitaram nosso site, ganhamos uma inteligência crítica sobre as tendências e ideias mais novas e que evoluem mais rapidamente. Utilizando nosso site como um laboratório de inovações de alta tecnologia, estudamos 10 milhões de horas de comportamento e acompanhamos vários bilhões de escolhas de consumidores. Esse tipo de pesquisa intensiva de dados para inovação nunca antes foi possível, e os resultados são fascinantes. Um dos conceitos mais fortes a surgir desse trabalho é o de que, em todas as indústrias, as oportunidades parecem seguir seis padrões principais: convergência, divergência, ciclicidade, redireção, redução e aceleração (cada um deles será explicado em breve).

Tradicionalmente, os identificadores de tendências tentam categorizar o mundo com base em megatendências, como ambientalismo, o crescimento da China e as redes sociais, para citar alguns. Porém, essa abordagem é limitada, porque as megatendências são óbvias e seus concorrentes já as conhecem. Simplesmente reconhecê-las não representa uma vantagem competitiva única. O que nós descobrimos, e testamos no mercado com nossos maiores clientes, é que é muito mais valioso identificar os padrões de oportunidade que uma megatendência ou um grande negócio podem, no futuro, criar. O que importa não é *o que* está acontecendo, mas sim o que pode acontecer *em seguida*.

Especificamente, existem seis padrões principais de oportunidade que são criados por quase todo grande produto revolucionário. Assim, você pode usar esses padrões para prever ou descobrir futuras oportunidades de negócios que serão fomentadas indiretamente por uma megatendência explosiva associada a esse produto. Mais ou menos como a tribo redirecionaria o estouro da manada de búfalos, você pode redirecionar o impulso do sucesso de outra empresa em seu benefício. Pode parecer contraintuitivo, mas esse fenômeno é algo que identificamos repetidamente na Trend Hunter. A competição pode se tornar uma vantagem, se você souber canalizá-la. Quando você estiver lendo os próximos capítulos, pode ser que esteja verdadeiramente desejando a seus concorrentes todo o sucesso do mundo.

Eis o que quero dizer. Imagine que você foi inspirado pelo crescimento inicial do Facebook, que já era um sucesso em expansão em 2006. Se você tivesse tentado competir de frente com o Facebook, teria sido como tentar conter o estouro de uma manada de búfalos. Mas o Facebook criou padrões de oportunidade. O truque para identificá-los foi desconstruir as principais funções da rede social. Em termos de função, o Facebook era: 1) uma rede apenas para seus amigos; 2) um arquivo permanente de suas fotos; e 3) um lugar para compartilhar sua vida diária.

Para descobrir a oportunidade, você analisaria esses três aspectos do Facebook através das lentes de diferentes padrões. Um exemplo fácil seria a *divergência* – encontrar o oposto da tendência dominante. Como o Facebook focava em uma rede de amigos, poderia surgir, por exemplo, a necessidade de uma rede social que não fosse apenas para amigos. Entra o Twitter, uma rede onde a pessoa pode "seguir" estranhos aleatórios. Nesse meio-tempo, a permanência do Facebook como arquivo pessoal cria o temor de que as fotos possam ser vistas por quem não deveria vê-las, inibindo a capacidade de compartilhá-las livremente. Isso pode gerar um desejo por algo temporário. Entra o Snapchat, um lugar para compartilhar fotos temporárias, que chegou à festa com meia década de atraso, mas ainda cresceu o bastante para recusar uma oferta de US$ 4 bilhões do Google. Por fim, embora o mecanismo do Facebook para as pessoas compartilharem suas vidas diárias possa ser útil e poderoso, leva também a compartilhamentos exagerados e a uma internet inundada por fotos amadoras de celular. Se por acaso você é um amante da arte da fotografia, pode ser que queira trazer de volta a arte. Entra o Instagram, um negócio de bilhões de dólares que adiciona filtros artísticos a suas fotos de celular.

A questão é que nenhuma empresa – nem mesmo o Google – conseguiu atingir diretamente o Facebook. O caminho mais rápido, mais inteligente e mais fácil para o sucesso é caçar os padrões de oportunidade que uma empresa, tendência ou avanço pode criar.

Quando você aprender todos os seis padrões de oportunidade, estará mais apto a identificar como ideias de negócios vitoriosas são criadas, o que o tornará um melhor inovador, tomador de decisões e até investidor.

CONVERGÊNCIA   DIVERGÊNCIA   CICLICIDADE   REDIREÇÃO   REDUÇÃO   ACELERAÇÃO

CAPÍTULO 5

CONVERGÊNCIA

CONVERGÊNCIA: Criar um negócio ou produto vitorioso através da combinação de múltiplos produtos, serviços ou tendências. Inclui: mistura, integração de produto, integração social, aproximar pessoas, valor adicionado por sobreposição, teatro, multifunções e co-branding.

Embora possa não perceber, você experimenta a convergência diariamente. Você vai ao Starbucks em busca de café sustentável, autoindulgência, acesso à internet e um ambiente familiar que parece sua "terceira casa", entre seu lar e o escritório. Quando chega em casa, você sai para um passeio tranquilo pela cidade, cantarolando a música ouvida em streaming em seu smartphone e guiado pelos mapas do GPS no celular. Enquanto isso, está em contato com seus amigos, mandando fotos ou postando no Twitter com o mesmo telefone. Meia hora depois, você encontra amigos para comer alguma coisa. Dependendo da casa de *tapas*, bar ou restaurante que escolher, logo estará saboreando comida californiana, fusão asiática, burritos vegetarianos, pizza de sushi ou alguma outra composição culinária que é uma convergência de sabores e culturas.

Utilize a convergência corretamente e ela poderá ser explosiva. A convergência pode gerar indústrias inteiras. O crescimento meteórico do snowboarding foi totalmente uma questão de padrões de convergência estrondosos – uma mistura vibrante de skate, surfe, esqui, música, moda e a necessidade natural de rebeldia da juventude. Os elementos se combinaram com tanta força que o esporte recém-inventado rapidamente se tornou um estilo de vida popular que ultrapassou de longe os esportes individuais que ajudaram a inspirá-lo.

Vemos exemplos óbvios de convergência em dispositivos de tecnologia, como nossos celulares que são parte computadores, parte máquinas fotográficas e parte console de games, mas a convergência pode também ser forte em indústrias tradicionais. Pense em postos de gasolina combinados com lojas de conveniência, em mercearias/lanchonetes, lojas de departamento/fast-food, livrarias/cafés, restaurantes/wi-fi e por aí adiante.

De início, a convergência parece um padrão fácil de entender, mas muitas empresas têm entrado correndo na convergência sem entender completamente o conceito. Por exemplo, a Nokia sabia que as pessoas gostavam de videogames e celulares, então lançou com entusiasmo o celular e videogame N-Gage. Infelizmente, em vez de aproveitarem os benefícios de um aparelho dois-em-um, os consumidores viram um telefone esquisito combinado com um dispositivo para jogos sem graça. O N-Gage parecia um controle remoto de TV mal projetado com uma tela minúscula. Foi um fracasso colossal.

Simplesmente não basta combinar duas ideias. A Colgate, por exemplo, tentou ligar a necessidade de higiene das pessoas com o crescimento da alimentação saudável. A empresa se arriscou a combinar sua marca de higiene com a alimentação saudável, lançando a Colgate Kitchen Entrees, uma linha de refeições prontas. Os consumidores ficaram perplexos. Pasta de dente, antisséptico bucal e comida congelada não têm muito em comum além do fato de que todos eles vão para sua boca. Como era de se esperar, as refeições congeladas não deram certo.

No entanto, quando é feita com inteligência, a convergência pode ser uma das maneiras mais certeiras de se aproveitar de tendências emergentes. Neste capítulo, você conhecerá as muitas potencialidades da convergência, de produtos a serviços e experiências de imersão.

TATUAGENS NA PRISÃO E UMA EDUCAÇÃO EM OXFORD

Mais de vinte anos atrás, uma estudante de história da arte chamada Kyla estava visitando as galerias da Neue Pinakothek, na Alemanha, com sua família. A jovem universitária começou a contar os segredos e escândalos por trás de cada pintura. Minutos depois, meia dúzia de turistas estava seguindo-a de perto, tratando-a como se ela fosse a curadora da galeria. Quando o assunto era arte, Kyla se destacava. Se você lhe desse algumas horas com um livro da área, ela assimilava cada fato, número, data e dimensão.

Suas habilidades virtuosas lhe renderam um CR perfeito na faculdade e uma bolsa de estudos na prestigiosa Universidade de Oxford, onde ela se tornou uma das poucas estudantes a receber um *viva voce* honorário, o que significa que após um exame oral e escrito ela recebeu seu diploma de mestrado e uma via de acesso rápido ao programa de doutorado da universidade.

Então aconteceu algo inesperado. Ela foi diagnosticada com câncer no ovário e informada de que sua chance de sobrevivência era de 50%.

Determinada a alcançar seus objetivos acadêmicos, Kyla lutou contra o câncer enquanto continuava sua jornada para se tornar uma professora extraordinária. Apesar dos efeitos da quimioterapia, ela com frequência varava as noites acordada para aperfeiçoar suas aulas. A única coisa que lhe tirava o ânimo era algo que uma pessoa de fora poderia considerar insignificante: suas sobrancelhas. Conforme ela me explicou: "Depois dos tratamentos de quimioterapia, você pode pôr uma peruca na cabeça, mas perder as sobrancelhas é algo totalmente diferente. É um lembrete de que você não é normal."

Kyla perguntou à sua enfermeira de oncologia o que poderia fazer em relação a isso. Ficou animada quando soube que o hospital tinha um equipamento de tatuagem seguro em termos médicos, mas logo descobriu inconvenientes extremos. As máquinas eram rudimentares e as habilidades dos funcionários para tatuar, limitadas. As sobrancelhas tatuadas de Kyla acabaram ficando comicamente assimétricas. Sem querer piorá-las, ela procurou um tatuador tradicional para consertar o trabalho manual do hospital. Mas o tatuador que escolheu também cometeu um erro ao usar uma tinta com pigmentos metálicos. Quando Kyla foi fazer sua ressonância magnética seguinte, os fortes ímãs da máquina puxaram os pigmentos, causando reação alérgica e sangramento.

Preocupado, o oncologista de Kyla insistiu para que ela buscasse uma vida menos estressante, observando que a pressão de sua carreira acadêmica poderia ameaçar suas chances de sobrevivência. Mas Kyla tinha outro plano em mente.

O DESPERTAR DE KYLA

Forçada a considerar o que realmente importava, Kyla se viu assumindo o papel de caçadora. Será que havia um novo reino onde ela poderia encontrar paixão e sentido? Ela não reconheceu na época, mas isso foi o seu despertar. Com frequência, um período difícil de transição é o momento em que as pessoas utilizam seu potencial oculto.

Se Kyla não podia prosseguir sendo professora, o que mais poderia matar sua sede de conquista? Ela continuava pensando no desastre com suas sobrancelhas. Será que ela poderia inventar um modo melhor de fazer tatuagens restauradoras? Kyla não sabia nada sobre tatuagens ou cirurgia plástica, mas desejava ajudar pessoas a evitar aquilo pelo qual ela tivera que passar.

Curiosa e altamente motivada, Kyla iniciou sua busca por ideias no mais estranho dos lugares: uma prisão.

O CAOS CRIA OPORTUNIDADE

A adversidade – seja devido a uma doença, a pressões econômicas ou à perda de um emprego – pode trazer tremendas oportunidades. Quando nossa segurança é ameaçada, a complacência não é uma estratégia realista. Nessa situação, você tem muito mais disposição para destruir o que funcionou no passado e está muito mais propenso a se tornar insaciável em sua busca por algo novo. Assim como a pobreza terrível de J. K. Rowling ajudou a inspirá-la a tomar o extraordinário caminho criativo para Harry Potter, e assim como o chef condecorado Eric Ripert abandona seus melhores pratos para começar do zero, um novo começo pode aumentar sua capacidade de identificar tendências-chave.

Depois de muitos anos de trabalho em consultoria com centenas de CEOs e empresas, identifiquei três atitudes básicas em relação a adversidades e mudanças: paranoia, confiança e desespero. Superficialmente, pode parecer que uma atitude confiante é mais benéfica, mas, na verdade, o oposto é verdadeiro. Talvez não seja surpresa que a maioria das empresas se coloque na categoria confiante. Elas tendem a comemorar sucessos passados e a focar em otimizar estratégias consagradas. Esse senso de confiança suprime o sentimento de urgência, inibindo a adaptação. Em contraste, empresas desesperadas sabem que o *status quo* não as salvará. Vendas em queda ou uma participação no mercado em rápido declínio podem deflagrar um fervor que impulsiona a inovação. A Apple, por exemplo, só trouxe Steve Jobs de volta quando estava à beira da falência e desesperada por reinvenção. O medo de fracasso da empresa permitiu que Jobs fizesse apostas ousadas que acabariam levando ao sucesso épico da Apple.

De maneira semelhante, houve uma época em que o negócio de computadores aparentemente invencível da IBM estava passando por dificuldades. A empresa estava perdendo bilhões de dólares por ano. A caminho do colapso, no início dos anos 1990, a IBM trouxe um novo CEO, Louis Gerstner. Com pouco a perder, Gerstner estrategicamente se livrou de linhas de computadores, pressionou pessoas a reimaginar seus potenciais e inspirou um senso de urgência de mudança que ajudou a IBM a dar uma virada e se reinventar como uma bem-sucedida firma de serviços.

Por fim, considere o exemplo da General Motors. Durante décadas, a fabricante de automóveis dominou a venda de carros. Nos anos 1990, notou o crescimento dos SUVs e a paixão dos Estados Unidos por caminhonetes e modificou sua linha para incluir o grandalhão Tahoe e o Yukon, de 3.900 quilos. De 1990 a 2004, a "megapotência" foi uma boa aposta. As vendas anuais de caminhonetes leves subiram de baixos 20% do mercado para mais da metade de todos os veículos de passeio comercializados nos Estados Unidos.[1] Claro que a empresa estava lutando com uma estrutura de custo inchada, mas as caminhonetes e a sólida demanda ajudaram a GM a se defender de seus rivais estrangeiros.

Porém, nos cinco anos seguintes, a moda mudou. A tendência da proporção dos veículos vendidos reverteu. Milhões de consumidores passaram a comprar carros mais leves e mais econômicos. Então a recessão começou, batendo os últimos pregos no caixão da GM. Com um mercado já em crise, uma estrutura de custo inchada e uma linha de produtos em descompasso com o espírito da época, a empresa entrou em falência. Em 2009, apenas

---

[1] Energy.gov Market Share of New Cars vs Light Trucks, 1975-2008, http://energy.gov/eere/vehicles/fact-553-january-12-2009-market-share-cars-vs-light-trucks.

cinco anos depois, o número de veículos da GM vendidos nos EUA havia caído 56%.[2] Para entender o contexto, no mesmo período os números da Toyota caíram apenas 14%.

A GM usou a crise para replanejar sua abordagem. Abandonou o Hummer e lançou uma frota de veículos mais leves. Como o mercado mudou, as vendas cresceram, assim como também sua liderança sobre a Toyota. Mesmo quando recalls de segurança jogaram a empresa numa crise, em 2014, a forte linha de produtos da GM continuou a atrair clientes para seus salões de negócios.

Qualquer um pode aproveitar a urgência, e isso não se restringe a circunstâncias terríveis. Na verdade, algumas das empresas mais lucrativas do mundo são movidas por um zelo quase maníaco por eliminar novos avanços. Muitas exibem a terceira atitude básica em relação às mudanças: aquilo a que às vezes chamo de "boa" paranoia. As organizações que a praticam não necessariamente precisam ser motivadas pela adversidade. O Google, por exemplo, é famoso por suas apostas escandalosas e extravagantes – dos carros sem motorista ao Google + e ao Google Glass. Muitas são arriscadas, mas há um número suficiente de avanços revolucionários para compensar, e muito, os fracassos. Movidas por um temor quase maníaco de perder o domínio, empresas como o Google incutem em seus funcionários a mentalidade de que eles precisam fazer todo o possível para elas continuarem sendo a número um. Essas empresas criam uma cultura de urgência canibalizando seus próprios produtos e perpetuamente experimentando.

A lição é que, para combater a complacência gerada pelo sucesso, você precisa ser insaciavelmente curioso, estar aberto à destruição intencional e ser só um pouquinho paranoico.

A NOVA DIREÇÃO DE KYLA

A doença ajudou Kyla a ver o potencial de uma nova direção. Compelida a abandonar sua querida Oxford, ela mergulhou nas tatuagens como se estivesse pesquisando para uma dissertação de doutorado. Como qualquer bom caça-

---

[2] GM U.S. New Vehicle Sales vs. Toyota U.S. New Vehicles Sales, 2004, 2009, 2013 Company Reports, Wikipedia.

dor de ideias, Kyla iniciou sua busca revirando o mundo à procura de pistas e recursos, absorvendo cada migalha de informação existente sobre a história, a cultura, a ciência, os equipamentos e as técnicas de tatuagem. Quando entrou no território desconhecido, ela rapidamente conjecturou que precisaria resolver três grandes problemas. Primeiro, teria que encontrar pigmentos que pudessem ser injetados na pele de um paciente com câncer, que normalmente é sensível demais para lidar com partículas estranhas e tinturas. Segundo, necessitaria de técnicas e equipamentos superiores capazes de recriar características humanas, como sobrancelhas, pigmentos de pele e aréolas tridimensionais. Terceiro, precisaria encontrar tintas de tatuagem que imitassem os tons naturais da pele – uma tarefa nada fácil.

Kyla conheceu cirurgiões plásticos, tatuadores e especialistas em micropigmentação em Londres, Vancouver e Paris, e estudou com eles. Chegou a ser aprendiz de um mestre das tintas japonês reverenciado por gângsteres da Yakuza (grupo do crime organizado no Japão), conhecidos por suas tatuagens elaboradas que marcam realizações, filiações e posições hierárquicas. Os gângsteres da Yakuza e suas tatuagens que imitam cicatrizes de batalha levaram Kyla a seu grande avanço seguinte. Ela já cumprira parte do desafio descobrindo um tipo especial de micropigmentação médica que utiliza pigmentos seguros. Para resolver o resto de seus problemas, teria que literalmente ir para trás das grades.

INSPIRAÇÃO CRIMINAL

Visite uma prisão e você verá provas impressionantes do poder sinalizador das tatuagens: uma tatuagem de lágrima sob o olho anuncia que você matou alguém; estrelas nos joelhos significam que você não se ajoelhará para ninguém; e um relógio sem ponteiros significa que você foi condenado à prisão perpétua. Mas, ironicamente, toda essa arte na pele é produto de uma improvisação louca. Na caixa de ferramentas típica de um tatuador de prisão, você encontrará itens peculiares como cordas de violão, ímãs, arruelas e um motor de Walkman. Infelizmente, essas peças e materiais improvisados com frequência têm um preço alto, já que aumentam incrivelmente a disseminação de doenças causadas por patógenos transmitidos pelo sangue, como hepatite e Aids.

Não é surpresa, então, que as tatuagens sejam ilegais nas prisões.

Portanto, fazer uma tatuagem na prisão é uma missão secreta. O problema é que, se você furar a pele com uma corda de violão presa a um motor de Walkman, sua pele inchará. E uma pele inchada sinaliza que alguém está sendo tatuado e pode levar o transgressor a um longo período em confinamento solitário. Isso representa um dilema para um prisioneiro que quer desesperadamente uma tatuagem e, conforme vimos, problemas difíceis podem inspirar ideias criativas. Com anos para explorar soluções, muitos prisioneiros desenvolveram técnicas extremamente inteligentes para minimizar a irritação na pele causada por uma tatuagem – técnicas ignoradas que poderiam ajudar Kyla a tatuar melhor pacientes com câncer com peles sensíveis. Ela procurou tatuadores em prisões, contou sua história, criou um vínculo com eles por meio da paixão em comum pela arte e aprendeu suas técnicas secretas para implantar pigmentos com o mínimo de irritação. Esta é uma história incomum, mas aqui há uma lição importante que muitos de nós com frequência deixamos passar: apegar-se a métodos conservadores em vez de desafiar o *status quo* significa, com frequência, perder uma oportunidade de fazer algo brilhante e inspirado.

COMBINANDO O VELHO E O NOVO

Kyla encontrara um de seus grandes avanços na prisão, mas ainda enfrentava outro desafio: como reproduzir as cores extraordinárias da pele humana. Para isso, ela evocou seu conhecimento sobre história da arte e voltou várias centenas de anos no tempo até encontrar um gênio que abalou o mundo da arte.

Às vezes, para criar uma ideia nova, sua melhor atitude é recorrer a ideias do passado. Por exemplo, as proporções e o design extraordinariamente simples e bem-sucedido da homepage do Twitter foram inspirados na proporção áurea, que é de 2.400 anos atrás, e foi usada por arquitetos clássicos e incontáveis grandes artistas.

Como professora de arte, Kyla sabia o valor da história. Sabia também que, durante um período incrível do século XVI, alguns dos maiores pintores de todos os tempos – homens como Da Vinci, Rafael, Michelangelo, Tintoretto, Veronese e Ticiano – viveram amargas rivalidades e intensa competição.

Uma das questões que eles enfrentaram era quem poderia criar o melhor tom de pele sobre a tela.

Ticiano Vecellio era considerado o mestre de sua geração – até mesmo por Leonardo da Vinci. Aos 12 anos, foi aprendiz de outro pintor, mas os críticos imediatamente preferiram a obra do mais jovem. Ticiano logo se tornou conhecido nacionalmente, o que o levou a uma extrema popularidade e a uma carreira de obras comissionadas. Como muitos grandes artistas, ele inspirou imitadores e rivais invejosos, que chegaram a contratar espiões disfarçados de estudantes numa flagrante tentativa de roubar seus segredos. Eles não conseguiram, porém, descobrir um mistério central: como Ticiano conseguia tons de pele tão luminosos? Outros artistas simulavam a pele misturando rosas e marrons, mas as pinturas de Ticiano brilhavam com múltiplos níveis de cor. Mesmo Da Vinci foi forçado a reconhecer que Ticiano era o primeiro a captar a luminescência da pele.

A técnica secreta de Ticiano exigiu um pensamento não convencional. Tradicionalmente, os pintores preparavam uma cor e acrescentavam cinza e branco para criar sombras. Porém, Ticiano se inspirava no modo como os artesãos de vidro pintado de Murano criavam diferentes cores por meio de camadas de vidro colorido. Importando essa técnica para seu campo, ele esmaecia suas pinturas com clara de ovo e óleo de linhaça. Depois, pincelava várias camadas, cada uma delas ligeiramente diferente. Sobrepondo múltiplos esmaltes de cor, ele conseguia peles de aparência incrivelmente realista – uma habilidade nada pequena numa época em que as pinturas de nus eram a arte erótica acessível.

Num glorioso momento "Eureca!", Kyla pensou em Ticiano. Ela rapidamente começou a desenvolver e patentear um produto dispersante de pigmentos que chamou de Titian Wash, que permitiria aos tatuadores usar táticas de sobreposição semelhantes na camada dérmica da pele. Diferentemente das tradicionais tatuagens opacas, a sobreposição de Kyla produz camadas naturais de cor, simulando a translucidez que Ticiano alcançou na tela.

Combinando avanços em micropigmentação, habilidades de tatuadores de prisão e as técnicas secretas seculares de Ticiano, Kyla abriu um negócio único e novo chamado Cosmetic Transformations ("Transformações Cosméticas"). Ao longo dos cinco anos seguintes, ela realizou milhares de procedimentos, camuflando queimaduras, apagando cicatrizes, restaurando sobrancelhas e recriando aréolas. Ela ajudou pacientes com câncer, estrelas de cinema, veteranos das Forças Armadas e vítimas de ataques.

Para aqueles que testemunharam o talento de Kyla para história da arte naquela visita à galeria de arte alemã muito tempo antes, seu sucesso pode parecer natural, e até esperado. Eu fui um dos poucos felizardos que a acompanharam de perto naquele dia. Kyla Gutsche vem a ser minha irmã.

Embora as pessoas raramente reconheçam isso, a adversidade pode produzir inovações. Minha irmã começou identificando um problema e em seguida misturou e combinou potenciais soluções até chegar a algo incrível. Se algo incomoda você ou desperta sua curiosidade, preste atenção: pode haver uma combinação de ideias criativa que poderia se transformar num grande negócio. E lembre-se de que suas paixões pessoais e habilidades podem ser uma rica fonte de criatividade que leva você a essa solução mais rapidamente.

O mais importante é que nada disso exige um diploma de Oxford. A convergência vem facilmente quando você está aberto a ideias e se forçando a procurar padrões e combinações.

No caso de Kyla, a convergência levou a um produto e um serviço inteiramente novos, mas a convergência também pode potencializar um produto ou serviço existente e levá-lo a novas alturas.

METANFETAMINA, TRABALHO DE CONDENADO E PÃO FULMINANTE

Dave Dahl é um homem de contradições. Fortão, mas afável, dotado de músculos de um fisiculturista, ele parece um astro de heavy metal dos anos 1980 com seu cabelo longo e liso e seu bigode farto. Você provavelmente não suporia que ele esteja num negócio tradicional como o de fazer pães. Mas seu pai foi um pioneiro, fundador da Midway Bakery, uma pequena padaria que foi uma das primeiras a vender pães feitos exclusivamente com grãos e sem gordura animal, em Portland, Oregon.

Quando jovem, Dahl não conseguia gostar muito do negócio de pães. Embora se esperasse que todos os filhos da família Dahl trabalhassem na padaria, faltava a Dave a paixão de seu pai e ele se sentia preso. Até que se rebelou e iniciou uma longa queda na depressão e no vício em drogas. A loucura da metanfetamina transformou duas décadas de sua vida em uma montanha-

-russa de tráfico de drogas, dançarinas exóticas, assaltos à mão armada e perseguições de carros em alta velocidade, terminando com um longo período na prisão.

Atrás das grades, Dahl buscou ajuda médica para sua depressão. Pela primeira vez, sentia-se normal e desejava compensar aqueles que prejudicara, incluindo sua família. Ele imaginou como sua vida seria diferente se trabalhasse na padaria da família. Sonhando com a redenção, começou a pesquisar tudo o que podia sobre o mundo dos pães.

Ao ser solto, Dahl implorou por um emprego na firma da família, que agora se chamava NatureBake. Seu irmão Glenn relutou em lhe dar outra chance, por bons motivos: Dave roubara e destruíra a padaria da família mais de uma vez em seus tempos loucos de metanfetamina. Mesmo assim, Glenn reconheceu a mudança no tom de seu irmão, e em 2004 Dave foi colocado de volta na folha de pagamento. Determinado a provar seu valor por meio de trabalho duro e dedicação, ele trabalhava cem horas por semana. Substituía funcionários ausentes, limpava a cozinha e, perseverante, experimentava novas receitas. Ele faria a diferença, começando por sua primeira grande ideia: o Dave's Killer Bread!* Dave nunca matou ninguém, mas acreditava que suas novas receitas eram "gostosas de morrer" e esperava que o rótulo chocante intrigasse os clientes.

No verão de 2005, Dahl levou cem unidades de seu Killer Bread para a feira orgânica de Portland. Os pães, feitos com sementes de girassol, abóbora, linhaça e gergelim, foram um sucesso instantâneo, esgotando em algumas horas. No fim do verão, o Dave's Killer Bread havia chegado a grandes redes de mercearia como New Season's, Co-Op, Whole Foods e Fred Mayer. Os acordos para distribuição nacional foram uma oportunidade de levar a NatureBake para o próximo nível e expandir a liderança criativa de Dahl. Logo, a marca tinha uma nova posição e autenticidade. O site tinha ilustrações feitas à mão, num colorido que lembrava desenho animado, e mostrava vídeos cativantes, uma versão resumida da "História de Dave" e um desenho de Dave fortão, dedilhando uma guitarra atrás das grades. O marketing e a história funcionaram não apenas por serem genuínos e criativos – o pão, por acaso, também era incrível. "Seria fácil pensar nisso como um truque natureba – ex-condenado

---

* Pão Matador de Dave. Em inglês, a palavra *killer* (matador) também é uma gíria que significa "formidável". (N. do T.)

faz bom uso de farinha orgânica, assegurando o triunfo do natureba Noroeste", escreveu o *New York Times*. "Mas o Dave's Killer Bread é realmente o melhor pão que já comprei num supermercado."[3]

O sucesso inicial de Dahl – a atitude e o nome Dave Killer's Bread – surgiu de um conceito que a Trend Hunter chama de "rotulagem de choque", que faz parte do padrão de divergência sobre o qual você aprenderá mais no próximo capítulo. Como exemplo de rótulos de choque, pense em rótulos de vinho capciosos como Jesus Juice, Fat Bastard e Dirty Laundry, ou – num outro corredor do supermercado – no cafeinado Cocaine Energy Drink. No entanto, embora a divergência tenha impulsionado o crescimento inicial da padaria, foi a convergência – e especificamente a mistura de algumas tendências por Dave – que fez a empresa disparar.

A ABORDAGEM AGRESSIVA

Divulgar o passado de prisioneiro de Dahl foi um bom negócio, encaixando-se perfeitamente na tendência da imagem de bad boy. Melhor ainda, a história de Dahl era de redenção. Sua trajetória, sua filosofia e sua imagem apareciam no site e em todo o material de marketing da padaria. A marca lembrava outras com rotulagem de choque e ainda aproveitou o fascínio da cultura pop por prisões, que nos últimos anos levou a uma moda de roupa de prisioneiro, a casas em estilo de prisão e a penitenciárias transformadas em hotéis.

A empresa descreve como Dahl desejou "tornar o mundo um lugar melhor, um pão de cada vez".[4] Ele ensinou antigos companheiros da prisão a fazer pães e lançou um plano agressivo de doações, que agora entrega anualmente até 325 mil pães às organizações voluntárias Meals on Wheels People, Helping Hands e Sisters of the Road. Dahl estava se utilizando de uma tendência a incorporar causas sociais, que se propagava por toda a região e ganhara uma base de apoio em marcas importantes de Seattle, como Body Shop e Starbucks.

---

[3] Alex Kuczynski, "Obsessions: Dave's Killer Bread", *New York Times*, 20 de janeiro de 2010.

[4] Site na internet da empresa Dave's Killer Bread, http://www.davekillersbread.com/faq.html, acessado em 2 de setembro de 2014.

Surgiram tantos modelos de negócio social no novo milênio que em 2011 a Trend Hunter cofundou um canal, o SocialBusiness.org, dedicado a combinar ou convergir causas sociais dentro de negócios com fins lucrativos. A TOMS Shoes é um bom exemplo do modelo de empreendedorismo social "um para um" que tem sido amplamente imitado. Toda vez que um consumidor compra um par de sapatos, a TOMS dá um par a uma criança na África ou em algum outro continente em desenvolvimento. Esses modelos sociais incorporados não apenas tornam o planeta um lugar melhor, como estimulam o respeito à marca.

Dahl também se aproveitou da tendência "local e orgânica", de oferecer alimentos orgânicos e de fontes locais. Sua rejeição a conservantes e ingredientes geneticamente modificados inspirou o slogan de duplo sentido "Just say no to bread on drugs!".* Os grãos também são de origem local, o que representa um apoio a agricultores locais e ao mesmo tempo uma redução da necessidade de transporte por longas distâncias. Dahl até abriu um serviço de entregas de bicicleta para desenvolver um método sem emissão de carbono para a distribuição do Killer Bread a lojas locais.

Duas outras tendências sobre as quais Dahl capitalizou são as de "ecofabricação" e "salário digno". A nova fábrica da padaria é abastecida com energia eólica, o que elimina quase quinhentos quilos de emissões de CO_2 por ano, e os funcionários são pagos com base no padrão dos "salários dignos" (semelhante ao do "salário justo" promovido pela Starbucks).

Ao combinar com inteligência tantas tendências individuais, o negócio da família de Dahl aumentou muito suas chances de sucesso. Na verdade, a convergência ajudou a fazer com que essa pequena empresa deixasse de ser uma única e modesta padaria para se tornar um empreendimento de US$ 50 milhões com 240 funcionários, 17 variedades de pão orgânico e um novo endereço de varejo, apropriadamente chamado Mother Truckers.** Os lucros da empresa continuam imbatíveis, e a família vendeu uma grande parte para uma firma de investimentos de Nova York no fim de 2012.

---

* A frase "Diga não ao pão com drogas" também pode ser entendida como "Diga não a viver de drogas", já que *bread* (pão) tem também o sentido de "sustento". (N. do T.)

** Trocadilho com o palavrão *mother fucker*. (N. do T.)

Aqueles que querem colher os lucros de seu próprio negócio de US$ 50 milhões devem observar que Dahl começou com uma incansável experimentação. Sua necessidade reprimida de fazer a diferença provocou meticulosos testes de receitas que criaram um produto digno de prêmio. E seus incontáveis experimentos foram muito além da cozinha, incluindo inovações em produção, recrutamento, marketing e envolvimento com a comunidade. Seu avanço mais revolucionário veio da percepção de que ele podia transformar a fraqueza em vantagem. Atraindo atenção para seu passado turbulento, ele se utilizou da solidariedade que muitos têm por um fracassado.

Quando você cria uma ideia central forte, frequentemente pode aumentar sua probabilidade de sucesso aproveitando múltiplas tendências. A Dave's Killer Bread é bem-sucedida porque a abundância de tendências que explora torna mais fácil para os consumidores adorar os produtos da empresa. É muito comum uma empresa ou empreendedor lançar um novo conceito ou marca incompleto. É preciso algo mais para diferenciá-lo dos outros. A convergência é um exercício de caçar continuamente tendências ou ideias que possam ajudar a impulsionar seu produto a fazer mais sucesso.

GPS, ZUMBIS E O PODER DA HISTÓRIA

Quando a Guerra Fria já durava dez anos, os soviéticos e os americanos competiam em tudo, de xadrez a medalhas olímpicas, de ogivas nucleares à corrida para se tornar o primeiro a ir ao espaço. Em 1957, os soviéticos deram um salto para a frente ao lançarem no espaço o *Sputnik*, um satélite artificial. A atenção dos Estados Unidos estava agora concentrada no propósito do misterioso satélite – e em como monitorar suas transmissões. Essa missão levou dois cientistas americanos, William Guier e George Weiffenbach, a um avanço que mudaria para sempre o modo como você descobre o caminho para chegar a um balneário nas férias ou ao circular por uma nova cidade. Eles descobriram o que mais tarde se tornaria o Sistema de Posicionamento Global, ou GPS.

Sua descoberta básica foi a de que, usando princípios da física do início dos anos 1800, eles podiam identificar a localização exata do *Sputnik* a partir da Terra. Usada de maneira inversa, essa mesma descoberta levou os americanos a perceber que, se posicionassem vários satélites no céu, poderiam rastrear objetos na Terra. Isso era reconhecimento de padrão em sua melhor forma. Embora fosse demorar décadas para ser concluída, a rede de satélites GPS dos Estados Unidos estava funcionando plenamente para uso militar em 1995. Um ano depois, estava claro que o GPS poderia ter tantas aplicações que o presidente Bill Clinton abriu a tecnologia ao uso civil.

As primeiras aplicações foram simples mas revolucionárias, incluindo mapas, resgates de emergência, localização de frotas e navegação. Em seguida, inovadores encontraram maneiras de incorporar o GPS a gincanas mundiais, ao turismo e até a treinos esportivos. Por exemplo, em 2006, a AllSport lançou um aplicativo de celular para corredores e ciclistas acompanharem suas rotas, mudanças de elevação e velocidade média. Eu mesmo o usei em meu antigo BlackBerry para identificar minha melhor velocidade em esqui downhill.

Enquanto isso, a Nike vinha adicionando a tecnologia a dispositivos vestíveis (*wearables*), usados junto ao corpo, lançando o Nike Sportsband e o Nike + iPod para atividades físicas. A convergência de navegação em GPS e acessórios esportivos feita pela Nike tornou possível às pessoas acompanhar seus exercícios físicos. Em 2010, a empresa deu mais um passo ao lançar o Nike + Running, que permitia às pessoas não apenas acompanhar suas corridas como também compartilhar suas conquistas diárias nas redes sociais.

Quando as mídias sociais explodiam como tendência dominante, o Foursquare levou o GPS para a comunicação pessoal, ganhando rapidamente 20 milhões de usuários em seus primeiros três anos. Em 2012, pessoas de todos os lugares estavam usando o Foursquare para se declarar "prefeito" virtual de seus cafés, locais turísticos e bares modernos preferidos – um distintivo de honra digital por ser o visitante mais frequente de um local.

Quando a série de televisão *The Walking Dead* trouxe zumbis para a cultura pop, surgiu uma nova mudança no uso do GPS. Zombies, Run! é uma experiência de corrida multidimensional que combina sua música favorita, rastreamento por GPS e a narrativa de uma história de terror de zumbis de acelerar o coração. Escolha seu caminho e comece a correr no ritmo de um drama de zumbis que se sobrepõe à música. A descrição promocional do aplicativo de iPhone diz: "Fique em forma. Escape de zumbis. Torne-se um herói." Se você diminuir o ritmo, será advertido de que os zumbis estão se aproximando. Siga na direção de um prédio e você será aconselhado a correr a toda a velocidade para apanhar suprimentos. Imerso numa história interativa que está constantemente rastreando sua localização, você provavelmente correrá mais rápido.

Superficialmente, a convergência dessas duas tendências – zumbis e corrida – parece altamente improvável. Mas foi exatamente por isso que funcionou. Surpreendentemente, o aplicativo de zumbis foi criado em 2012 por meio de uma mísera campanha de crowd-funding de US$ 73 mil. Dois anos depois, quase um milhão de corredores estavam fugindo de zumbis em toda parte.

Dos satélites espaciais aos zumbis, a breve história do GPS serve como um exemplo clássico de como ideias podem ser reinventadas e reimaginadas quando as combinamos de maneiras criativas.

CLUBE DA LUTA, DESEMPREGO E LOCAIS SECRETOS

A turbulenta economia global tem pressionado ainda mais jovens para que encontrem trabalho. Na América do Norte e na Europa, o desemprego da geração Y se tornou um problema tão crônico que pais em todos os lugares estão vendo seus filhos de 25 anos morando em suas casas e correndo atrás do que com frequência parece ser uma educação perpétua. Mas como você encontra sua vocação se está formado e desempregado? Será que você pode combinar sua paixão e sua educação em um novo empreendimento?

Ned Loach e Robert Gontier eram dois jovens da geração Y com nível alto de educação à procura de trabalho e de um objetivo maior na vida. Cada um deles recebera vários diplomas e certificados na área de artes, mas as qualificações extras os deixaram insatisfeitos. Então os dois sonharam com uma maneira de canalizar suas paixões e criar algo incrível.

Imagine que você está se preparando para sair do trabalho numa tarde de sexta-feira quando recebe o e-mail mais esperado da semana, uma mensagem enigmática que revela uma localização secreta e instruções mínimas: "Esteja na antiga destilaria às 16h de amanhã. Vista preto."

E aí? Na tarde seguinte, você, nervoso, aventura-se pela destilaria dilapidada. A área parece deserta, mas... o que é aquilo? Há um carro abandonado, paredes de concreto, uma iluminação fraca e uma cena de crime isolada por fita. Você segue apressado em direção a um grupo que está se formando, juntando-se a centenas de pessoas vestidas de maneira parecida e com a mesma expressão de curiosidade. Seria um cenário de filme? Mas que filme? Quando você entra mais no ambiente de fábrica, estoura uma briga. Executivos aparentemente sérios estão se enfrentando num ringue de luta improvisado. Mas isso não é um ringue de boxe. É um espaço industrial vazio, semelhante a uma fábrica, com paredes de concreto. O espaço levemente hostil é estranhamente intrigante.

Depois de ser provocado com mais algumas pistas, você junta as peças – você foi transportado para o *Clube da luta*! Uma garçonete que parece saída do filme lhe oferece um drinque e pergunta se você gostaria de ter seu nariz quebrado ou seu rosto esfolado (maquiadores estão disponíveis). Logo, você é convocado para ir a outra sala de concreto e a experiência teatral se torna cinematográfica. *Clube da Luta*, estrelado por Edward Norton e Brad Pitt, é projetado numa parede.

Embora bons filmes sejam ótimos para transportar você para outra realidade, não existe nada como 360 Screenings. A experiência cinematográfica e teatral criada por Loach e Gontier prolonga essa sensação de escapismo. "Eu e Ned sempre amamos o território inexplicado", disse-me Gontier. "Moramos juntos na Europa por algum tempo e lá havia avanços artísticos realmente incríveis." Em Nova York, eles viram a peça *Sleep No More*, em que os membros da plateia usam máscaras e seguem o elenco impecavelmente coreografado por diferentes salas, num prédio de sete andares. As encenações acontecem simultaneamente, de modo que cada membro da plateia escolhe sua própria aventura.

Cativada pela convergência de arte e teatro, a dupla agora dá vida a filmes cultuados, incluindo *Clube da luta*, *O fabuloso destino de Amélie Poulain* e *Extermínio*. Loach me descreveu isso como uma fusão: "Quando há uma lacuna de oportunidade no tecido artístico, você pode criar algo que ainda não foi feito. As pessoas nem sempre sabem o que querem, e combinando coisas você pode criar algo incrível."

Arte, cinema e teatro são indústrias populares, mas cada uma delas está repleta de centenas de empresas fracassadas. A 360 Screenings sobrepõe experiências reais a filmes existentes. O conceito converge a força emocional de filmes da cultura pop nostálgicos, a sensação de ser puxado de repente com uma multidão para a cena de um filme, a interação e o controle dos videogames e a profunda atração psicológica pelo mistério. O público parece ter fome de experiências. "Estávamos preocupados que a plateia fosse tímida demais para experimentar plenamente tudo", explicou-me Gontier. "Mas nossas plateias estão preparadas para investigar e levar as coisas para o próximo nível."

SOBREPOSIÇÃO DE IMERSÃO

A prática de sobreposição de experiências de imersão é cada vez mais popular em uma série de negócios e indústrias. Mais de 100 mil fãs britânicos se apressaram recentemente a ingressar na página da IKEA no Facebook na esperança de ter a chance de passar uma noite em uma das lojas gigantes da empresa. Cem clientes de roupas de dormir foram convidados para a festa do pijama da IKEA, passando a noite acampados dentro da loja enquanto eram mimados com filmes e serviços de spa.

Em outro exemplo, o canal a cabo TNT encontrou uma cidadezinha tranquila da Bélgica onde não acontece muita coisa e pôs um pedestal no centro da praça principal. Sobre o pedestal havia um botão visível com uma plaquinha simples em que se lia: "Pressione para acrescentar drama." Quando um inocente ciclista finalmente apertou o misterioso botão, uma briga carregada de adrenalina estourou na rua, seguida de uma mulher misteriosa numa motocicleta, uma perseguição de carros e um sangrento tiroteio. A série bizarra de acontecimentos cheios de ação terminou com a revelação de uma faixa gigante sobre um prédio próximo com a frase "Sua dose diária de drama – TNT". A intensidade da ação em estilo televisivo nas ruas da cidade levou a 50 milhões de visualizações do vídeo.

A imersão tende a se tornar uma estratégia cada vez mais popular. A 360 Screenings, por exemplo, responde ao desejo melancólico que todos nós temos de que a vida real seja tão animada quanto a que vemos no telão – pelo menos de vez em quando. Loach me disse que "As pessoas adoram tentar descobrir (qual é o filme) com base nas pistas". Para estimular essa animação, a 360 Screenings inunda as redes sociais com pistas enigmáticas para provocar um jogo de adivinhação do filme, inspirando fãs do cinema e seguidores em todo o mundo a participar com palpites.

No primeiro ano da 360, todas as seis produções ultrassecretas de Loach e Gontier lotaram, sustentadas por ingressos de US$ 60 e bebidas a US$ 5. Mas você não precisa ter vários diplomas em artes para criar uma experiência totalmente imersiva para seus clientes – ou para colegas e funcionários. Este é um modelo que, com pequenas variações, pode ser reproduzido em qualquer local de trabalho ou indústria.

CONVERGÊNCIA NA TREND HUNTER

Na Trend Hunter, também notamos o problema de desemprego da geração Y, então lançamos um programa de treinamento chamado The Trend Hunter Academy. Nosso objetivo inicial era criar um canal para novos talentos, mas nosso método tomou um caminho completamente diferente para abordar a cultura de trabalho.

Como publicação de tendências, sabemos por experiência própria que nosso trabalhador ideal é uma pessoa jovem e conectada digitalmente, com uma paixão por mídia digital. A mídia digital é mal trabalhada em programas escolares tradicionais, então poucos candidatos são treinados naquilo de que precisamos. Contratar essas pessoas jovens e inexperientes envolve um certo risco. Como você encontra os mais apaixonados entre eles e cria um ambiente em que eles e, por sua vez, a empresa, possam prosperar?

Para começar, é preciso considerar o que interessa aos jovens profissionais. Embora possam gostar de videogames e cerveja, eles crescem realmente quando recebem desafios. Motivados mais por conquistas sociais do que por dinheiro, eles anseiam por novas habilidades e qualificações. Para satisfazer todas essas necessidades, e ao mesmo tempo aproveitar suas atividades de lazer preferidas, criamos o experimento máximo de convergência no local de trabalho.

De uma perspectiva de design, nosso escritório é perfeitamente adequado para jovens profissionais. Trata-se de um moderno loft de 464 metros quadrados, de tijolos aparentes, no distrito da moda em Toronto. Nossos móveis são uma combinação de moderno e retrô, com cadeiras Bubble dos anos 1960, geladeiras retrô, máquinas de escrever antigas, paredes digitais e nosso próprio bar.

Em vez de fazermos reuniões de escritório sem graça, fazemos festas com cerveja, que envolvem atualizações de trabalho individuais. Em vez de empregarmos táticas de motivação tradicionais, criamos um sistema de recompensa parecido com um videogame, projetando digitalmente as estatísticas de todos na parede. Para assegurar que as pessoas sejam desafiadas, tentamos publicar seus trabalhos em seus primeiros dias e estimulamos cada uma delas a experimentar novos projetos, categorias e estilos de escrita. Para satisfazer suas necessidades de novas qualificações, realizamos quarenta workshops e sessões de treinamento em apenas alguns meses, instruindo-as em técnicas de entrevista, estereótipos dos millennials e profissionalismo corporativo. Ao fim do programa, temos uma cerimônia de formatura em comemoração aos milhões de visualizações que os funcionários atraíram para seus novos portfólios de texto.

Até hoje, 4 mil pessoas se candidataram a esse programa, nosso meio exclusivo de encontrar e contratar novos funcionários. Ao longo do caminho, aprendi que um ambiente de trabalho simpático aos jovens exige uma convergência de muitas mudanças para o local de trabalho tradicional. Fazendo essas mudanças, temos visto algumas melhoras extraordinárias. Apenas usando o painel projetado na parede, conseguimos aumentar a produtividade em 80%. Nossas festas com cerveja na sexta-feira se tornaram encontros sociais semanais que vão até as 22h, e acrescentamos uma série mensal de vídeos com apresentações educativas que chamamos de "Feel Smarter Fridays". O resultado? Uma força de trabalho feliz e motivada e um reservatório gigante de potenciais contratações futuras.

SUBPADRÕES DE CONVERGÊNCIA

Conforme vimos neste capítulo, a convergência pode assumir muitas formas diferentes. Eis uma cola de todas as formas e subpadrões que você pode explorar para ajudá-lo a encontrar melhores ideias e oportunidades – e encontrá-las mais rapidamente.

ALINHAR-SE COM VÁRIAS FORÇAS — Mais de uma década atrás, a agressiva start-up Method atacou o desordenado mercado de sabonetes para banheiro e agentes de limpeza, que era dominado por gigantes de produtos empacotados como a Unilever e a Procter & Gamble (P&G). A Method combinou ingredientes benéficos ao meio ambiente com embalagens focadas no design para criar um clima geral de sofisticação. Eis o resultado extraordinário: uma linha de produtos de limpeza que logo alcançou uma receita anual de US$ 100 milhões. Ainda mais surpreendente foi a impressão que a marca deixou nos consumidores. Eles ficaram tão encantados com a elegância dos frascos que com frequência os põem em exibição.

COMBINAR O FÍSICO E O DIGITAL — A Webkinz se tornou uma sensação internacional ao inventar um brinquedo de pelúcia ligado ao mundo digital. Cada brinquedo inclui um "código secreto" único que as crianças podem usar para abrir um quarto de brinquedos virtual contendo o mesmo personagem. Em 2011, a empresa havia faturado US$ 100 milhões, e rapidamente passou a gerar centenas de milhões em vendas.[5]

CONVERGIR PESSOAS — Em nosso mundo regido pela mídia social, a convergência conecta compradores e vendedores em torno de interesses compartilhados, o que vai desde o crowd-funding focado em produtos – que teve como pioneiro o KickStarter – até o crowd-funding baseado em fãs e causas do IndieGoGo.

COMBINAR MARCAS — Em 2005, a Eva Air, com sede em Taiwan, juntou-se à japonesa Sanrio para lançar um avião que reunia as duas marcas e trazia uma pintura da personagem Hello Kitty. Críticos previram que seria um truque de marketing de vida curta. Uma década depois, a Eva está alcançando uma receita recorde com sua frota de aviões Hello Kitty, batizados de Happy Music Time, Speed Puff e Hello Kitty Loves Apple. Os aviões com desenhos coloridos tornaram divertido voar, fizeram uma ponte entre culturas, distraíram crianças que de outra forma estariam ansiosas e até despertaram interesse pelo turismo japonês.

ADICIONAR VALOR — A OpenLabel pegou o código de barras – uma ferramenta de varejo onipresente – e fez um aplicativo de celular que permite aos compradores ampliar sua experiência, obtendo informações nutricionais relevantes, recomendações e cupons.

---

[5] Jacob Ogles, "How to Take Money from Kids: Sell Toys Both Physical and Virtual", *Wired*, 13 de agosto de 2007, http://archive.wired.com/gadgets/miscellaneous/news/2007/07/webkinz?currentPage=all.

RESUMO: CONVERGÊNCIA

A mistura diversa de indivíduos que você conheceu neste capítulo – de Kyla Gutsche a Dave Dahl, de Ned Loeach a Robert Gontier – lucrou capitalizando sobre a convergência. O negócio de tatuagens de Kyla não teria sido possível sem combinar inovações em micropigmentação, técnicas de tatuagem de prisões e as notáveis camadas de pigmentos de Ticiano. Embora o Dave's Killer Bread tenha tido um sucesso inicial graças a nada mais do que um rótulo chocante e uma ótima receita, foi sua mistura inesperada de tendências aparentemente sem correlação – a cultura das prisões e uma alimentação orgânica e benéfica ao meio ambiente – que fez seu negócio subir a alturas estratosféricas. Por fim, a 360 Screenings revigorou a tradicional cultura do cinema sobrepondo a experiência teatral e tornando o familiar em novidade outra vez.

PARA LEVAR

1. **O caos cria oportunidade** – A adversidade pode ser libertadora porque nos livra da obrigação de seguir o caminho que fixamos, despertando nosso caçador interno. As inovações de Kyla floresceram quando ela foi forçada a encontrar uma nova ocupação.

2. **Multiplique suas chances de sucesso** – Alinhando-se com múltiplas tendências, você pode aumentar seu alcance e seu potencial, conquistando mais clientes e mais atenção.

3. **Seu futuro pode estar no passado** – Novas tecnologias e ideias com frequência florescem aproveitando aspectos de ideias anteriores já comprovadas e criando produtos e serviços engenhosos. Kyla desenvolveu um método mais avançado de imitação de tons de pele recorrendo a um pintor da época do Renascimento.

4. **Não ignore o que está à margem** – As instituições do chamado sistema dominante com frequência nos ensinam que há pouco valor no que está à mar-

gem, mas a cultura do fora da lei e a cultura de vanguarda muitas vezes inspiram grandes ideias.

5. **Combine para criar algo novo** – Casar duas ideias com frequência produz algo inesperadamente novo, como as muitas evoluções de combinações do GPS. Procure conceitos que possam ser entrelaçados.

CAPÍTULO 6

DIVERGÊNCIA

DIVERGÊNCIA: Produtos e serviços criados para se opor à tendência dominante ou para se libertar dela. Esse padrão de oportunidade se estende além da rebeldia para incluir personalização, customização, status e luxo.

A cultura moderna celebra pensadores rebeldes e ideias contraintuitivas. Somos psicologicamente predispostos a prestar atenção ao que é diferente, seja o programa espacial de Richard Branson, as propagandas controversas da American Apparel ou os escândalos chocantes da mais recente sensação musical malcomportada. Todos nós exibimos pensamentos divergentes quando dançamos ao som de músicas que nossos pais odeiam, quando personalizamos nossas casas para que reflitam nossos gostos peculiares ou quando escolhemos as abotoaduras de Batman em detrimento das comuns, de prata.

A mídia demonstra divergência quando celebra o anti-herói, conforme vemos em séries de televisão como *Família Soprano, 24 horas, Weeds, House of Cards* e *Breaking Bad*. Elas entram em conflito com estereótipos negativos ao celebrarem mafiosos, uma mãe que vende maconha, um congressista assassino e um professor do ensino médio que produz metanfetamina. Preste atenção a esses programas. Eles são mais do que entretenimento. Significam uma acentuada mudança cultural que se afasta do pensamento dominante, e são um bom mapa para entender como novas ideias de negócios se formam.

Nas últimas décadas, as oportunidades divergentes se tornaram mais prevalecentes, fomentadas pela diversificação da mídia, pela cultura da internet e pela tecnologia. Hoje, é difícil imaginar a uniformidade dos anos 1980. Naquela época, quase todo mundo assistia ao mesmo programa de televisão na noite de quinta-feira, desejava o mesmo sapato com a marca de Michael Jordan e aspirava praticar os mesmos esportes e se divertir com os mesmos jogos. O cubo mágico, por exemplo, teve 350 milhões de unidades vendidas nos anos 1980. Isso é impressionante.

Hoje, nem todas as pessoas querem fazer a mesma coisa. Elas assistem a programas diferentes, acessam blogs diferentes e desejam produtos únicos. Em parte, essa mudança aconteceu por causa da internet; em parte, pode ser atribuída às barreiras menores à fabricação e ao marketing de bens de consumo de nicho. Hoje, a individualidade é mais valorizada do que a uniformidade. Você pode customizar sua roupa online, personalizar suas barras de cereais e selecionar dezenas (se não centenas) de opções para seu próximo carro.

A divergência é uma das melhores táticas a ser empregada quando se enfrenta um gigante. No início dos anos 1980, um executivo de Hollywood chamado Jay Stein decidiu que queria superar o parque temático de Walt Disney. A maioria dos executivos corporativos começaria estudando o que torna um parque temático excelente, como uma hospitalidade acolhedora e todos os gatilhos psicológicos que encantam os turistas na Disneylândia. Stein tomou um caminho totalmente diferente. Ele calculou que não podia vencer a Disney em seu próprio jogo, então, em vez disso, estudou como assustar, chocar e intimidar os visitantes. Isso o levou a criar o sonoro, moderno e agressivo Universal Studios Hollywood, um destino mais animado, repleto de aventuras e adrenalina que a infantil Disney jamais ofereceria. Conforme explica Stein: "Todo dia clientes reclamam que as bolas de fogo são quentes demais. O tubarão do passeio Jaws se aproxima demais do barco... e todo dia milhares de pessoas voltam querendo mais."[1] Se a Disneylândia fosse uma xícara de chá, o Universal Studios seria um barril de Red Bull.

O caminho da divergência com frequência é bloqueado por hesitação, medo e conservadorismo. Ouse lançar uma ideia divergente e é provável que um chefe ou amigo lhe diga que você perdeu completamente o rumo e o aconselhe a voltar para o tradicional. Em grandes empresas, você provavelmente enfrentará resistência e um corredor polonês de regras, regulamentos e confor-

---

[1] Jordan DiPietro, "The Next Revolutionary Stock", *The Motley Fool*, 7 de maio de 2010.

midades legais. Em firmas pequenas, você poderá ter dificuldade para conseguir investidores e construir massa crítica.

Por exemplo, quando a Toyota apresentou o híbrido Prius, consumidores beberrões de gasolina riram, considerando-o uma esquisitice, e quase uma década passaria até que a estratégia da Toyota parecesse brilhante. Quando Billy Bean propôs usar análise de dados para recrutar jogadores de beisebol para o Oakland A's, olheiros do time temeram um desastre. Eles estavam incumbidos há tanto tempo de dar *aquela* conferida nos jogadores que não podiam imaginar um beisebol tão matemático. Mas é claro que os fãs de *Moneyball – O homem que mudou o jogo,* de Michael Lewis, sabem que a estratégia quantitativa de Bean mudou a maneira como o jogo é praticado.

Sempre houve obstáculos semelhantes para aqueles que querem divergir. Volte alguns séculos no tempo e imagine um mundo sob constante ameaça de doenças intratáveis – de lepra a varíola, de gripe a peste negra. Hoje, as pessoas podem temer superbactérias, mas imagine como haveria muito mais medo sem a ciência moderna. Nos anos 1700, ninguém esperava curas milagrosas, e se alguém tinha uma doença, era melhor você manter distância. Em 1796, Edward Jenner, um físico inglês, ganhou fama por rejeitar essa tradição com sua ideia extravagante de que as cascas de ferida e o pus de pessoas infectadas deveriam ser ingeridos e inalados por pacientes não infectados, e esfregados neles. Sua corajosa experimentação levou às primeiras vacinas modernas do mundo. Uma nova era de assistência médica teve início, mas para isso acontecer Jenner precisou vencer a ortodoxia.

Examinando ideias bem-sucedidas e divergindo delas, você pode encontrar oportunidades incríveis.

GESTOS SUTIS E A BELEZA DA FEIURA

Como você atrai a atenção da mulher que está sentada a seu lado? Esse era o desafio de David Horvath, um jovem estudante de arte que assistia impaciente a uma aula de ilustração na Parsons New School for Design. Sua missão era dificultada pela tarefa do dia: desenhar uma modelo de formas atraentes que posava nua a poucos metros de distância. Desenhar outra mulher – ainda por cima nua – não parecia uma boa circunstância para se aproximar pela primeira vez da garota de seus sonhos.

Em vez disso, Horvath se rebelou. Enquanto Sun-Min Kim, o objeto de sua afeição, captava as linhas elegantes da modelo, Horvath traçou um personagem feio, de desenho animado, fazendo a mesma pose. Sua estranha fera era um monstro atarracado, com dentes pronunciados, olhos esbugalhados e pés e mãos peculiarmente pequeninos.

O professor não ficou bem impressionado, chamando seu desenho de "feio" e "medonho".

Horvath me explicou que reagiu dizendo: "O feio é o novo bonito!"

Kim ficou bem impressionada com sua graça. Ela sorriu e disse: "Isso foi interessante. Gostei do que que você disse", o que no código dos estudantes de arte se traduz como "Gosto de você". E assim, de um momento para o outro, o desenho de uma criaturinha feia ativou uma conexão entre dois artistas tímidos.

Ao longo das semanas seguintes, o flerte ilustrado de Horvath e Kim cresceu e começou a se tornar um relacionamento. Eles compartilhavam a mesma visão sobre pequenos personagens feios, a mundos de distância do *status quo* embelezado de hoje. Rejeitando a perfeição da boneca Barbie e os guerreiros de ombros largos e armaduras reluzentes, eles imaginaram uma realidade inversa, de personagens desengonçados com olhos frouxos, orelhas caídas e dentes para fora.

Na época, os dois estavam apenas explorando curiosidades, criando um vínculo por meio de ideais em comum. Eles não imaginavam que poderiam estar criando um projeto de negócio. Então houve uma reviravolta: após a formatura, o visto de estudante de Kim expirou e ela foi obrigada a voltar para a Coreia.

Diante do risco de perder seu amor, Horvath começou a cortejar Kim com cartas de amor escritas à mão, cada uma delas assinada com um desenho de Wage, o pequeno personagem feio que os unira. Ao mesmo tempo estranho e adorável, o monstrinho corpulento, quase banguela, laranja e sem cabelo tinha olhos redondos, bem afastados um do outro, e uma expressão curiosamente vazia.

Os desenhos de Horvath começaram a conquistar o coração de Kim. No Natal, ela comprou um feltro alaranjado e tentou fazer seu primeiro trabalho manual – uma versão de Wage em boneco, grosseiramente costurado, que ela enviou da Coreia para Horvath.

A milhares de quilômetros de distância, Horvath abriu seu presente e ficou encantado. A criação de Kim, feita à mão com carinho, era um troféu metafórico – uma prova tangível de que ela também o amava.

Horvath me explicou que mostrou o boneco a um amigo, que o chocou com sua reação: "Ótimo! Vou levar vinte!" Seu amigo, também um amante da arte, era dono da Giant Robot, uma loja de cultura pop japonesa. Empolgada, Kim costurou à mão mais vinte, e todos os bonecos de US$ 30 foram comprados no primeiro dia. A Giant Robot encomendou mais quarenta, que esgotaram em dois dias. Horvath escreveu uma biografia para Wage e começou a imaginar novos personagens – Babo, Jeero, Wedgehead e Ice-Bat, cada um deles com sua própria história.

Kim começou a produzir vários bonecos por dia. As semanas viraram meses. Um ano e meio depois, ela escreveu para Horvath: "Fiz 1.500 dessas coisas e meus dedos estão azuis e vermelhos. Vamos ter que parar ou fazer isso para valer."

Ela estava certa, é claro, mas como você consegue distribuição para um boneco estranho e sem igual? O primeiro passo de Horvath foi contraintuitivo. Ele ignorou os grandes varejistas. Sabia que provavelmente eles imporiam regras que tirariam a singularidade de suas criações, obrigando seus bonecos a uma conformidade. Sua estratégia de distribuição precisaria ser tão divergente quanto o próprio boneco.

Horvath iniciou uma caçada exaustiva, subindo e descendo centenas de ruas e avenidas de Nova York à procura de peculiares lojinhas, butiques, joalherias e lojas de museu que ele esperava que ficassem intrigadas. Funcionou. Compradores foram cativados. "Eles viram aquilo como mais do que apenas uma linha de bonecos de pano", disse ele, explicando-me que o que atraía os clientes era a história.

Um ano depois, o casal se reencontrou na New York Toy Fair e logo eles ficaram noivos. Mas o casamento teve que esperar. A turnê nacional para divulgação vinha em primeiro lugar e eles caíram na estrada, morando em hotéis e investindo cada último dólar no lançamento. No fim de 2005, seu produto – Uglydolls – podia ser comprado em impressionantes 2.500 lugares. Os bonecos eram um sucesso, em especial entre os meninos, que geralmente não brincam com bonecos. Mas os Uglydolls eram diferentes, com seus olhos desencontrados, línguas esticadas para fora, pequenos dentes afiados e nomes sinistros, como Ox, Ice Bat, Sour Corn e Puglee.

As criaturas também foram compradas por celebridades colecionadoras, como Snoop Dogg, Nelly, Nicole Richie, Ashlee Simpson e Sasha Obama. Os bonecos apareceram em meia dúzia de filmes no cinema e foram exibidos em exposições de arte mundo afora, inclusive no Louvre, a casa da *Mona Lisa*. Em 2012, os bonecos e acessórios estavam gerando mais de US$ 100 milhões em receita anual.

Os bonecos estranhos se utilizaram de uma forte e autêntica reação aos padrões de beleza impossíveis. No mesmo período, a Trend Hunter identificou isso acontecendo em muitos reinos diferentes. Estávamos cobrindo várias histórias de rebelião contra a beleza, como a Ugly Model Agency, capas de revista sem photoshop, Awkward Family Photos, festas com suéteres de Natal cafonas e até sites de namoro na internet para pessoas que se declaram menos atraentes.

Há sempre algum grau de rebeldia contra o sistema dominante, mas vale a pena investigar o potencial de ideias divergentes quando você vê sinais de reação. Em 2004, a Unilever notou a "reação à beleza feminina" e começou a financiar uma pesquisa que transformaria sua marca de sabonete Dove. Inacreditavelmente, a pesquisa revelou que apenas 2% das mulheres acreditam que são bonitas. Em resposta, a empresa lançou a Campanha pela Real Beleza. Em uma das campanhas publicitárias mais bem-sucedidas da década, a Dove expôs a extrema manipulação de fotos que acontece quando se cria um cartaz de propaganda, estabelecendo um contraste implícito ao mostrar imagens inalteradas de mulheres reais.

Isso foi apenas o começo da campanha da Dove para celebrar a diversidade da aparência. Em 2013, a Unilever salientou seu objetivo contratando desenhistas do FBI para desenhar mulheres com base, primeiro, no modo como elas próprias se descrevem e, segundo, no modo como elas são descritas pelos outros. A campanha em vídeo que surgiu desse experimento ilustrou o quanto algumas mulheres são críticas em relação à sua própria aparência. O vídeo, traduzido em múltiplas línguas, teve mais de 100 milhões de visualizações no YouTube em um único mês – a essa altura a propaganda em vídeo mais viral que já houvera.

David Horvath tem tido tempo para pensar profundamente nas lições por trás de seu sucesso. "Faça aquilo que você ama fazer", disse ele. Ao dar uma forma à sua visão criativa, explicou, ajuda a fechar os olhos para a tendência dominante: "Não tente olhar para o que os outros estão fazendo. Você pode facilmente cair na armadilha de olhar para uma coisa que está em alta e tentar reproduzi-la. Assim você nunca terá uma ideia revolucionária. Se seguir seus concorrentes, estará sempre atrás deles no caminho. Você precisa se afastar e encontrar seu próprio caminho."

LIÇÕES FEIAS APLICADAS

Ao refletir sobre o conselho de Horvath, pensei num desafio que eu estava enfrentando. Depois de vários anos namorando Shelby, eu estava ansioso à procura de uma maneira memorável de pedi-la em casamento. Porém, como um caçador de tendências, eu sabia que precisava tentar fazer algo extraordinariamente criativo. A Uglydoll me deu uma ideia. Comprei um monstro laranja chamado Crazymonster, outro cinza chamado Wippy, e pus ambos numa série de fotos que fiz por toda Toronto. Em mais ou menos cinquenta imagens, recriei a história de como eu e Shelby nos conhecemos e nos apaixonamos.

Em seguida, numa viagem a Mônaco para uma apresentação, reservei uma mesa no Vista Palace diante de uma janela com vista para o litoral mediterrâneo. Quando Shelby estava olhando o cardápio, saquei minhas fotos de Uglydoll escondidas e contei a história de nosso relacionamento. À medida que as cenas das fotos se tornavam mais identificáveis, eu me aproximava da minha grande pergunta. "Caso você não saiba, Shelby, essa história é sobre nós!"

"Shelby, você quer se casar comigo?"

Para minha alegria, ela disse sim. Se você é romanticamente curioso, pode encontrar minha filmagem às escondidas procurando "Ugly Dolls Proposal" no Google ou no YouTube.

A BUSCA DO QUE É COOL

Na Trend Hunter, sempre sustentamos que *popular* não quer dizer *cool*. Buscar o cool significa buscar o que é moderno e único. "Não procure o que está em alta", disse David. "Se está em alta, alguém já fez. Você tem que inventar algo do zero."[2]

Como você pode aprender a tentar alcançar algo radical? O primeiro passo é não temer o resultado. "Você precisa se forçar a sair sozinho", disse-me Horvath. Há um salto de fé na divergência. É o oposto de ligar os pontos. Não há pontos. E às vezes não há caneta. "Você tem que realmente *fazer*", disse Horvath. "Não apenas falar."

Outra lição fundamental aqui é que ideias realmente divergentes se vendem sozinhas. Grupos específicos de clientes com frequência se animam com pontos de diferença e imperfeição, o que gera uma potência enorme bem no começo. "Nunca fizemos nenhum marketing ou propaganda", disse David. "Quando você é diferente, as pessoas falam sobre você e isso cria um amor mais autêntico."

A Uglydoll é um forte exemplo de como a atitude de se rebelar contra pensamentos e crenças convencionais e dominantes pode gerar todo um conjunto de padrões divergentes, incluindo abordagens radicais para design, marketing e distribuição de produtos. É uma prova também de que você pode encontrar ou criar algo realmente cool identificando o que é popular e indo na direção oposta.

PROCESSOS JUDICIAIS, RUMORES E CORRIDA DE AVIÕES

Você provavelmente já sabe alguma coisa sobre o Red Bull. Sabe que as latas são absurdamente pequenas, que a bebida é ridiculamente cara e que tem gosto de remédio para tosse. Pode ser até que saiba que a empresa patrocina corridas no gelo, saltos de penhascos, saltos de paraquedas, corridas de aviões e motocross freestyle.

---

[2] Sarah E. Needleman, "A Love Letter Begets Dolls", *Wall Street Journal*, 19 de dezembro de 2012, http://online.wsj.com/article/ SB10001424127887324907204578187510242227022.html.

Mas você provavelmente nunca ouviu falar do passado secreto do Red Bull e de sua estratégia de divergência cuidadosamente planejada. Essa é uma história que começa com o intrépido jovem Dietrich Mateschitz, um rebelde austríaco amante da diversão e esquiador veloz, com um sorriso contagiante de orelha a orelha e uma beleza rústica. Mateschitz adorava tudo na vida universitária, exceto talvez estudar, e demorou impressionantes dez anos para terminar seu curso de marketing na Universidade de Viena.

Após uma década de encostas íngremes e noitadas, Mateschitz se classificou para um trabalho de promoção de detergentes na Unilever. Ele cresceu na carreira e acabou na Blendax, um fabricante de pasta de dente mais tarde adquirido pela P&G. Mateschitz estava ganhando um salário alto e viajando pelo mundo, mas o quanto você consegue se empolgar com pasta de dente? Assim, de repente, ele percebeu que gastara uma década vendendo produtos domésticos.

Anos depois, ele diria à *Businessweek* que chegara a um limite: "Tudo o que eu conseguia ver eram os mesmos aviões cinza, os mesmos ternos cinza, os mesmos rostos cinza... Eu perguntei a mim mesmo se queria passar a próxima década como passara a anterior."[3]

Em uma de suas frequentes e cansativas viagens de negócios à Tailândia, Mateschitz se deparou com um preparado medicinal mais estimulante do que o café. O Krating Daeng desencadeava um estado de alerta e concentração, o que o tornava um produto apreciado por motoristas de táxi tailandeses que sofriam com privação de sono. Mal traduzido, o nome significava "búfalo de água vermelho". Mateschitz logo foi fisgado, virando meia dúzia de búfalos de água por dia.

Imediatamente ele reconheceu uma oportunidade de comercialização e começou a sondar o criador original da bebida, um homem de negócios tailandês chamado Chaleo Yoovidhya. Mateschitz queria transformar a bebida numa marca global, mas havia um problema: tinha um *gosto* péssimo.

No ano seguinte, os dois retiraram alguns ingredientes e acrescentaram gás para mascarar o gosto forte, mas o sabor do preparado ainda era horrível. Mateschitz percebeu que seria necessário um caminho muito diferente para a

---

[3] Duff McDonald, "Red Bull's Billionaire Maniac", *Bloomberg Businessweek*, 19 de maio de 2011, http://businessweek.com/magazine/content/11_22/b4230064852768.htm.

comercialização. "Não é apenas mais uma água com açúcar aromatizada, diferenciada por cor ou gosto ou aroma", explicou ele mais tarde à *Businessweek*. "É um produto de eficiência. Eu estou falando de melhorar a resistência, a concentração, o tempo de reação, a velocidade, a vigilância e o estado emocional. O gosto não tem nenhuma importância."[4]

A bebida do búfalo de água seria comercializada como Red Bull. Em vez de focar no gosto, Mateschitz e Yoovidhya celebrariam o estilo de vida dos determinados e ambiciosos fanáticos da bebida. Os dois empreendedores aperfeiçoaram o conceito e em seguida o testaram em grupos focais. O resultado não foi bom. "Eu nunca experimentara um desastre assim", disse Mateschitz à *Forbes*. "As pessoas não acreditaram no gosto, no logotipo, no nome da marca."[5]

Mas Mateschitz e Yoovidhya não se intimidaram. Eles sabiam que precisavam de uma estratégia de marketing não convencional. Mateschitz levou suas crenças contraintuitivas a um colega da faculdade, Johannes Kastner, que fundara uma agência de publicidade em Frankfurt seis anos antes. Kastner concordou que o preparado marrom de xarope tinha um gosto "nojento", mas aceitou o desafio. A Kastner & Partners comercializou o Red Bull intencionalmente como subversivo.[6] Não haveria nenhum merchandising de marca tradicional. A bebida seria não conformista, autoirônica e polarizadora.

O preço seria intencionalmente afrontoso (três a seis vezes o preço de uma Coca-Cola), ajudando a diferenciar o Red Bull da concorrência e ao mesmo tempo exalando mistério. A bebida não teria como alvo um grupo demográfico; seria vendida para um "estado de espírito". A campanha começou com um slogan simples: "Red Bull te dá asas."

Embora o plano tenha feito a bebida deslanchar, essa era apenas a primeira etapa. Tomando algumas cervejas com Hans Vriens, o terceiro funcionário da Red Bull, entendi melhor o que realmente levou o Red Bull a crescer. Hans, que atualmente é chefe de inovações na Hershey's, explicou que o Red Bull era menos uma bebida do que uma mensagem de marca divergente apoiada por rumores e intrigas. Foi essa divergência que deu um impulso à empresa.

---

[4] Duff McDonald, "Red Bull's Billionaire Maniac", *Bloomberg Businessweek*, 18 de maio de 2011, http://businessweek.com/stories/2011-05-18/red-bulls-billionaire-maniac.

[5] Kerry A. Dolan, "The Soda with Buzz", *Forbes*, 28 de março de 2005, http://www.forbes.com/global/2005/0328/028.html.

[6] Kastner & Partners, "Red Bull: A Success Story", http://kastnerandpartners.com.

Em 1996, o orçamento de Vriens para o lançamento norte-americano do Red Bull foi de meros US$ 2,5 milhões, uma fração dos US$ 50 milhões a US$ 100 milhões normalmente necessários para um lançamento nacional. Mas Vriens esperava gerar interesse por outros meios. Lendas urbanas ou rumores podem se espalhar como fogo, e não custam praticamente nada. Você talvez tenha ouvido o rumor sobre os bagos de touro – a ideia peculiar de que a taurina, o misterioso ingrediente do Red Bull, é extraído de testículos de touro. Esse conceito maluco atrai os machos cheios de testosterona, mas é falso. Uma corporação tradicional poderia apresentar uma correção em comunicado à imprensa, mas a Red Bull fez um site sem moderação para os fãs, que funcionou basicamente como um propagador do rumor. A empresa sabia que quando os fãs imaginam que sua bebida energética tem ingredientes místicos e fenomenais, este é um rumor que você quer que corra solto.

Mateschitz resumiu sua estratégia não convencional à *Businessweek*: "No começo, os professores de ensino médio que eram contra o produto foram no mínimo tão importantes quanto os estudantes que eram a favor... Jornais perguntaram, "É uma droga? É inofensivo? É perigoso?""[7]

Autoridades que se manifestaram contra o Red Bull só serviram para atiçar as chamas, fazendo a misteriosa bebida parecer tão atraente quanto outras diversões contra as quais os jovens são advertidos em vão – sexo, drogas e rock n' roll. A oposição proporcionou uma propaganda gratuita do produto divergente. Quanto mais se manifestava contra ele, mais o Red Bull vendia. Afinal de contas, pouca coisa é mais atraente para um jovem do que algo proibido por adultos (por exemplo, há provas convincentes de que a campanha "Diga não", da antiga primeira-dama americana Nancy Reagan, na verdade *aumentou* o uso de drogas por apresentar aos jovens drogas sobre as quais eles nunca tinham ouvido falar).

Justamente quando a primeira onda de rumores estava dando um impulso muito necessário ao Red Bull, Mateschitz se tornou ainda mais misterioso. O funcionamento interno da empresa parecia impenetrável. Mateschitz se tornou um enigma recluso, conhecido dentro da empresa como Yeti, o Abominável Homem das Neves. À primeira vista, isso parece bizarro, mas a em-

---

[7] Duff McDonald, "Red Bull's Billionaire Maniac", *Bloomberg Businessweek*, 18 de maio de 2011, http://businessweek.com/stories/2011-05-18/red-bulls-billionaire-maniac.

presa estava criando uma imagem baseada em mistério, e isso combinou bem com o fato de a liderança de Mateschitz também refletir um pouco de intriga.

Então a bebida rebelde encontrou um novo tipo de obstáculo quando houve um acidente de carro fatal envolvendo adolescentes suecos embriagados, que haviam misturado Red Bull com vodca. O incidente estimulou uma manifestação pública para retirar o Red Bull das prateleiras. Autoridades estavam pressionando por uma proibição, argumentando que misturar o estimulante com álcool era perigoso. Os advogados da Red Bull responderam com um potente contra-argumento que Vriens me explicou, parafraseando: "Claro, você pode proibir o Red Bull. Mas então deveria proibir também outras bebidas que as pessoas estão misturando com vodca, como suco de laranja e Coca-Cola." Obviamente, isso não ocorreria, mas o argumento era claro. O governo respondeu perguntando se a Red Bull colocaria ao menos um rótulo de advertência enquanto a bebida era investigada mais a fundo.

Vriens contou a história com empolgação: "Um rótulo de advertência? Claro! E o que vocês gostariam que o rótulo de advertência dissesse?" Primeiro, eles pediram que a bebida fosse rotulada como "não para adolescentes". "Sim", explicou ele. "O que mais?" Em seguida, eles disseram que não deveria ser usada por mulheres grávidas. "Isso é como dizer a elas que você pode provar que essa coisa funciona!" E, por fim, eles pediram à Red Bull para sugerir que a bebida não deveria ser misturada com vodca. Isso era como pôr a receita na garrafa.

Vriens observa que as tentativas grosseiras do governo de regular o Red Bull só fizeram fomentar uma marca que já fazia sucesso, gerar publicidade gratuita e aumentar sua atração. As vendas de Red Bull explodiram.

Na Trend Hunter, temos visto sistematicamente que os consumidores são atraídos pela excitação do que chamamos de "propaganda de choque" e "marketing do perigo". Por exemplo, os leitores ficaram desproporcionalmente empolgados com artigos sobre moda de monstros, roupas de terror e a propaganda beneficente de choque. Cobrimos dezenas de organizações beneficentes que descartaram o típico apelo de solidariedade em favor de estratégias mais chamativas: falsos corpos mortos, nudez, e assim por diante. O marketing do perigo atrai atenção.

Quinze anos depois de seu lançamento, a Red Bull se tornou um império de US$ 15 bilhões, líder em sua categoria e ícone de festeiros notívagos. Em seguida, a Red Bull Media promete se aventurar por onde nenhuma empresa de bebidas jamais esteve, expandindo para televisão, publicações impressas e música.

O Red Bull ensina sobre o potencial viral da rebeldia, mas também demonstra que você não precisa de perfeição se seu posicionamento é ousado e único. De maneira notável, um sabor ruim e um preço alto pareceram ajudar a substanciar as alegações exageradas da Red Bull.

Se você está explorando um conceito que difere da tendência dominante, pode ser útil examinar suas fraquezas para considerar se você pode posicioná-las como pontos de diferenciação. Para a Red Bull, o sabor desagradável combinou bem com a suposta qualidade quase medicinal da bebida.

Por fim, a Red Bull ensina que você pode se utilizar do desejo íntimo das pessoas de ser diferente. O que é bonito nesse sentimento é que hoje há muito mais territórios de diferença do que jamais houve, uma verdade que se torna ainda mais clara em nossa próxima história.

SÓ PARA PESSOAS BONITAS

Robert Hintz perdeu seu emprego numa estação de rádio dinamarquesa e depois perdeu seu apartamento. Mas não perdera seu interesse pelo sexo oposto, e tinha tempo de sobra em suas mãos. Ele resolveu se inscrever num site de namoro na internet.

Hintz pensou que estava apenas procurando um namoro, mas na verdade estava caçando sua próxima ideia de negócio. Ele me disse: "Quando você chega ao fundo, seu cérebro começa a funcionar como um sobrevivente em busca de uma saída."

Quando procurava um par, Hintz se viu pensando sobre como esse processo funcionava na internet. Ele se considerava um cara de boa aparência e rapidamente identificou uma mulher atraente. Mas havia um problema. O perfil dela já estava inundado de candidatos. Ele teve pena da situação embaraçosa dela. "Eu percebi que ela recebera mais de quinhentas mensagens de caras que provavelmente estavam longe de combinar com ela. Então as chances de ela encontrar seu parceiro ideal seriam difíceis."

Essa simples observação perspicaz inspirou Hintz a pensar num tipo diferente de site de namoro na internet. "E se os membros do sexo oposto pudessem votar em você?", perguntou-se ele. Hintz sentiu que estava diante de alguma coisa, e sua pesquisa ganhou mais urgência pelo fato de que ele estava "quebrado e morando numa barraca".

Ao explorar sua ideia, Hintz viu que muitos sites permitiam pesquisas sobre cor de olhos e cabelo. Tecnicamente, essas características poderiam ajudar você a encontrar alguém que achasse atraente, mas, em algum nível, todos eles pareciam evitar o motivo pelo qual as pessoas frequentam sites de namoro na internet. Se a atração física era tão importante, por que não criar um site que atendesse especificamente a essa necessidade? Ele chamou sua ideia de Beautiful People. "Eu queria me assegurar de que seria uma ideia de negócio controversa e que levasse a notícias", disse ele. "Eu estava apostando que algo focado e provocativo receberia atenção da mídia."

Hintz estava explorando um insight válido e comercializável: os candidatos a namoro online raramente confessam que são orientados principalmente por tendências superficiais, mas pesquisas sugerem que a atração física é o fator de decisão mais popular para os participantes dos sites de namoro. Na visão de Hintz, o negócio bilionário dos namoros online estava ignorando nossas tendências superficiais, biologicamente motivadas. Pode ser que já não procuremos quadris adequados para criar filhos ou ombros ideais para matar presas, mas ainda somos fortemente movidos pela atração física. Em vez de evitar a verdade, Hintz projetou um site de namoro abertamente elitista, que saltasse diretamente para a atração física. Seria o site de namoro mais (ou menos, dependendo de como você olha) pretensioso e controverso do mundo.

Infelizmente, o mercado de namoro online estava saturado. Se Hintz tivesse pagado um especialista em negócios para medir suas chances, este talvez lhe tivesse dito que seria melhor ele voltar à estação de rádio e pedir seu emprego de volta. Em 2001, vários milhões de visitantes já estavam indo em bandos para sites de namoro de sucesso, que faturavam bilhões de dólares: OKCupid, eHarmony.com, LavaLife.com, PlentyOFish.com e Match.com. Naquele ano, mais de 10% dos americanos afirmaram que haviam conhecido seus parceiros na internet, número que dobraria em 2007 e triplicaria em 2013.[8]

---

[8] Eli J. Finkel, Paul W. Eastwick, Benjamin R. Karney, Harry T. Reis e Susan Sprecher, "Online Dating: A Critical Analysis from the Perspective of Psychological Science", Association for Psycological Science, 2012.

Concorrer com aquelas empresas dominantes e bem financiadas parecia impossível. Então Hintz fez um protótipo de um site de namoro simples, baseado na beleza, na pequena Dinamarca. E, estranhamente, funcionou. O sucesso desse protótipo levou à marca BeautifulPeople.com, que logo alcançou uma expansão global. Seu amigo Greg Hodge – também incrivelmente bonitão – iria se tornar diretor administrativo e porta-voz do site. "Quer amemos ou odiemos isso, todos nós queremos estar com alguém por quem nos sentimos atraídos", explicaria Hodge mais tarde. "As pessoas que dizem o contrário estão mentindo. Eu sou bonito, minha mulher é bonita e minha filha é bonita. Não peço nenhuma desculpa por isso."[9]

Quando o Beautiful People expandiu para outros países, Hodge procurou as publicações nacionais mais sensacionalistas e plantou ideias controversas como se fossem focos de incêndio. "Eu as alimentava com títulos como 'Proibidas pessoas feias'", disse-me ele. "Elas viam o fogo e eram fisgadas."

O BeautifulPeople.com logo se tornou um site de namoro como nenhum outro. Seus membros agem como o porteiro de uma boate badalada de Nova York. Todo dia, milhares de candidatos submetem suas fotos e quatro em cada cinco deles são sumariamente rejeitados. Milhões foram rejeitados, fato que o BeautifulPeople.com alardeia. Hodge foi claro em relação a sua tarefa de marketing. "Você precisa ser exclusivo para uma comunidade, e no nosso caso, em vez de depreciar isso, nós concordamos e adotamos", explicou-me Hodge. "Os pilares de nosso sucesso são a autenticidade e a controvérsia – isso estimula o debate."

Se você acha isso um pouco ofensivo, não está sozinho. Nos primeiros tempos do site, blogs e jornais se revoltaram. Mas Hodge prosseguiu com a ofensiva, dando à mídia exatamente o que ela parecia querer: um vilão politicamente incorreto e diabolicamente bonito.

Táticas divergentes geram manchetes, e Hodge estabeleceu a divergência sem inibições. Em 2006, ele começou a divulgar as estatísticas descaradamente politicamente incorretas dos índices de aprovação do Beaultiful People. O *Telegraph* engoliu a isca numa manchete que gerou uma enxurrada de coberturas:

---

[9] Greg Hodge, "Forgive Them, for They Know Not What is Gay", *Huffington Post Gay Voices*, 31 de julho de 2012, http://huffingtonpost.com/greg-hodge/beautifulpeople-gay-marriage_b_1724382.html.

"Britânicos estão entre os mais feios do mundo, de acordo com Beautifulpeople.com."[10]

Quando o site se tornou global, no outono de 2009, divulgou um comunicado à imprensa: "1,8 milhão de pessoas feias recusadas em duas semanas enquanto o BeautifulPeople.com se torna global."[11] A notícia contrastava abertamente dois países "feios" – Grã-Bretanha e Alemanha – com os "bonitos" Suécia, Brasil e Noruega.

O marketing agressivo levou a uma enxurrada de artigos e a centenas de milhares de novos membros. Em 2012, Hodge ingressou no movimento pelo casamento gay com o propagandeado lançamento do Beautiful People Gay e do Beautiful Women Only. A clamorosa atenção negativa atraiu milhões ao BeautifulPeople.com, e dezenas de patrocinadores corporativos viram o site como uma comunidade ideal para lançar novos produtos, eventos e clubes. A divergência intencional levou a 750 mil membros pagantes, que geraram um negócio adicional: o Beautiful People Jobs. Agências de talentos já vinham recorrendo ao site em busca de membros para o elenco de reality shows, e Hodge tornou isso oficial, anunciando que muitos de seus belos membros pré-qualificados estavam disponíveis para contratação.

Embora seja fácil atacar a Beautiful People por sua postura possivelmente excludente e insensível, o foco na aparência tem sido uma estratégia bem-sucedida, a julgar por meia dúzia de aplicativos de encontros para iPhone e Android imensamente populares, como o Tinder, que virou uma febre em setembro de 2012 numa festa da Universidade do Sul da Califórnia. De maneira impressionante, tudo o que o aplicativo para sexo faz é mostrar aos usuários uma foto e uma breve descrição: deslize o dedo sobre a tela para a direita para iniciar o contato ou para a esquerda para dizer não. Hoje, o serviço tem 2 milhões de membros.

---

[10] "British People Among World's Ugliest, According to BeautifulPeople.com", 11 de novembro de 2009, *Telegraph* (Londres), http://www.telegraph.co.uk/women/sex/6542263/British-people-among-worlds-ugliest-according-to-Beautifulpeople.com.html.

[11] "1,8 million Ugly People Turned Away Over Two Weeks, as BeautifulPeople.com Goes Global", comunicado à imprensa em PR Newswire, 10 de novembro de 2009, http://18-million-ugly-people-turned-away-over-two-weeks-as-beautifulpeople-goes-global-69641767.html.

A PROLIFERAÇÃO DE IDEAIS DE NICHO

Uma alternativa mais respeitável ao Beautiful People e ao Tinder é o JDate de Joe Shapira, um site de namoro só para judeus que também é um sucesso divergente. Quando o JDate atingiu uma receita de US$ 70 milhões, em 2004, a empresa se lançou numa divergência corporativa maciça, de estilo agressivo, ampliando sua abrangência para trinta comunidades de namoro de nicho, incluindo Faith.com, Christian Mingle, para cristãos, Military Singles, para militares, Deaf Singles, para pessoas surdas, Interracial Singles e Black Singles, para pessoas negras. Outros empreendedores têm se utilizado com sucesso da estratégia de namoro divergente criando sites de nichos, incluindo Date my Dog (um site para amantes de cães), Positive Singles (para solteiros portadores de DSTs), Green Singles (para os ecológicos), Gluten Free Date (para aqueles que têm doença celíaca), We Waited (para virgens), Senior People Meet (para o vovô), 420 Dating (para amantes da maconha) e Till Death Do Us Part (para solteiros com doenças terminais).

A explosão dos sites de namoro de nicho também gerou oportunidades para empreendedores que estão querendo mudar seus encontros em pessoa. Empresas se especializam em encontros em grupo, encontros em ônibus, encontros rápidos em silêncio, encontros pelo Skype e, é claro, infidelidade. O serviço de encontros extraconjugais Ashley Madison, que facilita tanto transas aleatórias quanto relacionamentos de longo prazo para pessoas casadas que querem trair, é tão popular – mais de 21 milhões de membros anônimos – que gera mais de US$ 60 milhões em receita por ano.

O denominador comum é que todos esses negócios vieram de oportunidades de nicho divergentes. E, de maneira significativa, essas imensas oportunidades milionárias estavam prontas para serem agarradas por vários anos *depois* de os poucos sites populares iniciais serem lançados e parecerem dominar. Hoje, o namoro online de nicho é uma indústria de bilhões de dólares e oferece uma lição objetiva sobre a diferença entre ver e realmente observar. Assim como a beleza está nos olhos de quem vê, com frequência há muito mais espaço para abrir um novo empreendimento se você tem a antevisão e a ousadia para romper com a tendência dominante.

O ARQUÉTIPO DE UM PENSADOR DIVERGENTE

A divergência é inata. As crianças, com sua abertura para o acaso e sua paixão por brincadeiras, têm um talento natural para identificar padrões divergentes. Um famoso estudo, em que se perguntou quantos usos um clipe de papel pode ter, mostrou que a maioria dos adultos só consegue pensar em dez ou quinze. Crianças no jardim da infância podem imaginar duzentos. Infelizmente, essa capacidade rapidamente se atrofia com a educação e a idade.[12]

Por quê? Bem, por exemplo, a ocupação ou distração que você escolhe com frequência influencia sua habilidade para ver padrões divergentes. Pesquisadores na Polônia recentemente submeteram sessenta artistas visuais e sessenta funcionários de bancos a testes de temperamento e pensamento divergente. De modo nada surpreendente, a *Scientific American* relatou que os funcionários de bancos foram medianos e os artistas "foram incrivelmente bons para gerar, com flexibilidade, imagens e palavras originais".[13]

Funcionários de bancos são talvez corretamente valorizados por serem conservadores, por não se arriscarem – por *não* serem divergentes. Isso pode ser bom para administrar seus recursos financeiros, mas não para propor ideias para novos negócios promissores. Não importa qual seja sua profissão ou paixão, divergência é uma questão de pensar mais como um artista do que como um banqueiro.

O GOSTO DOCE DA DIVERGÊNCIA

A comida é uma categoria em que a maioria das pessoas se força a experimentar algo novo – novos sabores, novos restaurantes, novos bares e por aí em diante. Pode ser, portanto, um terreno fértil para o pensamento divergente.

Vários anos atrás, food trucks eram considerados adequados apenas para trabalhadores diaristas. Então, numa viagem ao Japão, Matt Cohen identificou algo intrigante: vendedores de rua serviam pratos preparados atrás de seus

---

[12] Kamran Abbasi, "A Riot of Divergent Thinking", *Journal of the Royal Society of Medicine*, outubro de 2011, http://ncbi.nlm.nih.gov/pmc/articles/PMC3184540.

[13] Scott Barry Kaufman, "How Do Artists Differ From Banker Officers?", *Scientific American*, 15 de junho de 2013, http://blogs.scientificamerian.com/beautiful-minds/2013/06/15/how-do-artists-differ-from-bank-officers.

caminhões. A comida era saborosa e servida por uma fração do preço de um restaurante. Para levar esse conceito para os Estados Unidos, Cohen realizou um evento que chamou de Off the Grid, levando food trucks e música ao vivo ao Fort Mason Center, em São Francisco. O evento, em 2010, foi um sucesso instantâneo, e hoje quinze mercados de food trucks acontecem semanalmente na região. Além disso, dois anos depois, a onda dos food trucks se espalhou pela América do Norte, tornando-se um caminho novo, e com menos investimento de capital, para chefs promissores se lançarem.

Oportunidades divergentes podem parecer pequenas de início, mas o truque é descobrir nichos com potencial. Em meu trabalho com clientes, uso esses exemplos para enfatizar o poder de criar ideias irresistíveis para um grupo específico de pessoas. Mire em todo mundo e você estará mirando em ninguém. Empresas com frequência caem na armadilha de pensar que seus produtos ou serviços colherão o máximo de benefícios se atraírem um mercado amplo. Esse raciocínio muitas vezes leva a criações genéricas que não geram paixão em nenhum grupo específico. Para ter uma ideia melhor de como evitar essa armadilha, imagine por um instante que você está abrindo um negócio de sorvetes. Naturalmente, algumas de suas escolhas iniciais girarão em torno dos sabores. Baunilha pareceria uma boa escolha, uma vez que pesquisas sugerem ser o sabor mais popular. O problema é que os consumidores geralmente não se importam com o lugar onde compram sorvete de baunilha. Eles podem comprar uma marca hoje e outra amanhã.

Mas se você adora o Cherry Garcia da Ben & Jerry, nenhum outro sorvete servirá. A empresa de Vermont lançou seu sabor de luxo em 1991, em meio a uma retração econômica global. Surpreendendo todos os especialistas, naquele mesmo ano difícil, o Cherry Garcia ajudou a empresa a quadruplicar suas vendas. Uma década depois, a marca foi adquirida pela Unilever por US$ 326 milhões. Nas palavras do próprio músico Jerry Garcia, que dá nome ao sorvete: "Você não quer simplesmente ser considerado o melhor dos melhores. Você quer ser considerado o único que faz o que faz."[14]

---

[14] Warren Bennis e Patricia Ward Biederman, *Organizing Genius: The Secrets of Creative Collaboration*. Nova York: Basic Books, 1997.

SUBPADRÕES DE DIVERGÊNCIA

CONTRACULTURA – Durante décadas, o revigorante refrigerante Mountain Dew floresceu por contrariar a tendência dominante. O nome em si – uma gíria para bebida contrabandeada – é um tanto rebelde. Embora trabalho duro fosse valorizado nos Estados Unidos pós-guerra dos anos 1950, os anúncios contestadores do Mountain Dew celebravam o caipira interiorano que sempre conseguia passar a perna no camarada da cidade. Nos anos 1980, quando a sociedade abraçava largamente os Estados Unidos corporativos, os anúncios do Mountain Dew reagiram mostrando irreverentes skatistas passando com rebeldia por burocratas de terno cinza. Enquanto os anos 1990 produziam megacontratos para Michael Jordan e outros astros, o Mountain Dew divergiu dessa tendência com anúncios autênticos que mostravam atletas anônimos praticando esportes pelo amor ao jogo.

PERSONALIZAÇÃO – Todo ano, na Austrália, mais de 100 mil cães são submetidos à eutanásia porque ninguém quer adotá-los. Divergindo dos modelos tradicionais dos abrigos para adoção de animais de estimação, a Mars Petcare criou um aplicativo chamado Dog-A-Like. O aplicativo explora a crença popular de que as pessoas se parecem com seus cães escaneando fotos de potenciais donos e pesquisando em seu banco de dados de cachorros abandonados para encontrar um par de quatro pernas para eles. Imensamente popular, tornou-se o aplicativo mais baixado na loja iTunes da Austrália, salvando milhares de cães por meio de um crescimento de 13% nas adoções.

CUSTOMIZAÇÃO – Enquanto a personalização cria produtos feitos especificamente para um determinado indivíduo, a customização visa a dar a ele ou ela um grau de escolha mais elevado do que o normal. A Nike, por exemplo, lançou o tênis NikeID, que permite aos atletas customizar nove diferentes características – da cor dos cadarços à cor da logomarca. A Nike ganhou mais de US$ 100 milhões com os tênis NikeID no primeiro ano de existência do produto.

STATUS — Embora tenhamos uma tendência a associar a palavra "divergência" à contracultura, o conceito se aplica a todos os aspectos da rejeição ao *status quo* dominante. Assim sendo, o padrão divergente também explica nosso desejo de luxo, notoriedade e status. Em 1998, a Nokia lançou a Vertu, uma linha de telefones celulares de luxo cujos preços iam de US$ 5 mil a US$ 310 mil. Em termos de funcionamento, eles não eram muito diferentes dos mais recentes smartphones, mas seus detalhes em ouro, diamantes e couro os tornaram símbolos de status na elite mundial. Em 2012, a Nokia vendeu a marca para uma empresa de investimentos privada, observando que o faturamento da Vertu no ano ultrapassaria os US$ 400 milhões.

ESTILO — O desejo de embelezar suas casas, seus veículos e seus produtos favoritos leva as pessoas a comprar todo tipo de acessório, de capas para celulares a pequenas bolas de pingue-pongue para as antenas de seus carros. Uma empresa, a Antenna Balls, lançou uma linha inteira de bolas para antenas com formatos como carinhas felizes, bolas de bilhar e até vaqueiras. Hoje, a Antenna Balls vende meio milhão de bolas por mês.

PERTENCIMENTO EXCLUSIVO — Do título de um clube às recompensas oferecidas a usuários frequentes de companhias aéreas, a ideia de pertencimento exclusivo é atender intencionalmente a um grupo seleto. Em 1996, Greg Koch e Steve Wagner abriram a Stone Brewing Company, uma cervejaria que é mais famosa por sua Arrogant Bastard Ale. As cervejas mais fortes foram criadas para os conhecedores da bebida e em geral não foram desfrutadas pelo mercado de massa. Para alardear essa diferenciação, a empresa criou o slogan "Esta é uma cerveja agressiva. Você provavelmente não gostará". As camisetas da Stone são igualmente exclusivistas, ostentando frases como "Cerveja amarela efervescente é para os fracotes". Toda essa atitude criou um negócio que gera US$ 100 milhões por ano, com uma propaganda mínima.

REBELDIA DE GERAÇÃO — A história recente continua a demonstrar que os adolescentes procuram se diferenciar de seus pais buscando música, moda, linguagem e hobbies radicalmente diferentes. Nos anos 1960, Elvis e os Beatles eram considerados rebeldes, assim como Kanye West e Rihanna foram considerados rebeldes nos anos 2010. O único aspecto persistente da rebeldia dos adolescentes é esse anseio por "não ser como meus pais".

FASHIONIZAÇÃO – Muitos produtos do dia a dia prosperaram divergindo do design esperado. Os exemplos incluem a Coca-Cola Diet com a marca de Karl Lagerfeld, a Perrier com a marca de Dita Von Teese e a água Voss. De particular interesse é a Voss, que em 2007 conquistou de maneira estrondosa a indústria maçante da água engarrafada com um design de garrafa moderno. O formato de um simples cilindro e a fonte de letra minimalista ajudaram a empresa a aumentar sua receita para US$ 140 milhões em seus primeiros quatro anos.[15] Quem esperaria que algo tão simples quanto uma garrafa de água poderia se tornar um produto da moda?

RESUMO: DIVERGÊNCIA

Neste capítulo, vimos como numerosos empreendedores estiveram à frente com negócios altamente originais e extremamente lucrativos rejeitando o caminho muito batido. A Uglydoll se tornou um fenômeno sem propaganda ou marketing porque o design dos bonecos divergiu dos padrões de beleza artificiais de nossa cultura. Até mesmo a estratégia de venda não foi convencional – ignorando as grandes lojas de brinquedos e vendendo diretamente para butiques pequenas e peculiares. Enquanto isso, a Red Bull explorou um novo território equiparando uma bebida a um estado de espírito e adotando uma abordagem radicalmente divergente para preço e marketing.

PARA LEVAR

1. **Popular é diferente de cool** – Com muita frequência, as pessoas buscam equivocadamente o que já é popular. Popular é a tendência dominante. Ela está repleta de concorrentes e, crucialmente, é algo que já aconteceu. A vantagem

---

[15] Natalie Zmuda, "Behind the Campaign: Voss Breaks First Major Consumer Push", *Advertising Age*, 1º de junho de 2011, http://adage.com/article/news/campaign-voss-breaks-major-consumer-push/227862.

competitiva vem da busca por algo bacana, que seja efetivamente a próxima grande coisa.

2. **Identifique a tendência dominante (para rejeitá-la)** – Cada vez mais, as pessoas estão esperando produtos e serviços que reflitam suas personalidades únicas. Há um desejo natural de divergir da tendência dominante. Por exemplo, seguindo uma rota menos popular, a Uglydoll se diferenciou como arte e expressão pessoal.

3. **Seja irresistível para um grupo específico de pessoas** – Provoque uma paixão profunda em um grupo. O BeautifulPeople.com ofende muita gente, mas aqueles que o amam o seguem como um culto. Lembre-se, seu produto não precisa ser aprovado por todo mundo.

4. **Sua maior fraqueza pode ser sua maior força** – O Red Bull se tornou uma das bebidas de maior sucesso no mundo apesar do gosto horrível, provando que nem tudo precisa ser perfeito e que a desvantagem pode ser revendida como vantagem.

CAPÍTULO SETE

CICLICIDADE

↺

CICLICIDADE: Oportunidades previsivelmente recorrentes. Inclui: retrô, nostalgia, ciclos econômicos, sazonalidade, padrões geracionais e ciclos repetitivos.

A tartaruga marinha gigante parece vagar com tranquilidade pelo Pacífico, flutuando lentamente por um caminho aparentemente aleatório. No entanto, durante um período que dura quase dois anos, ela repete um padrão de migração de 19 mil quilômetros. Essa peregrinação épica sempre termina onde começou: na praia exata onde o imponente réptil nasceu. Ao longo de seus anos de existência, essa criatura de hábitos repetirá cinquenta vezes sua viagem previsível.

O que os passeios da tartaruga marinha nos ensinam é que se você estiver focado demais nos percursos de curto prazo, poderá deixar de ver o padrão previsível de longo prazo.

Considere por um momento o que podemos aprender sobre oportunidades cíclicas com Don Draper, de *Mad Men: Inventando verdades*. Confiante em excesso, Don domina homens e mulheres com seu carisma e sua beleza. Ele expressa um nível de poder e influência que celebra o coração da era de ouro da propaganda, nos anos 1960. Quando a AMC lançou *Mad Men* – com seus personagens interessantes fumando, bebendo, fornicando e promovendo produtos –, a enorme popularidade da série ajudou a introduzir na cultura pop uma paixão pela época.

Como os produtores de *Mad Men* sabiam que uma série passada nos anos 1960 seria cativante? Por que não uma época diferente? Os padrões cíclicos parecem óbvios *depois* que surtem efeito, mas para identificar oportunidades antecipadamente, caçadores precisam estar constantemente de olho. Você precisa ser obcecado por ligar os pontos.

O criador e produtor de *Mad Men*, Matthew Weiner, escreveu o roteiro sem um estúdio em 2000, mas seriam necessários mais sete anos para ele convencer os executivos de Hollywood de que o momento era certo para uma série passada nos anos 1960. Em 2007, marcas de moda e designers já estavam celebrando as cores vivas, as estampas ousadas, as linhas precisas e as curvas irresistíveis dos anos 1960. É notável, porém, que não houvesse nenhuma adaptação moderna dos anos 1960 nos programas do horário nobre da televisão.

Ao preencher a lacuna dos anos 1960 na TV, *Mad Men* seguiu um caminho rápido para o sucesso. Foi capaz de resgatar uma ampla gama de temas culturais, dos direitos civis ao racismo, das mulheres no mercado de trabalho ao alcoolismo e, é claro, sexo, drogas e rock'n'roll. *Mad Men* não apenas previu e atiçou nossa fascinação com os anos 1960 – a série, de muitas maneiras, conseguiu redefinir nossa percepção sobre aquela época.

Uma mentalidade obcecada por padrões pode ajudar você a identificar oportunidades em retrô, nostalgia, economia, sazonalidade e mudanças geracionais. Nos últimos anos, vimos o renascimento de muitos produtos que eram muito populares em outros tempos, como os tênis Nike Air, as bicicletas Schwinn e os clássicos cadernos Moleskin.

Às vezes, indústrias inteiras têm raízes profundas em padrões cíclicos. A ciclicidade é tão fundamental para o design de automóveis, por exemplo, que dezenas de veículos estão especificamente ligados a modelos antigos. Por exemplo, em 1998, a Volkswagen relançou seu lendário Fusca com um design curvilíneo que lembrava o formato do carro nos anos 1970. Eleito o carro do ano pela *Motor Trend*, o veículo pavimentou o caminho para outras reencarnações vitoriosas, incluindo o Mini Cooper e o Fiat 500. De modo semelhante, carros potentes americanos como Corvette, Camaro e Mustang passaram a ser cultuados por novos seguidores e preencheram lacunas entre gerações ao manter ligações com o design retrô.

Estudar padrões cíclicos em diferentes indústrias é uma maneira de você fazer polinização cruzada em seu mercado. A cultura dos carros de inspiração retrô ajudou, por exemplo, a A&W a realizar uma reviravolta empresarial.

Aberta em 1923, a empresa era líder absoluta até o McDonald's começar a dominar o mercado de fast-food, nos anos 1970, com seus hambúrgueres mais rápidos e mais baratos e um design em cores vivas que atraía as crianças. A A&W vivia uma longa e constante decadência quando teve uma ousada atitude retrô em 1999. Reformulando seu visual e sua atmosfera para se reconectar com seu público original de drive-in – os *baby boomers* –, a empresa relançou sua linha de produtos original Burger Family, juntamente com Chubby Chicken e Root Beer Floats. Cada ponto de contato com o cliente tocava no tema retrô anos 1960, transformando a A&W numa das maiores histórias de reviravolta com sucesso no campo do fast-food.

Mas você não precisa ir tão longe no passado para encontrar uma oportunidade cíclica. Embora os ciclos retrô se baseiem em recorrências geracionais, os ciclos nostálgicos se utilizam de nossas lembranças coletivas. Por exemplo, na última década, os campeões de bilheteria de Hollywood se afastaram radicalmente dos roteiros originais em suas novas versões para contos de fadas, desenhos animados e quadrinhos, incluindo *Batman, Super-Homem, X-Men, Os vingadores, Branca de Neve e o caçador, Alice no País das Maravilhas* e *Onde vivem os monstros*. Recentemente, encontrei Michael Lynton, CEO da Sony Entertainment, que explicou outro motivo pelo qual os filmes nostálgicos com frequência têm boa bilheteria. Eles ganham um segundo fôlego em mercados internacionais, onde os consumidores também cresceram fascinados com os mesmos contos de fada.

Os ciclos econômicos impulsionam muitas oportunidades, é claro. Os crescimentos e as quedas estão nas manchetes, mas as empresas geralmente deixam de explorar totalmente essas grandes mudanças. Durante retrações, a maioria delas se torna excessivamente conservadora, reduzindo estoques, salários e gastos com pesquisas e desenvolvimento. O que elas deixam de ver é que períodos de baixa alteram radicalmente os hábitos de consumo, criando grandes oportunidades para aqueles que são ágeis para se adaptar.

Tome como exemplo o caso da Walmart. A empresa agiu com cautela durante a recente retração e adiou a construção de novas lojas. Mas também apostou ao reformar estrategicamente as lojas existentes, supondo que a economia em baixa ofereceria uma chance de atrair mais clientes de classe média em busca de uma experiência de grandes descontos no varejo. O resultado? O crescimento das vendas da Walmart foi de 1% em 2010 para 3,4% em 2011 e 5,9% em 2012. Nesse mesmo período, as ações da empresa subiram mais de 50%.

Tendo consciência da constante natureza das mudanças e de suas oportunidades resultantes, você pode estar muito mais bem preparado para as alterações cíclicas. É preciso uma mentalidade livre de restrições rígidas a procedimentos e processos para ser capaz de saltar obstáculos como se estes não existissem.

CÍLIOS DE DIAMANTE E VOZ DE BILHÕES DE DÓLARES

Nascido em 1928, Shu Uemura foi o primeiro homem a se formar na Academia de Beleza de Tóquio. Naqueles tempos no Japão, homens não se tornavam maquiadores, mas Uemura cresceu fascinado por cosméticos, arte e cinema. Aos 27 anos, ele cruzou o Pacífico e chegou a Hollywood, esperando se inserir no campo da maquiagem para cinema. Ele foi tudo menos um sucesso instantâneo. Sete anos depois de sua viagem, a milhares de quilômetros de casa, ele não conseguira renome algum.

Então, num dia de 1962, Uemura teve sua grande oportunidade. O maquiador da estrela de Hollywood Shirley MacLaine adoeceu. Uemura, o substituto, mostrou-se à altura do desafio, transformando magicamente a atriz caucasiana num incrível ícone japonês no filme de sucesso *Minha doce gueixa*. Espectadores ficaram impressionados com a transformação da superestrela e Uemura rapidamente se tornou o maquiador mais requisitado em Hollywood. Em 1964, ele era dono do estúdio de maquiagem mais badalado de Los Angeles e criara sua própria escola, introduzindo técnicas de maquiagem étnicas que permanecem em voga até hoje.

Teria sido fácil para Uemura descansar sobre seus louros, andando com a elite de Hollywood. Porém, ele não pôde deixar de perceber que, enquanto os Estados Unidos prosperavam, o resto do mundo estava economicamente num limbo, e esse desequilíbrio criava um mundo apaixonado pelo glamour americano. Uemura levou esse raciocínio para seu país natal, abrindo uma segunda loja no distrito mais badalado de Tóquio, Omotesandō. Ao longo das décadas seguintes, sua expansão global resultaria em milhões em vendas, levando a uma aquisição pela L'Oréal em 2004.

CAPITALIZANDO SOBRE A PERCEPÇÃO

Nos anos seguintes, economias globais tiveram um rápido crescimento e, em 2006, a riqueza cada vez maior estava levando a uma paixão por tudo o que era luxuoso. De fato, a Trend Hunter estava rastreando bolhas de oportunidades para produtos reluzentes – itens como bolos incrustados de diamantes, martinis de US$ 20 mil, hambúrgueres de US$ 5 mil, vodcas em garrafas de cristais Swarovski e um laptop revestido de diamantes, custando meio milhão de dólares. Nós chamávamos isso de "bling bling"*, e trazia uma advertência. Quando os consumidores do mainstream estão adorando o luxo, com frequência isso é um sinal de que um mercado está em seu auge. Por exemplo, compare essa paixão pela opulência com o clima mais sombrio do fim de 2011, quando o movimento Ocuppy Wall Street teve início e as críticas à riqueza do "1%" de ultrarricos estavam aumentando.

Então como Uemura capitalizou sobre um mercado em que a tendência dominante era o amor ao luxo?

Na época, uma de suas clientes mais famosas era Madonna, que trabalhava com a diretora artística de Uemura, Gina Brooke. Um dia, Gina brincou com a estrela pop: "Não seria incrível ter diamantes verdadeiros, perfeitos, na linha dos cílios?" Para surpresa de Brooke, Madonna respondeu: "Adoro a ideia! Podemos fazer hoje à noite?"

Quando você é Madonna, consegue o que quer. Brooke rapidamente encontrou um joalheiro para cortar os diamantes a tempo para o show de Madonna naquela noite. Ela recordou: "Nós nos sentamos ali no chão e eu colei uns dez ou doze deles ao longo de cada olho, e eu os soprava para secar enquanto ela punha o casaco."[1]

Em poucas horas, Madonna e Brooke criaram os cílios mais caros do mundo – 0,75 quilates de diamantes reluzentes – em um dos exemplos de criação instantânea de protótipo mais badalados da história moderna.

---

* Comum na cultura do hip-hop, *bling-bling*, ou *bling*, é uma gíria que significa o uso de muitas joias, estilo adotado por rappers. O nome remete ao som de caixas registradoras e o termo significa ostentação. (N. do T.)

[1] Anastasia Hendrix, "Five Questions for Gina Brooke", *San Francisco Chronicle*, 30 de abril de 2006, http://www.sfgate.com/living/article/FIVE-QUESTIONS-For-Gina-Brooke-Strike-a-pose-2498185.php.

Alguns empreendedores teriam se contentado em agradar à sua cliente famosa, mas Uemura viu uma oportunidade comercial. Antes de a mídia dar a notícia sobre os cílios brilhantes de Madonna, ele abasteceu as lojas Neiman Marcus de todos os Estados Unidos com o acessório reluzente, vendendo o par de cílios por US$ 10 mil. O problema é que Uemura não esperava vender caminhões de cílios de diamantes: ele sabia que, mesmo em tempos de crescimento, o mercado para um produto sofisticado como esse era limitado. Então, assim como a fama de Uemura nos Estados Unidos e em Tóquio capitalizou sobre o *look* de outra terra, sua empresa capitalizaria sobre o *look* dos cílios de Madonna. Uemura e seus colaboradores lançaram uma versão falsa, vendida por US$ 25, tornando o acessório de glitter disponível a todas as adolescentes que imitavam Madonna.

Os cílios de luxo falsos e baratos levaram a empresa a estimados US$ 100 milhões em receita anual, bem antes do colapso do mercado. Assim como capitalizou sobre o desejo de glamour durante a época da prosperidade americana, nos anos 1960, Uemura capitalizaria sobre o desejo de brilho durante um ciclo de opulência semelhante em 2006.

O curioso é como esses padrões econômicos cíclicos criaram clusters de oportunidades. Às vezes, essas oportunidades provêm de um mercado em declínio, como no caso da Walmart, e outras vezes, como vimos com Uemura, de um mercado no auge. A chave é entender o contexto econômico e planejar de acordo.

A história cativante de Uemura nos ensina a dar um passo para trás e perceber que os padrões se repetem com mais frequência do que as pessoas esperam. Você deve sempre prestar atenção às forças que estão influenciando seu negócio, tais como ciclos econômicos, e considerar como essas mudanças criam novas oportunidades. Mas aja rápido, porque o primeiro a identificar a oportunidade tende a ganhar mais.

DE BRILHANTE A ENTEDIANTE

Como diz o ditado, nada dura para sempre. Em dezembro de 2007, nossas pesquisas sugeriram que o luxo estava perdendo seu esplendor. Em março de 2008, quando o índice S&P 500 ainda era um saudável 1.290, publicamos a primeira de nossas três observações, intitulada "Bling Bling Boring" ("Bling

bling entediante"). Nos meses seguintes, nossos algoritmos de filtragem coletiva revelaram mais padrões de frugalidade, que chamamos de "alta-costura da contração do crédito", "cultura do aluguel", "presentes dentro do orçamento", "vintage retrô", "presentes feitos à mão" e "retorno à cozinha".

Aconselhamos nossos clientes a adotar uma mentalidade mais conservadora antes do que parecia ser um provável colapso financeiro. Eu também me preparei para tempos difíceis em minha vida pessoal. Embora eu já tivesse tido um apartamento, estava agora feliz com um aluguel. Passei a fazer investimentos mais conservadores e mudei o foco da pesquisa de minha vida para como a oportunidade evolui no caos. Em outubro de 2008, eu havia terminado meu esboço e o sumário dos capítulos do que se tornaria um livro oportuno: *Criação e inovação no caos – 150 maneiras criativas de pensar e agir em tempos de incertezas e oportunidades*.

Em 6 de março de 2009, um ano depois de publicarmos "Bling Bling Boring", o S&P 500 tivera uma queda de 48%, chegando a 683. Lawrence Summers, diretor do Conselho Econômico Nacional da Casa Branca, relatou que US$ 50 trilhões de riqueza global haviam sido apagados, culpando uma "abundância de ambição e uma ausência de medo em Wall Street".[2] Padrões como "Bling Bling Boring" e "cultura do aluguel" haviam sido sinais de advertência para uma dificuldade econômica futura. E como muitos de nós dolorosamente recordamos, o mercado não se recuperou durante três longos anos!

Quando economias entram em colapso, empresas e indivíduos com frequência ficam paralisados. Mas, conforme observei anteriormente, durante períodos de intensa mudança, abrem-se espaços para tremendas oportunidades empresariais.

Considere esta lista parcial: Disney, CNN, MTV, Hyatt, Burger King, FedEx, Microsoft, Apple, Texas Instruments, 20th Century Fox, Gillette, AT&T, IBM, Merck, Hershey's, Eli Lilly, Coors, Bristol-Myers, Sun, Amgen, Autodesk, Adobe, HP, BMC, GE, Electronic Arts e revista *Fortune*. Cada uma dessas empresas icônicas foi aberta durante uma recessão econômica. Durante períodos de turbulência, os consumidores precisam evoluir rapidamente, e você prosperará se for capaz de identificar essas necessidades de mudança.

---

[2] Kevin Hechtkopf, "Summers: $50 Trillion In Global Wealth Has Been Erased", Associated Press, 13 de março de 1999, http://www.cbsnews.com/8301-503983_162-4863891-503983.html.

Com minha experiência em finanças, eu estava curioso para descobrir potenciais bolhas positivas associadas ao colapso. Num nível elevado, havia um óbvio afastamento do luxo e uma aproximação de produtos mais frugais. Mas surgiram muito mais desdobramentos a partir dessa mudança. Eis algumas pérolas que pipocaram em 2007 e 2008.

RETORNO À COZINHA – É natural temer o pior quando a incerteza econômica nos atinge. Prever que as pessoas comprarão mais feijão do que bife. Mas a situação foi mais complexa em 2008. Durante retrações financeiras, as pessoas reavaliam seus valores centrais, e até para os *baby boomers* mais ricos e trabalhadores, isso significou uma reconsideração radical de prioridades. Eles começaram a dar mais ênfase a experiências de vida, à família e aos amigos. Em termos de comida, isso significou um retorno à cozinha: a preparação do jantar era mais uma vez percebida como um momento para cultivar os laços familiares. Muita gente supôs que isso era apenas para poupar dinheiro. Não era. Houve um tremendo renascimento das artes culinárias, uma popularidade maior de programas de culinária, uma proliferação de blogs de culinária, mais fotografias de comida na internet e um interesse maior pela cultura dos vinhos (que, ironicamente, com frequência são caros) e por produtos especiais, para elevar as refeições em casa aos padrões dos gourmets modernos.

O SEGUNDO MELHOR – Quedas no mercado de ações, perdas de emprego e desemprego elevado naturalmente aumentam os temores de risco financeiro. Mesmo que não esteja em dificuldade econômica, você se torna mais consciente de seus hábitos de consumo e evita parecer ostentoso diante de vizinhos que possam estar em dificuldades. Você pode optar por uma Toyota em vez de um Lexus. Comprar um terno Calvin Klein de US$ 500 ou uma bolsa Kate Spade de US$ 500 em vez de um terno Hugo Boss de US$ 1 mil ou uma bolsa Prada de US$ 3 mil. Da casa aos negócios, você se torna mais confortável escolhendo as *segundas melhores* alternativas. Essa mentalidade de consumo gera oportunidades para as "segundas melhores" marcas e empresas agressivas entrarem em ação e roubarem clientes de concorrentes que agem mais lentamente.

CULTURA DO ALUGUEL – Desejos não desaparecem, mesmo diante de uma incerteza econômica. Fortalecida pela internet, a Grande Recessão de 2008 estimulou o surgimento de novos negócios que aperfeiçoaram o modelo da posse temporária. A Bag Borrow or Steal e a Rent Me a Handbag criaram negócios de aluguel de bolsas de marcas famosas que podiam ser entregues diretamente à sua porta. A Rent the Runway levou vestidos de alta-costura das passarelas para mulheres mundo afora. A ZipCar, a AutoShare e a Car2Go simplificaram o aluguel de carros, oferecendo aluguéis por hora. Há uma lição de caça aqui. A gigante Hertz de início perdeu essa oportunidade, enquanto sua rival Avis comprou a Zipcar por meio bilhão de dólares em 2013.

MARKETING DA NOSTALGIA – Quando as previsões catastróficas prevalecem, com frequência buscamos refúgio em lembranças inocentes. Essa mentalidade se estende além do marketing, com marcas nostálgicas como a Nintendo e a Disney influenciando a moda nas passarelas e franquias de fantasia arrecadando enormes bilheterias.

ALTA-COSTURA DA CONTRAÇÃO DO CRÉDITO – A moda se move como um relâmpago – é o principal indicador de grandes mudanças em gostos, preferências e estilos. A retração econômica de 2008 estimulou um acentuado crescimento da procura por roupas vintage, roupas de segunda mão, roupas customizadas e estilistas independentes de menor escala. A Zara e a H&M exploraram a *fast fashion* (moda rápida), levando looks da alta-costura para as massas rapidamente e a preços razoáveis. Fortalecido por essa "alta-costura da contração do crédito", Amancio Ortega, da Zara, viu sua riqueza disparar para extraordinários US$ 70 bilhões.

Em retrospecto, você poderia prever esses clusters de oportunidades. O "retorno à cozinha" não era algo fácil de prever com base em mudanças anteriores no consumo de alimentos, mas era previsível se você pensasse nos *baby boomers* e observasse atentamente um fascínio maior pela cultura gourmet. Antes da internet, a cultura do aluguel também não era algo fácil de imaginar. Mas hoje, estimulada por tecnologias desenvolvidas especificamente para a internet, a posse temporária é um modelo de negócio alternativo que cresce em uma ampla variedade de indústrias.

Quer você trabalhe numa grande empresa, tenha seu próprio negócio ou seja um aspirante a empreendedor, vale a pena olhar para o passado e pensar profunda e amplamente em como padrões antigos podem se revelar em um contexto moderno.

PEGANDO A ONDA VINTAGE

Sophia Amoruso era uma jovem de 22 anos que gostava de moda e não conseguia descobrir o que queria fazer na vida. Morando na casa de uma tia postiça, ela às vezes frequentava a faculdade local, mas não conseguia engolir a ideia da dívida do financiamento universitário. Ela sabia que precisava encontrar uma maneira de ganhar a vida e esperava identificar uma boa oportunidade.

Ávida usuária do então pioneiro site MySpace, Amoruso recebera algumas mensagens de vendedores de roupas vintage no eBay que admiravam seu senso de estilo. Ela se perguntou se uma loja eBay poderia ser sua vocação. Ela recolheu alguns itens por US$ 50 no bazar local do Exército da Salvação e postou fotos em sua nova loja eBay. Mulheres rapidamente demonstraram apreciar sua rara habilidade para curadoria de estilos de épocas antigas. Seu bom gosto singular para roupas vintage resultava num estilo retrô único, e sua paixão por fotografia ajudava a atrair atenção. Amoruso tinha um bom olho: uma de suas primeiras descobertas foi uma jaqueta Chanel de US$ 8 que ela rapidamente revendeu por US$ 1 mil. Em uma entrevista recente, Amoruso me disse que o aumento de cem vezes no preço a convenceu da oportunidade. "Parecia ganhar na loteria."

Muito antes dos tempos das campanhas de hashtag e da divulgação de linhas de roupas no Instagram, Amoruso usou suas habilidades com mídia social para impulsionar um movimento impressionante em sua loja eBay. Ela usou comentários e feedback no MySpace para estudar seus clientes, analisando reações a roupas, modelos e estilos de imagem. Ela me disse: "Eu postava boletins e blogava sobre cada leilão, e também respondia a cada comentário que as pessoas deixavam em minha página no MySpace."

Amoruso continuou a desenvolver novas estratégias de mídia social para expandir o número de fãs que a seguiam enquanto obtinha informações valiosas sobre gostos e preferências de seus clientes e prosseguia administrando um conjunto cada vez maior de peças únicas. As vendas chegaram a US$ 115 mil em 2007, gerando um lucro líquido de US$ 20 mil – o suficiente para ela se demitir do emprego fixo e deixar de morar com a tia para ter sua própria casa.

Alguns vendedores do eBay rivais tentaram sabotar sua loja, criticando-a por motivos inócuos. "Acho que as pessoas estavam apenas irritadas por minhas coisas estarem sendo vendidas por preços tão altos", disse ela. "Era mais uma inveja do que qualquer coisa específica que eu estivesse fazendo." A provação a fez perceber as limitações dos leilões na internet. "O eBay era uma estrutura fantástica para abrir um negócio, mas havia uma certa impermanência naquilo", disse Amoruso. "Seus clientes eram clientes do eBay antes de serem seus, e você não tinha nenhuma maneira de se comunicar com eles fora do eBay. Eu sabia que estava construindo uma marca e que queria possuir a experiência de ponta a ponta."

Então, em junho de 2008, Amoruso lançou a NastyGal.com, uma loja online autônoma (inspirada no disco de Betty Davis de 1975 e no estilo da cantora). Graças, em parte, a seu gosto impecável e seu conhecimento sobre moda, e em parte à base de fãs que ela construíra meticulosamente, a NastyGal.com foi um sucesso instantâneo.

Até esse ponto, o sucesso modesto de Amoruso estava claramente ancorado no padrão cíclico do retrô. Mas a maioria dos varejistas estava desanimada com o que parecia ser uma força muito maior: a retração econômica. Em 2008, o mercado interno americano e os mercados de ações começaram a entrar em colapso, reduzindo imediatamente o orçamento dos consumidores e, em parte, estigmatizando os itens de luxo (quanto mais você ostentasse, menos as pessoas o consideravam). Isso desencadeou fortes tendências que já discutimos: a "alta-costura da contração de crédito", a procura por roupas vintage e o "segundo melhor", em que os consumidores evitam as marcas mais caras e procuram alternativas.

O timing de Amoruso foi perfeito: os mercados financeiros estavam ruindo justamente quando o interesse público pelo retrô e pelas roupas vintage estava aumentando. Enquanto outros varejistas de roupas estavam fazendo cortes para resistir de maneira conservadora à tempestade econômica, Amoruso prosperou durante a retração. Ela avançou em seu negócio, posicionando a NastyGal para se tornar líder no mercado de roupas vintage.

Ela preencheu uma lacuna no mercado. São Francisco, Los Angeles e Nova York têm dezenas de lojas vintage modernas em distritos da moda, mas na maioria das cidades pequenas o consumidor só encontra roupas vintage em lugares como os bazares do Exército da Salvação. A bem fotografada loja online de Amoruso ofereceu uma boa alternativa para milhares de mulheres jovens de classe média com orçamento apertado.

Nos quatro anos seguintes, a incerteza econômica ajudou a NastyGal a se tornar o varejista de crescimento mais rápido nos Estados Unidos. O faturamento subiu de US$ 115 mil, em 2007, antes da recessão, para estimados US$ 128 milhões, em 2012, com uma margem bruta de 60%.[3] Naquele ano, a *Forbes* pôs Amoruso em sua lista de empresas para "ficar de olho", estimando seu patrimônio líquido em US$ 250 milhões.[4] Nada mau para uma jovem de 29 anos que iniciou seu império com uma loja no eBay dirigida do porão de sua tia.

Desde então, Amoruso expandiu além de seu conceito vintage inicial, oferecendo linhas e estilos novos, também únicos e com preços razoáveis. Ela venceu reveses, incluindo um período em que teve de cancelar mil pedidos devido a mal-entendidos e problemas de execução. Mas, para um negócio que cresceu mil vezes em cinco anos, tudo correu com tranquilidade.

Amoruso nos ensina que você pode começar pequeno e crescer rapidamente quando identifica corretamente uma oportunidade cíclica e a persegue. Hoje, o mercado torna mais fácil do que nunca criar o protótipo de uma ideia e começar a vender, seja em uma loja no eBay ou em um site simples. Se sua ideia é única e você fez sua pesquisa de mercado, você pode cavar seu pequeno espaço e estar no lugar certo na hora certa quando os ciclos do mercado começarem.

O RENASCIMENTO DE UMA MARCA MANEIRA

Mais de 150 anos atrás, um homem de barba comprida chamado Hiram Walker produziu sua primeira bebida alcoólica, e ela era fantástica. Ele soube

---

[3] Victoria Barret, "Nasty Gal's Sophia Amoruso: Fashion's New Phenom", *Forbes*, 28 de junho de 2012, http://www.forbes.com/sites/victoriabarret/2012/06/28/nasty-gals-sophia-amoruso-fashions-new-phenom.

[4] Nir Zuk, "Ones to Watch: Sophia Amoruso", *Forbes*, 11 de setembro de 2012, http://www.forbes.com/special-report/2012/forbes-400/ones-to-watch/profiles/0917_ones-to-watch_sophia-amoruso.html.

que um empreendimento de uísque poderia se tornar seu próximo grande negócio e, em 1858, construiu uma destilaria logo depois da fronteira de Detroit, em Windsor, Canadá. O Club Whiskey de Hiram Walker rapidamente decolou. Seu uísque era bom – e a marca ainda melhor. Ele acrescentara a palavra "club" ao nome para brincar com a tendência conhecida de beber nos Gentlemen's Clubs do século XIX – os salões sofisticados com paredes de madeira frequentados por homens distintos (não confundir com os "clubes de cavalheiros" de hoje, com luzes de neon, que conferem menos distinção). A marca "Club" de Walker surtiu efeito, tornando-se a primeira opção dos clientes tanto no Canadá quanto nos EUA.

A destilaria com sede no Canadá logo estava dominando sua concorrência americana, que respondeu pressionando o governo dos EUA a obrigar as marcas de bebida a declarar seu país de origem. Mas a atitude defensiva teve o efeito inverso. Em 1889, a bebida de Walker, brilhantemente rebatizada de Canadian Club Whisky, adquiriu a distinção de um luxo importado.

A fábrica do Canadian Club estava gerando tanto comércio que surgiu uma cidade da empresa – mais tarde chamada de Walkerville – em torno da fábrica, em 1890. Hiram Walker a controlava inteiramente, da polícia ao corpo de bombeiros, passando pelas cerimônias religiosas. Ele até construiu uma igreja, mas quando o pastor falou sobre os males do álcool, esta foi abruptamente fechada. Durante os anos da lei seca – bem depois da morte de Walker, em 1899 – seus filhos assumiram as rédeas. A popularidade do Canadian Club explodiu e a bebida se tornou a opção de contrabando de, entre outros, Al Capone, que ganhou milhões contrabandeando o uísque para os EUA.

A vantagem se manteve por gerações. Finda a lei seca, o Canadian Club foi um dos uísques favoritos dos americanos por várias décadas, em especial nos anos 1960, quando ainda era o uísque de escolha dos moradores de Nova York que viam seu logotipo brilhando na Times Square. Mas, como tantas empresas que se prendem demais aos seus tempos de glória, a marca acabou perdendo seu encanto. Entre os anos 1960, seu apogeu, e 2005, as vendas caíram quase 50%. Em 2005, o Canadian Club foi adquirido pela Fortune Brands (mais tarde Beam Inc.) e uma estratégia conhecida logo ressurgiu: a empresa faria uma renovação recorrendo ao passado pitoresco e próspero do uísque.

Surgindo das sombras de uma sala de reunião com paredes de carvalho, um patriarca másculo, de bigode, fala para a câmera. Com um copo na mão e um sorriso maroto no rosto, ele passeia por uma mansão do século XIX. "Quando os Estados Unidos tiveram essa ideia terrível chamada lei seca, o Canadá lhes deu uma ajuda. O Canadian Club foi o uísque mais vendido clandestinamente nos Estados Unidos, e se há uma coisa que tem um gosto melhor do que uísque, é uísque contrabandeado." Ele explica: "Eu sou o presidente do Canadian Club. Seja bem-vindo." O vídeo cativante é uma propaganda, é claro, e o fictício "presidente do clube" – ao qual a comissão de branding do Jim Beam se referiu como o "Cavalheiro Maneiro", logo se tornou um forte símbolo da divertida reencarnação retrô da marca.

O renascimento retrô do Canadian Club também foi ajudado, primeiro, pela popularidade de *Mad Men*, em que o charmoso executivo de propaganda Donald Draper parece precisar de seu Canadian Club como combustível, e, depois, por *Boardwalk Empire: O império do contrabando*, um drama da HBO que gira em torno do contrabando de Canadian Club para os Estados Unidos. As conexões na TV são dinâmicas. Em um episódio de *Mad Men*, Draper apanha uma garrafa de Canadian Club, vira-se para sua secretária e resmunga: "Por que isso está vazio?"

Mad Men não tinha uma relação *formal* de propaganda do produto com a destilaria, mas quando a série decolou, a equipe de marketing do fabricante de uísque dobrou a aposta no passado vintage do Canadian Club. O objetivo: torná-lo a *outra* bebida dos homens jovens, quando beber cerveja não bastar. Um anúncio, com frequência fixado em mictórios masculinos, mostrava um homem bacana, mulherengo e dono da situação, relaxado em seu porão retrô com parede de madeira. Há uma bela mulher aninhada em seu colo e um copo de Canadian Club em sua mão livre. No anúncio provocativo, lia-se: "Sua mãe não foi a primeira de seu pai." O anúncio dizia que seu pai bebia bebidas clássicas – e nada mais. "Ele saía. Ele dava duas na mesma noite. Ele bebia coquetéis. Mas eram coquetéis de uísque." E a frase final: "Com certeza seu pai bebia isso."[5] O anúncio se utilizava do retrô dando glamour a uma imagem que era tabu naquela época de ouro. Com uma propaganda inteligente, um estilo retrô anos 1960 e uma embalagem clássica, o Canadian Club foi habilmente

---

[5] Canadian Club, Canadian Club Whisky Looking for the Next Big Star for 'Damn Right Your Dad Drank It' Campaign: Could It Be You?", Marketwire.com, março de 2009, http://www.marketwire.com/press-release/canadian-clubr-whisky-looking-next-big-star-damn-right-your-dad-drank-it-campaign-could-nyse-fo-1234739.htm.

posicionado como a bebida escolhida por aqueles que aspiram a captar a masculinidade dos velhos tempos.

Ao revigorar seu passado, o Canadian Club injetou vida nova em uma marca decadente. Em 2012, as vendas de seu CC's Reserve deram um salto de 23% enquanto as vendas do Sherry Cask dobraram.[6] A lição de tudo isso: a maioria das empresas estabelecidas pode extrair ouro de seu passado. As pessoas são seduzidas por histórias, e se você consegue enfatizar as histórias certas, consegue cultivar uma forte conexão com sua marca.

A beleza dos padrões cíclicos é que eles são previsíveis. Você pode se constranger diante de seu suéter estranho de uma década atrás, ou diante daquele terno enterrado no fundo do armário que zomba de seu senso de estilo, mas todas as pessoas reconhecem que os estilos *se repetem*. Muitas marcas e empreendedores se agarram casualmente a esses ciclos, mas outros passeiam por eles habilmente como se fossem ondas.

Outra mensagem importante é que, para se aproveitar de uma tendência cíclica, você não precisa ser o primeiro – precisa simplesmente agir rápido. O Canadian Club não foi o primeiro a identificar a oportunidade retrô. Na verdade, a empresa praticamente recebeu a oportunidade de presente porque os criadores de *Mad Men* estavam pondo o uísque na série de maneira natural. Mas quando a oportunidade veio à tona, a empresa rapidamente estendeu a mão e a agarrou.

TUDO O QUE É VELHO É NOVO DE NOVO

Este capítulo começou com *Mad Men* e faz o ciclo completo, mais ou menos como a tartaruga marinha, voltando para onde começou. *Mad Men* não ajudou apenas o Canadian Club a afastar sua crise da meia-idade. A nostalgia dos anos 1960 que a série estimulou na cultura dominante acabou produzindo muitas oportunidades para todos os tipos de empresas e bebidas. Um bando de fabricantes de automóveis fez propaganda avidamente na série de TV, e a Banana Republic, marca da Gap, criou uma coleção *Mad Men* em 2013, jun-

---

[6] Susan Krashinsky, "Canadian Club on the rocks? Far From It, Thanks to Mad Men", *Globe and Mail*, 19 de abril de 2012, http://www.theglobeandmail.com/report-on-business/industry-news/marketing/canadian-club-on-the-rocks-far-from-it-thanks-to-mad-men/article4105659.

to com várias promoções. Na verdade, a popularidade da série desencadeou um frenesi de festas, produtos e designs relacionados aos anos 1960.

Para concluir com algumas palavras imortais da televisão, apropriadamente pronunciadas pelo próprio Donald Draper em *Mad Men*, "Em grego, 'nostalgia' significa literalmente 'a dor de uma velha ferida'. É uma pontada em seu coração muito mais forte do que apenas uma lembrança." Depois de fazer essa observação, Draper continua, em seu tom grave, a tentar vender a executivos da Kodak um apelo mais profundo para o projetor de slides recém-inventado pela empresa, enquanto o clica lentamente, mostrando slides de sua própria família, do tempo em que eram felizes. "Esse aparelho não é uma nave espacial, é uma máquina do tempo. Ele retrocede e avança... Ele nos leva a um lugar onde ansiamos por ir de novo. Ele não se chama roda. Chama-se carrossel. Ele nos permite viajar como uma criança viaja, rodando, rodando e voltando para casa, para um lugar onde sabemos que somos amados." Esse é o poder de uma tendência cíclica.

SUBPADRÕES DE CICLICIDADE

RETRÔ – A fotografia digital se tornou onipresente, inundando nossas redes sociais com fotos genéricas de objetos do dia a dia, amigos e eventos. Para evocar o estilo artístico de tempos passados, uma equipe de doze programadores criou o Instagram, um aplicativo de mídia social que engenhosamente degrada suas fotos para deixá-las com a imperfeição antiga das primeiras fotografias. Dois anos depois, a equipe vendeu seu negócio ao Facebook por pouco mais de US$ 1 bilhão.

NOSTALGIA – Enquanto o padrão retrô traz de volta períodos dos quais pode ser que não tenhamos feito parte, a nostalgia se utiliza de nossas lembranças específicas. *Toy Story* deu papéis estelares a brinquedos clássicos, reencarnando com sucesso várias marcas memoráveis do passado dos *baby boomers*, como o Sr. Cabeça de Batata, o Telefone Falante e o Traço Mágico.

GERACIONAL – O desodorante Old Spice chegou a titubear porque a marca deixou de reconhecer que os *baby boomers* não se percebem como pessoas que estão ficando velhas. A P&G estava prestes a tirá-lo das prateleiras antes de lançar uma última campanha publicitária estrelada pelo másculo Isaiah Mustaf como "O homem como o qual o seu homem poderia cheirar". A propaganda, que teve como alvo tanto a geração mais jovem quanto os *boomers*, foi um enorme sucesso. Atraindo fenomenais 20 milhões de visualizações, o anúncio (e numerosas sequências) deu nova vida à marca e as vendas quadruplicaram.

ECONÔMICO – Em 1929, apenas três meses após a quebra do mercado de ações, Henry Luce lançou a revista *Fortune*. A publicação de negócios era vendida na época ao preço astronômico de US$ 1, o valor de um suéter de lã. Apesar do preço inicial alto, no fim dos anos 1930, a *Fortune* estava atraindo meio milhão de assinantes e colhendo US$ 7 milhões de lucro por ano, um feito impressionante para qualquer produto caro durante a Grande Depressão. A princípio, isso parece contraintuitivo, mas o gênio de Luce perceberia que os ciclos econômicos criam necessidades novas e menos óbvias. Ele estava vendendo o valor de longo prazo de reportagens financeiras aprofundadas – que eram especialmente úteis durante uma depressão. Os ciclos econômicos sempre desencadeiam necessidades de consumo novas e, com frequência, contraintuitivas, e, nos anos 1930, os investidores estavam ávidos para entender o lado corporativo dos Estados Unidos – como eles acabaram em ruínas e como, onde e quando poderiam se reerguer.

SAZONAL – Desde os anos 1970, os varejistas têm aos poucos aumentado suas horas de funcionamento na Black Friday, o dia após o Dia de Ação de Graças, que se tornou o maior e mais importante para as vendas no varejo. Mas só em 2011 eles decidiram abrir as portas quando o relógio batesse meia-noite na sexta-feira, uma iniciativa liderada pelas lojas Target, Best Buy, Kohl's e Macy's. Em retrospecto, é quase surpreendente que os varejistas tenham demorado tanto para explorar a oportunidade. No ano seguinte, a Walmart havia ampliado radicalmente sua Black Friday, iniciando-a mais cedo na semana.

RESUMO: CICLICIDADE

Ao longo da história, os ciclos econômicos têm gerado padrões de oportunidade. Assim como muitas vezes deixamos de ver os padrões claros de nossas relações e escolhas de vida imperfeitas, em tempos de altas e baixas tendemos a não ver além das tendências óbvias, imediatas. Mas quando esses ciclos econômicos acontecem, muitos padrões maiores se apresentam. Uísque, brilho, roupas, carros, bicicletas e comida são apenas alguns dos produtos que empreendedores e empresas estabelecidas têm revigorado com êxito utilizando-se de um padrão cíclico, tomando emprestadas imagens e enredos de histórias e lucrando com as lembranças e a nostalgia das pessoas.

PARA LEVAR

1. **Espere uma repetição** – Muitas pessoas não se adaptam a padrões cíclicos, mas quando você espera uma repetição, pode abrir sua mente para pistas que levarão a oportunidades.

2. **Aja rapidamente** – Por definição, as oportunidades cíclicas são passageiras. Para vencer, você precisará ser ágil quando perceber uma abertura, assim como a designer de Shu Uemura fez um protótipo dos cílios de diamante num único dia e depois transformou um golpe de publicidade num produto de sucesso.

3. **Preveja a certeza da evolução** – É fácil se deixar levar por cenários correntes bem planejados e pelo conforto do *status quo*, mas preparar-se para o que vem em seguida pode produzir uma vantagem assimétrica.

4. **Olhe além do que os outros já veem** – Tendemos a ver o que é imediato, como a queda ou a alta de preços no mercado de ações. Mas grandes forças criam efeitos cascata. Quando um ciclo econômico acontece, muitas oportunidades menores se apresentam aos poucos. Você precisa ir onde a oportunidade estará em seguida, e não onde ela está. Como Sophia Amoruso fuçando o cesto de roupas empoeiradas do bazar do Exército da Salvação e encontrando uma jaqueta Chanel clássica, você precisa estar à caça da mais sutil das oportunidades.

CAPÍTULO 8

REDIREÇÃO

REDIREÇÃO: A arte de canalizar a força de uma tendência, um comportamento ou uma demonstração de necessidade, em vez de combatê-los. Inclui: refocar, repriorizar, racionalizar, inverter e gamificar.

A redireção envolve reenquadrar habilmente um produto, serviço ou assunto em seu benefício. Pense na Avis transformando a dor de ser sempre a segunda locadora de carros mais popular em um dos slogans redirecionados mais bem-sucedidos da história da propaganda: "Nós nos esforçamos mais (quando você não é o maior, tem que fazer isso)."

Políticos há muito tempo praticam uma redireção sutil por meio do "spin" – pegando uma controvérsia e canalizando-a numa direção mais útil para suas campanhas. Mais recentemente, a Volkswagen lançou um concurso chamado The Fun Theory, desafiando os participantes a resolver problemas do dia a dia usando conceitos "divertidos" que reenquadram convenções. Um bom exemplo foi uma proposta de Kevin Richardson destinada a mudar nossos hábitos no trânsito.

Considere excesso de velocidade e nossa percepção da polícia. Embora em princípio os policiais se dediquem a servir às pessoas de sua comunidade e protegê-las, a maioria de nós raramente os vê assim. Muitos motoristas, por exemplo, têm uma visão fortemente negativa de carros de polícia por um simples motivo: tememos que cada carro de polícia que vemos esteja ali para nos multar por alguma coisa. Isso cria uma dinâmica estranha em que, com frequência, percebemos a polícia como um inimigo.

A solução de Richardson foi chamada de "The Speed Camera Lottery", a loteria da câmera de velocidade.

Câmeras fotográficas foram instaladas numa rua movimentada de Estocolmo e, durante três dias, elas tiraram fotos de 24.857 carros. Richardson explicou: "Uma câmera fotografa motoristas em excesso de velocidade e eles são multados, e esse dinheiro vai para um pote. Mas se você estiver obedecendo à lei, será fotografado, entrará numa loteria e ganhará parte desse dinheiro proveniente dos motoristas em excesso de velocidade."[1] O resultado foi uma redução de 22% nos excessos de velocidade.

Em outra experiência para The Fun Theory, pessoas foram incentivadas a usar a escada comum em vez da escada rolante. Música e diversão as redirecionaram, transformando a escada comum num piano virtual (como no filme *Quero ser grande*, com Tom Hanks) e gerando uma mudança de comportamento fenomenal. O baixo fluxo de pessoas na escada logo se tornou uma enchente. Jovens e velhos dançaram subindo, descendo e em volta da escada, em celebrações espontâneas, e com frequência alegres, que geraram um aumento de 66% no uso da escada comum.

Em seguida, o mesmo grupo fez uma experiência para reduzir o lixo jogado nas ruas. A maioria dos países emite multas por jogar lixo na rua que raramente ajudam a reduzir o problema. Em Estocolmo, pesquisadores quiseram ver se conseguiam fazer mais pessoas usar latas de lixo, tornando-as divertidas. Com essa finalidade, eles instalaram um dispositivo com gravações de efeitos sonoros aleatórios no fundo de uma lata de lixo pública. Imagine passar apressado por uma lata de lixo, jogar alguma coisa ali e ouvir assobios, zumbidos, guinchos e chiados que você esperaria ouvir num videogame. Mães com bebês e crianças começaram a se reunir em torno da lata de lixo mágica, jogando ali o que quer que pudessem encontrar. Num único dia, 72 quilos de lixo foram jogados na lata – 41 quilos a mais do que o normal.

O que esses experimentos demonstram é como muitas rotinas ou situações tradicionais podem ser redirecionadas por meio de uma nova abordagem. O maior passo é reconhecer que os velhos métodos não terão êxito. Você não

---

[1] Kevin Richardson, "The Speed Camera Lottery", The Fun Theory, 12 de novembro de 2010, http://www.thefuntheory.com/speed-camera-lottery-0.

pode lutar contra uma força imbatível, mas pode canalizar o impulso em seu benefício.

CONCURSOS DE XIXI, CERVEJA E O PODER DO REDIRECIONAMENTO INTELIGENTE

Como você impede os homens de sujar a cidade com um lixo mais nocivo – urinar nas ruas? Essa tarefa pode parecer estar além dos domínios de um livro de negócios, mas, conforme se viu, a Waternet – o serviço público de água de Amsterdã – encontrou uma solução para esse dilema na força do redirecionamento.

Todo ano, para marcar o aniversário da rainha, os holandeses vestem suas adoradas roupas laranja e comemoram a data nas ruas com uma bebedeira pública de 24 horas. É o Carnaval dos holandeses, mas as ruas são inundadas por outra coisa além de patriotismo: uma verdadeira maré amarela. Durante as comemorações, os homens se aliviam descaradamente nas ruas e canais. Eles chamam isso de *pissen gehen*, e você não precisa falar holandês para saber o que isso significa. Um funcionário da Waternet explicou: "Muita gente não sabe a diferença entre um banheiro e um canal no Dia da Rainha."[2]

Então ponha-se na posição da Waternet. Para eles, os córregos formados pelos bêbados eram não apenas nojentos, mas uma ameaça real ao meio ambiente e à saúde pública. O serviço público estimou que no Dia da Rainha 11.500 litros de urina eram derramados nos canais. E o que é pior: os canais também são a fonte da água potável da cidade.

Como redirecionar "o fluxo"? Com um milhão de pessoas festejando em toda a cidade, esse tipo de comportamento se torna incontrolável. Multas só provocariam discórdia. O *pissen gehen* se tornara um rito de celebração contracultural.

Em vez de ordenar o fim do *pissen gehen*, a Waternet *redirecionou* o comportamento. O serviço público aceitou a realidade de que os festeiros bêbados se tornam rebeldes. Em vez de combater a tendência, imaginou maneiras de

---

[2] "ACHTUNG! for Waternet on Queensday 2012 Advertising Campaign", 9 de maio de 2012, http://youtu.be/wvOh6fvIQPc.

canalizar o ímpeto da rebelião. Com ajuda da Achtung, uma agência de propaganda digital, a Waternet desenvolveu o Potje Pissen, um mictório semelhante a um videogame interativo. O Potje Pissen era um novo tipo de jogo competitivo ao ar livre, não muito diferente dos jogos de parques de diversão em que a pessoa tenta acertar objetos disparando uma pistola de água. Sem a pistola. Você só precisava de uma bexiga cheia e um bom objetivo para vencer.

O nome engenhoso significa "mije fora".* O vídeo promocional da Achtung sugeria com certo humor: "Para fazer [os homens] urinarem no lugar certo, criamos um mictório que recompensa por cada gota."³

As pessoas rapidamente entenderam o espírito, ávidas para vencer seus amigos (até algumas mulheres participaram). A Waternet chegou a se oferecer para pagar a conta de água anual do Grande Campeão Mijador da cidade. Quando você pensa em um público-alvo – homens jovens embriagados – é fácil entender por que o jogo decolou. A Waternet transformou o comportamento arruaceiro em diligência ao torná-lo um concurso divertido.

O jogo foi um triunfo. Protegeu os canais, modificando com habilidade o comportamento público, e mudou a percepção do serviço público, conferindo-lhe uma imagem associada a diversão e criatividade. Por não se levar a sério demais, a Waternet parecia mais acessível e divertida. Essa conexão permitiu ao serviço público transmitir com mais sucesso sua mensagem central, gerando um redirecionamento de longo prazo do mau comportamento público. Longe de lutar contra a tradição travessa, a Waternet a tornou ainda *mais divertida* e ao mesmo tempo alcançou seu objetivo.

Esse desafio pode parecer incomum, mas foi importante. Lidar com um grupo imenso e indisciplinado exigiu uma mudança de raciocínio, o que faz parte da magia da redireção. E é assim que, em vez de lutar contra uma força incontrolável, você pode canalizar o impulso em seu benefício.

---

* Em inglês, *piss off*, que também significa "cai fora" ou "vá embora". (N. do T.)
³ "Achtung! for Waternet on Queensday 2012", vídeo promocional, http://www.youtube.com/watch?v=5_Dmuf1Mtuw.

BATATAS DA REALEZA, GOSMA COR-DE-ROSA E ESCAPANDO DE UM ATAQUE

Frederico II foi um incansável inovador criativo que sonhava em fazer a diferença. Música e cultura foram suas primeiras paixões, mas seu pai exigia que ele se concentrasse no comércio da família. Freddy resistiu e fugiu, mas foi capturado, levado de volta para casa e obrigado a trabalhar no negócio da família. Sua primeira lição foi a de que você não consegue ir muito longe de casa quando seu pai é o rei da Prússia.

Mais tarde chamado de Frederico, o Grande por suas proezas militares, Freddy acabou assumindo o lugar de seu pai. Como precoce identificador de tendências, ele percorreu o mundo em busca de inovações, observando com eloquência que "o maior e mais nobre prazer que temos nesse mundo é descobrir novas verdades, e o segundo é se livrar de velhos preconceitos".[4] Uma ideia que lhe chamou a atenção foi um alimento milagroso da América do Sul: a batata. Freddy viu um potencial em batatas prussianas e apresentou a planta a seu povo. Mas não conseguiu convencer muita gente de que valia a pena comer batatas, tão marrons, duras e cheias de protuberâncias.

Freddy tentou uma tática diferente: tornou as batatas obrigatórias. Sim, por lei, todos os cidadãos deviam comer batatas. Mas quando ele emitiu uma ordem para seus súditos plantarem batatas a fim de se defenderem da fome, o povo de Kolberg reagiu: "Essa coisa não tem cheiro nem gosto, nem os cães querem comer, então que utilidade isso tem para nós?"[5] Como crianças instruídas a comer legumes, eles resistiram ao gosto sem graça e obrigatório da batata.

Por fim, Freddy desistiu publicamente. Ele declarou que as batatas eram agora vegetais reais, para serem consumidos apenas pela realeza. Suas preciosas batatas estavam agora fora dos limites. Doravante, seriam plantadas apenas no jardim real e vigiadas – embora de maneira calculadamente relaxada.

Freddy sabia, é claro, que fazendo isso provocaria o desejo de comer o alimento proibido. Mais ou menos como na estratégia do Red Bull de pôr advertências em seus rótulos, o rei estava empregando um pouco da esperta

---

[4] *Orissa Review*, Home Department, Governo de Orissa, 1890.
[5] *Discovery: A Monthly Journal of Popular Knowledge* (1949): 311.

psicologia reversa. Em pouco tempo, parecia que quase todo mundo estava roubando, plantando e comendo batatas prussianas. Mas, misteriosamente, ninguém era punido. O rei acabou realizando seu desejo – as batatas se tornaram um sucesso. A lição: por entender a mentalidade rebelde de seus súditos, Freddy revolucionou a cadeia alimentar prussiana.

Avance trezentos anos e as batatas de Freddy são agora um alimento básico no McDonald's. Mas o amado e odiado gigante das lanchonetes é objeto de semelhantes críticas e rumores prejudiciais de clientes que perguntam: "Você já se perguntou por que as batatas fritas do McDonald's nunca estragam?", ou "Como eles põem aquela gosma cor-de-rosa no Chicken McNuggets?", ou "Será que é carne mesmo ou apenas uma marca registrada chamada '100% Carne Bovina'?".

Enfrentar rumores tornou-se essencial para marcas em nossa era fomentada pela mídia social. Assim como no caso de Frederico, o Grande, era inútil para o McDonald's tentar conter a onda de comentários públicos sobre a qualidade de sua comida; em vez disso, eles precisavam aproveitar isso como um impulso, divulgando os benefícios de sua comida de maneira não convencional. Em 2012, a empresa tomou a palavra, patrocinando uma enorme campanha no Twitter, #McDStories, na esperança de que os clientes compartilhassem lembranças divertidas e nostálgicas do McDonald's, o que, por sua vez, promoveria a marca. Infelizmente, os resultados não foram o que a empresa esperava.

Uma hora depois, milhares de pessoas estavam divulgando histórias vergonhosas do McDonald's. "Comi um McFish e vomitei uma hora depois"; "Uma unha em meu BigMac"; "Eu pude sentir o cheiro de diabete tipo 2 pairando no ar e pus tudo pra fora". A mídia tradicional pôs mais lenha na fogueira. Os tuítes mais desfavoráveis estavam agora gerando milhões de impressões negativas em dezenas de jornais. A revista *Forbes* resumiu o desastre num artigo intitulado "From Hashtag to Bashtag", fazendo um trocadilho com a palavra *bash* ("golpe" ou "surra").

Como Frederico, o Grande e o McDonald's aprenderam, há uma grande diferença entre transmitir uma mensagem falsa sobre um produto e saber os passos sutis para mudar as percepções. O McDonald's reconheceu a megatendência da mídia social, mas não enxergou a convergência de várias tendências conflitantes, como os ataques a marcas e a necessidade de autenticidade corporativa.

Sem se deixar intimidar pelo fracasso inicial, o McDonald's retornou com "Your Questions Answered", uma campanha imaginada por um estagiário que tinha a combinação certa de transparência e humildade. Em vídeo e texto, gerentes do McDonald's prometiam responder a "qualquer pergunta que não tenha palavrão".

Muitos clientes fizeram uma pergunta que com frequência eu fazia a mim mesmo: "Por que os hambúrgueres nunca têm a mesma aparência que têm nas fotos?" A diretora de marketing apresentou a primeira resposta em um vídeo no YouTube. Ela foi filmada comprando um hambúrguer e passando por todas as etapas de preparação que levam a um pedaço de carne pronto para um cartaz. Surpreendentemente honesto, o vídeo gerou 8 milhões de impressões, críticas positivas, mais lealdade à marca e toda uma série de visões internas surpreendentemente autênticas e bem-sucedidas sobre pessoas e alimentos do McDonald's.

A mídia social criou um novo campo de jogo, tornando o spin e a psicologia ferramentas bem mais importantes do que eram antes. Quando seu produto enfrenta adversidades e rumores, uma comunicação cuidadosa e redirecionada pode pôr a discussão sob uma luz muito mais positiva.

O potencial de um produto ou ideia se tornar viral muda a curva de resultados. Se o McDonald's tivesse simplesmente respondido a cada pergunta em particular, poderia ter mudado algumas mentes, mas teria feito pouco para mudar a percepção geral. Mas, ao produzir vídeos sinceros e ponderados, mostrando os rostos e as personalidades dos homens e mulheres que estão nos bastidores, a empresa criou um entretenimento compartilhável que desencadeou milhões de visualizações e modificou a opinião pública sobre seus produtos.

PRODUZINDO DESEJO

Você tem o poder de reposicionar a realidade.

Há mais de meio século, ficamos fascinados com a percepção de que anéis de diamante são inestimáveis, gastando literalmente dezenas de bilhões de dólares em pedras reluzentes. Mas, de uma perspectiva financeira, uma joia de diamante comprada em uma loja não tem um valor intrínseco e digno de investimento. Uma joia de diamante é semelhante a um vinho com o preço triplicado num restaurante. Quando o comprador de um anel sai da loja, sua nova e brilhante aquisição perde até 65% do valor. Mais surpreendente ainda é o fato de que os diamantes nem sempre foram o melhor amigo de uma garota. Antes de 1938, o ritual de trocar anéis de noivado não era de forma alguma difundido, e as pedras em si não eram consideradas raras.

Hoje, a indústria de diamantes está florescendo, com muitos de seus atores vendendo produtos divergentes de nicho, como diamantes gravados a laser e diamantes não oriundos de zonas de conflito. Minha curiosidade em relação a essa indústria foi despertada alguns anos atrás, quando fiz uma apresentação para pessoas do ramo. Várias conversas com negociantes e executivos me levaram a mergulhar fundo na história da pedra favorita dos americanos.

É curioso que, diferentemente dos metais preciosos, que podem ser derretidos e vendidos por seu valor intrínseco, os diamantes são simplesmente uma forma extrema de carbono, o elemento mais comum do universo. Diamantes autênticos, com certificação, podem ser fabricados utilizando-se pressão intensa ou detonação explosiva. Podem também ser cultivados por meio de um processo de laboratório chamado deposição química de vapor, ou CVD. Esse processo complexo forma um diamante com tal precisão que as pedras resultantes são estruturalmente superiores aos diamantes extraídos de minas.

Então, se os diamantes nunca foram realmente raros, e se hoje você pode fabricar versões mais perfeitas deles em laboratório, como eles se tornaram o símbolo do amor verdadeiro? A resposta é uma lição sombria sobre o poder de lançar uma nova tendência. O desejo fabricado por diamantes é talvez um dos exemplos mais famosos da história de uma empresa que explorou um padrão de redireção.

Nossa história começa nos anos 1870. Financiadas por investidores britânicos, minas de diamante no Brasil e na Índia estavam rendendo quantidades modestas da pedra semipreciosa. Mas nas décadas seguintes foram descobertos imensos depósitos sul-africanos. Para impedir que esses diamantes inundassem o mercado mundial, os britânicos organizaram um cartel, chamado De Beers Consolidated Mines, Ltd. Controlando toda a distribuição, estocando diamantes e regulando o abastecimento, o cartel mantinha os diamantes escassos e os preços altos. Mas essa conquista financeira teve um custo humano elevado. Atolada em controvérsias, a De Beers tem sido fortemente criticada por explorar trabalhadores e países africanos, e por organizar um monopólio internacional que manipulava o fornecimento e os preços.

No início do século XX, os anéis de diamante de noivado não eram comuns, e a procura por diamantes nos Estados Unidos estava despencando. Em 1919, a procura caíra 50% em relação a seu auge, algumas décadas antes. Compradores ricos procuravam outras pedras e metais preciosos, como rubis, safiras e ouro. Em 1938, a De Beers levou esse problema à N.W. Ayer & Son, uma grande agência de propaganda com sede em Nova York. O objetivo era inventar uma associação emocional profunda entre diamantes e romance. Em 1981, memorandos da Ayers para a De Beers foram descobertos por *The Atlantic*, que parafraseou a estratégia: "Seria crucial incutir [em homens jovens] a ideia de que os diamantes eram um presente de amor: quanto maior e melhor o diamante, maior a expressão do amor."[6]

Para fazer isso acontecer, a De Beers precisaria criar uma forte percepção de que as pessoas afluentes querem diamantes e de que estes são tão valiosos que as mulheres nunca se separarão deles.

O programa de redireção da De Beers começou, de fato, com um plano elaborado cuidadosamente, e em vários níveis, para associar os diamantes a propostas de casamento, o símbolo supremo do amor jovem na civilização moderna e, de maneira menos glamourosa, sua promessa de estabilidade financeira. Ao longo do ano seguinte, a De Beers foi adiante e mostrou estrelas do cinema, membros da realeza britânica e celebridades dando diamantes como presentes de amor. Os diamantes foram inseridos em filmes, e campanhas de relações públicas levaram designers e celebridades a falar sobre a tendência dos diamantes. Graças a suas ligações britânicas, a De Beers conseguiu visitas altamente divulgadas da rainha a minas de diamante sul-africanas. Um dos primeiros pasquins sobre celebridades, o *Hollywood Personalities,* prestou especial atenção aos anéis de diamantes. Anúncios totalmente coloridos, raros e caros na época, mostravam obras de arte históricas ao lado de diamantes.

Em 1947, as vendas haviam crescido significativamente, mas a N.W. Ayer & Son ainda achava que a ligação psicológica precisava ser fortalecida. "Estamos lidando com um problema de psicologia em massa", observou um memo-

---

[6] Edward Jay Epstein, "Have You Ever Tried do Sell a Diamond?", *The Atlantic*, fevereiro de 1982, http://www.theatlantic.com/past/issues/82feb/8202diamond1.htm.

rando. "Buscamos... fortalecer a tradição do anel de noivado de diamante – para torná-lo uma necessidade psicológica capaz de competir com êxito no nível do varejo com bens e serviços de utilidade..."[7]

Ao executar essa estratégia, um redator chamado Frances Gerety criou a frase "Um diamante é para sempre" – a pérola de uma campanha nacional de muitos milhões de dólares que hoje continua sendo o selo de distinção da De Beers. Apesar dos aspectos profundamente complicados da produção internacional de diamantes, o slogan ajudaria a tornar o anel de diamante uma expectativa social duradoura. Alguns anos depois, o status icônico do diamante foi fortalecido por um show da Broadway de 1949, *Gentlemen Prefer Blondes*, em que Carol Channing ronronava: "Os diamantes são o melhor amigo de uma garota." Na época em que a versão para o cinema, *Os homens preferem as loiras*, estrelada por Marilyn Monroe, foi lançada, em 1953, os diamantes haviam se tornado a suprema declaração de romance. Em 2000, a *Advertising Age* considerou "Um diamante é para sempre" o melhor slogan do século XX.

Posicionar o anel de noivado de diamante como uma expressão de amor icônica foi uma redireção tremendamente lucrativa. Ao associar seu produto com compromisso e noivado, a De Beers criou uma ligação psicológica praticamente inquebrável. A história da De Beers é também uma história única de como as empresas produzem percepções. A De Beers foi capaz de redirecionar milhões de pessoas no mundo, fazendo-as acreditar que os diamantes eram raros e necessários ao amor, enquanto afastava a atenção do imenso sofrimento humano exigido para extraí-los. É uma história admonitória, mas também uma prova do poder da redireção.

Uma das mensagens de redireção mais significativas da De Beers é o valor de associar cuidadosamente seu produto a algo maior – seja uma ação positiva, um ritual, uma tradição ou uma emoção. Reforçando com persistência essa ligação, seu produto pode atrair forças culturais para impulsioná-lo para o sucesso. Por exemplo, a Coca-Cola se beneficia de uma forte ligação com a emoção da alegria, que é cuidadosamente transmitida em todas as suas campanhas publicitárias por meio de jingles, músicas e marketing de Natal. A Apple, por sua vez, está fortemente ligada a música e simplicidade.

---

[7] Ibid.

Num exemplo mais empresarial, considere o que aconteceu quando a escritora Carol Aebersold e suas filhas gêmeas, Chanda Bell e Christa Pitts, escreveram um livro chamado *The Elf on the Shelf: A Christmas Tradition*. Trata-se de uma encantadora história de família sobre um elfo que viaja toda noite (para que Papai Noel saiba quem tem sido desobediente ou bacana) e magicamente aparece em algum lugar novo em sua casa na manhã seguinte. "Você pode encontrá-lo em qualquer lugar, dentro da geladeira (que lembra o Polo Norte) ou pendurado em seu candelabro", escreveu a *Fox Business*. "As crianças são solicitadas a não tocar no elfo, porque assim ele perderia sua magia, mas são incentivadas a lhe dizer qualquer recado especial que elas tiverem para Papai Noel."[8] Todas as grandes editoras rejeitaram a história infantil, menosprezando-a com comentários como "crianças não gostam de livros rimados", "isso está destinado ao cesto de mercadorias com defeito" e, a favorita de Pitts, "talvez outra pessoa devesse escrever isso". Mas a família não seria dissuadida. Ela publicou por conta própria e acrescentou um boneco de elfo dentro da embalagem.

Posicionando explicitamente *Elf on the Shelf* como uma tradição maravilhosamente divertida, o elfo e o livro passaram a ser associados ao feriado, o que resultou num sucesso colossal. Só em 2011, as vendas chegaram a US$ 16 milhões.

SUBPADRÕES DE REDIREÇÃO

RACIONALIZAR — Se seu produto tem uma característica ou atributo que se destaca, você pode usar uma justificativa para transformar a singularidade no benefício central. Eu cresci ouvindo o slogan do popular xarope para tosse Buckley's: "É horrível, mas funciona!" Este foi um redirecionamento inteligente que transformou o gosto amargo do xarope num argumento de prova. De maneira semelhante, os carros da Volvo não eram considerados atraentes há muito tempo, mas então a empresa chamou atenção para a segurança deles e aumentou as vendas com uma campanha famosa: "Eles parecem caixas, mas

---

[8] Michele Heilies, "Are You Setting on Your 'Elf on the Shelf'?", *FOX Business*, 20 de dezembro de 2012, http://smallbusiness.foxbusiness.com/entrepreneurs/2012/12/20/are-sitting-on-your-elf-on-shelf.

são bons." Por fim, instituições financeiras de base digital – da eTrade à ING – promoveram sua falta de filiais físicas como uma economia para os clientes, em vez de uma inconveniência.

REFOCAR – Karen Klein é uma ex-motorista de ônibus escolar de 68 anos que era intimidada e perseguida por um ônibus cheio de crianças horríveis. Inacreditavelmente, elas tiveram o descaramento de gravar em vídeo suas agressões verbais e mostrá-las no YouTube. A maioria das milhões de pessoas que viram a gravação ficou indignada. Um dos espectadores, em particular, chamado Max Sidorov, criou uma campanha de crowd-funding no Indiegogo para proporcionar umas férias a Karen. Mais de US$ 650 mil foram doados à campanha em menos de uma semana e entregues a Karen (ela depois abriu a Karen Klein Anti-Bullying Foundation). Sidorov inverteu o foco da atenção viral das intimidações e gozações e refocou a discussão para uma causa mais nobre.

REPRIORIZAR – Às vezes compensa deixar de priorizar a perfeição. Theo Lioutas, um de meus clientes, descobriu isso quando era diretor de novos produtos e tecnologia da Tropicana. O sucesso inicial desse fabricante de sucos estava associado à sua qualidade superior e à sua certificação como suco de laranja Nota A da Flórida. Lioutas explicou que a classificação significava que o suco era perfeito de acordo com regras rígidas, incluindo pureza total, sem os gominhos da polpa. A busca obstinada por essa classificação começou, porém, a reprimir inovações internas, porque ninguém ousava apresentar produtos que pudessem ameaçar o selo. Ao tirar o foco da "Nota A", a empresa conseguiu liberar a criatividade e acabou desenvolvendo o suco HomeStyle ("como em casa"), que se tornou efetivamente o primeiro suco com polpa produzido em massa e ajudou a Tropicana a se tornar o maior fabricante de sucos do mundo.

INVERTER – Teddy Roosevelt estava prestes a iniciar uma turnê de campanha nacional quando sua equipe percebeu que imprimira um milhão de folhetos sem permissão para usar uma foto que tinha direitos autorais. Além disso, o fotógrafo normalmente exigia US$ 1 por cada uso de imagem. Sem tempo para imprimir novos folhetos, Roosevelt procurou o fotógrafo. Em vez de lhe pedir um preço, ele inverteu a abordagem e explicou que estava pensando em usar a foto, o que, com o crédito que a acompanharia, daria uma tremenda publicidade ao artista. Roosevelt ofereceu esse direito ao artista por US$ 100 e, sim, o artista pagou.

SURPREENDER – Uma surpresa inesperada pode ser muito bem-sucedida, principalmente quando relacionada a produtos ou serviços sobre os quais os consumidores construíram expectativas. As viagens aéreas, por exemplo, são uma indústria que os consumidores em geral percebem como um mal necessário. As pessoas com frequência supõem que poucas companhias aéreas realmente se importam com seus clientes. Para tirar o foco das pessoas de todos os motivos pelos quais elas detestam viajar de avião e redirecioná-lo, a empresa aérea KLM pesquisou os passageiros em perfis nas redes sociais, descobriu seus gostos e os surpreendeu com presentes em suas poltronas. De maneira semelhante, a companhia aérea WestJet pôs uma mensagem digital para Papai Noel para os passageiros que faziam o check-in para um voo. Crianças e adultos escanearam seu cartão de embarque e disseram a Papai Noel o que queriam no Natal. Quando os passageiros desembarcaram, a empresa havia agido para surpreender todos eles com o presente desejado. O vídeo do voo de Papai Noel teve 20 milhões de visualizações na primeira semana.

GAMIFICAR – Há anos temos visto o poder dos programas de recompensas por viagens, pelo uso de cartões de crédito e até por consumo em lanchonetes. Nos últimos anos, houve um progresso significativo nas pesquisas sobre mecanismos de jogos e na aplicação dessa teoria em problemas do mundo real, como vimos na história da Waternet, o serviço público de água de Amsterdã. O SPARX é outro exemplo de mecanismo desse tipo. Trata-se de um novo jogo que ajuda crianças a lidar com a depressão ensinando a elas como dominar situações difíceis (O SPARX ganhou o World Summit Award das Nações Unidas). Já o Kahnoodle é um aplicativo que ajuda casais dando a cada um de seus membros desafios (e recompensas) para apimentar a relação. E o Sleepcycle é um aplicativo de celular que acompanha seus hábitos durante o sono, incluindo a frequência com que você se mexe na cama, ronca e por aí em diante. A próxima onda consiste em empresas não relacionadas a jogos que estão desenvolvendo uma gamificação em sua força de trabalho, seus produtos e suas estratégias de venda. A OTower, por exemplo, tem trabalhado com empresas de serviço público para gamificar a economia de energia nos lares apresentando comparações de gastos de energia no bairro. Os esforços de gamificação da empresa economizaram dois terawatts de energia em 2013, quase o suficiente para abastecer Las Vegas por um ano. Ao distrair as pessoas do fato de que o que elas estão fazendo é "trabalho", empresas podem motivar funcionários e clientes a serem mais eficientes e produtivos e ao mesmo tempo se divertirem.

RESUMO: REDIREÇÃO

Em vez de competir com uma força ou se rebelar contra ela, a redireção envolve refocar, mudar, permutar, reaproveitar, reposicionar, consertar um erro e gamificar uma experiência. Trata-se da arte do spin. Longe de estar relacionada apenas à mensagem de um político, a redireção pode ser uma ferramenta importante para um caçador.

PARA LEVAR

1. **Não lute contra uma força se você pode recanalizá-la** – Com uma redireção, você não está seguindo uma tendência nem se opondo a ela. Você está mudando o foco para sua vantagem e depois capitalizando sobre o impulso. Esta pode ser uma ferramenta mais fácil e mais eficiente para lidar com relações públicas ruins e outras situações difíceis.

2. **Gamificar o comportamento pretendido** – Se seu desafio exige uma mudança no comportamento humano, considere a eficácia da gamificação. As pessoas adoram jogar e já estão familiarizadas com dezenas de modelos e cenários de jogos. A gamificação é um atalho conveniente e eficiente para a redireção.

3. **Domine a arte do spin** – Os políticos usam há muito tempo formas sutis de redireção sob o rótulo de "spin" – pegando uma controvérsia ou um protesto público e canalizando-os numa direção mais útil para suas campanhas. Empresas e empreendedores têm a mesma oportunidade, mas com frequência a perdem porque, à primeira vista, é mais difícil identificar uma abordagem contraintuitiva.

4. Não siga cegamente a primeira "grande" tendência – Tanto Frederico, o Grande quanto o McDonald's encontraram uma grande ideia que ficaram ávidos para explorar, mas – como acontece com tantos outros – em seus esforços iniciais eles correram cegamente para um novo território, sem considerar os resultados potenciais. É melhor observar e esperar antes de atacar.

5. Planeje o sucesso por meio de psicologia – Prejudicados por erros iniciais, tanto o rei Frederico quanto o McDonald's tentaram outras estratégias. Frederico usou a psicologia reversa para levar seus súditos a experimentar algo novo. Já o McDonald's lidou de maneira astuta com rumores negativos ao levá-los para um ambiente de vídeo, controlado, onde foi mais fácil modificar o diálogo.

CAPÍTULO NOVE

REDUÇÃO

REDUÇÃO: Simplificar um conceito de negócio ou focá-lo mais em uma ideia específica. Inclui: especialização, remover camadas e passos, fracionar, crowd-sourcing, assinaturas, localização e eficiência.

Maior é melhor, ou assim somos instruídos a acreditar. Infelizmente, essa busca por tamanho nos orienta mal e leva as pessoas a deixar de ver os pequenos conceitos que podem se tornar oportunidades prósperas. Lojas com um único propósito – cupcakes, iogurte, suco fresco ou queijo quente – são exemplos de negócios prósperos no mundo real que capitalizam sobre a especialização em pequenos lotes.

Na internet, novos e repentinos sucessos de nicho surgem toda semana, como o Dollar Shave Club, que mantém homens preguiçosos em dia com seus produtos de higiene pessoal por meio de entregas mensais, ou o Just White Shirts, um negócio de muitos milhões de dólares para pessoas de gostos simples.

Enquanto isso, a televisão passou a exibir reality shows de hipernicho, como *House Hunters*, *Toddlers and Tiaras*, *Caminhoneiros do gelo* e *Trato feito*. A Trend Hunter chegou a capitalizar sobre essa tendência anos atrás, fazendo crowd-sourcing de ideias de game-shows de nicho para o bilionário Jon de Mol, criador de *Fear Factor* e *Big Brother*.

As oportunidades de redução passam às vezes despercebidas porque procurar mercados menores e mais simples com frequência significa que você tem de "desistir de alguma coisa". Os donos de negócios tendem a se preocupar com vantagens e desvantagens sem perceber que os consumidores na verdade preferem produtos específicos para suas necessidades estritamente definidas.

No campo dos aparelhos eletrônicos de consumo, por exemplo, máquinas fotográficas, celulares, laptops e tablets evoluíram, de início, acrescentando características, velocidade e potência. Mas a marca de maior sucesso em imagens digitais em dezembro de 2012 não era Canon nem Nikon, e sim um novo nome no mercado: GoPro, fabricante de uma câmera de vídeo simples e de grande abertura angular, otimizada para experiências de ação. Essa câmera descomplicada tem apenas dois botões: um para ligar e outro para opções. Não há visor padrão nem opções de lente. Apenas aponte e filme. Vendida por US$ 300 a US$ 400, a GoPro não é barata, mas seu preço também não é exorbitante. Muitos clientes compram várias GoPros para filmar suas aventuras de ângulos diferentes (eu tenho quatro: duas para o trabalho e duas para me divertir).

Quando o entusiasta de aventuras Nicholas Woodman abriu a GoPro, em 2003, a indústria da fotografia era dominada por gigantes como Kodak, Canon e Nikon. Apesar de suas amplas séries de produtos, nenhum desses gigantes tinha uma câmera simples e adequada às necessidades de Nicholas quando ele quis imortalizar suas conquistas no surfe. Os smartphones e as câmeras digitais SLR e com várias funções eram incômodos demais para registrar suas proezas. Então Woodman amarrou uma Kodak descartável na cintura e partiu para as ondas. Em cada protótipo adicional ele fazia algo mais simples. Um ano depois, ele tinha uma câmera básica cujas vendas o ajudariam a se tornar um bilionário em menos de uma década.

A maioria das pessoas entende o poder dos produtos de nicho e para segmentos demográficos. Mas isso nem sempre leva a uma ação. Mal orientados, muitos CEOs buscam um mercado de massa quando seria mais inteligente pensar menor. Essa abordagem equivocada acontece com frequência em grandes empresas, e o resultado é uma proposição de valor diluída, que simplesmente não consegue inspirar o amor pela marca. Se você quer que as pessoas amem o que você apresenta, precisa criar produtos irresistíveis para um grupo específico.

A redução consiste em poder de nicho e simplicidade ao extremo. Consiste em produtos e serviços com alvos tão específicos que eles se sobressaem em meio à confusão de um mundo que tem de tudo para todos.

Vamos começar por uma ideia simples nascida de uma das piores dores emocionais que uma pessoa pode imaginar.

DIAMANTES, VINHO TINTO E CORAÇÕES PARTIDOS

Às vezes a oportunidade está à espreita nos maiores fracassos de um indivíduo.

Josh Opperman era um pesquisador de mercado em Nova York que tinha tudo certinho. Até que, após um dia movimentado, trabalhando para a revista *Wine Spectator*, ele voltou para seu apartamento em Manhattan e descobriu que sua noiva havia ido embora. Depois de anos de namoro e três meses de noivado aparentemente felizes, ela deixara apenas um objeto para trás: o anel de noivado de US$ 10 mil que ele lhe dera. Ele explica: "O bonito anel de noivado de diamante estava sobre a mesa de centro, olhando para mim como se dissesse 'Então, e agora?'"[1]

Arrasado, Opperman esvaziou o apartamento e saiu para devolver o anel. Pelo menos ele poderia receber seu dinheiro de volta. Ou foi o que pensou. Acontece que o joalheiro não estava disposto a comprá-lo de volta por nenhum preço próximo ao que ele pagara. Como acontece com quase todos os anéis de noivado de diamante, o custo no atacado para o joalheiro era aproximadamente um terço do preço no varejo. O anel de diamante de US$ 10 mil de Opperman valia apenas US$ 3.500. Agora, ele estava se sentindo não apenas rejeitado, mas financeiramente enganado.

Embora tentado a pegar o dinheiro e ir embora, ele decidiu ver se conseguia criar uma opção melhor. Opperman sabia que metais preciosos, como ouro e prata, têm um valor intrínseco que faz o colar de ouro de sua avó valer mais hoje do que antigamente. Os anéis de diamante são diferentes e, quando ampliou sua pesquisa, ele descobriu uma oportunidade única.

O que faz um cara de coração partido quando precisa se livrar de um anel caro? Casas de penhor, eBay e Craigslist são opções tradicionais, mas todas elas têm desvantagens. "Eu li muitas reclamações de pessoas sendo enganadas no eBay", contou-me Opperman. "Pessoas vendem peças falsas, zircônia cúbica (imitação de diamante), anéis Tiffany falsos."

---

[1] Josh Opperman, "Our Founder's Story", I Do Now I Don't, acessado em 1º de setembro de 2014, http://www.idonowidont.com/I-do-founder-josh-opperman-story.

Em 2007, Opperman e sua irmã abriram um negócio na internet chamado I Do Now I Don't. O site foi lançado com apenas alguns milhares de dólares, e Opperman via aquilo mais como um pequeno projeto secundário. Mas sua irmã era uma profissional de relações públicas talentosa. Ela começou a escrever comunicados à imprensa e três semanas depois Opperman estava aparecendo na CNN.

Por mais depressivo que possa parecer, o I Do Now I Don't cresceu e se tornou o maior comércio para homens e mulheres jovens de coração partido que querem se livrar de anéis de noivado indesejados. Caçadores de pechinchas economizam pagando bem menos do que no varejo, e os vendedores recuperam, em média, mais da metade do que pagaram. O ponto problemático a mais que Opperman resolveu foi a necessidade de fazer transações seguras, verificadas por um gemólogo. Removendo esse obstáculo, ele criou um mercado de muitos milhões de dólares para vendas seguras de joias.

Em poucos anos, Opperman estava intermediando a venda de mais de mil anéis por ano, com preços variando de US$ 1 mil a US$ 30 mil. Em 2012, isso resultou numa receita superior a US$ 3 milhões. Seu negócio começou até a atrair concorrentes – sempre um sinal de sucesso – como DivorceYourDiamond.com e ExboyfriendJewelry.com.

Considerando que cerca de um milhão de relações são rompidas por ano só nos Estados Unidos, Opperman estima que o mercado americano potencial para seu negócio seja de 1,7 milhão de alianças de casamento anualmente, totalizando US$ 4,2 bilhões em preços de varejo. (E se isso não é um final feliz o bastante para seu rompimento recente, ao longo do caminho ele encontrou o verdadeiro amor de sua vida e agora está casado e feliz.)

Quando eu o entrevistei, Opperman foi claro em relação ao valor da simplificação. "Se você foca em uma ideia de início, e faz isso da maneira certa, você pode ser mais bem-sucedido", disse ele. "Se tivéssemos vendido todo tipo de joia, teria sido muito mais difícil."

O foco de nicho de seu negócio cria uma vantagem de marketing, mas isso não é tudo; há outro fator redutor em seu modelo de negócio. Opperman simplifica a transação, reduzindo o número de camadas entre comprador e vendedor. Num exemplo correlato, eu entrevistei Vashi Dominguez, um europeu que vendia diamantes no atacado até decidir abrir seu próprio site na internet para vendas diretas. Ele explicou: "Eu costumava negociar com a mina e a fábrica, mas quando vi as enormes elevações de preço no mundo do varejo, vi uma oportunidade. Havia cinco camadas! Que ótima oportunidade seria reduzir a confusão." Sete anos depois, as vendas de seu negócio de joias online, o Vashi.com, chegaram a US$ 25 milhões.

Opperman também reconhece que parte de seu sucesso estava em transformar limões em limonada. "Os melhores negócios estão tentando resolver problemas do mundo real", disse ele. "Geralmente, suas melhores ideias vêm de suas experiências pessoais. Você tenta algo mas fica frustrado porque não consegue encontrar nada assim." Se você se decepcionou com um produto ou um negócio, a história de Opperman sugere que você deve agir em cima dessa frustração. Milhões de outros clientes potenciais podem estar vivendo frustrações semelhantes. A internet permite a empreendedores pegar essas ideias de nicho e transformá-las em empreendimentos lucrativos.

Às vezes, as ideias mais simples e menores decolam. Você verá isso exemplificado em nossa próxima história, que envolve um conceito que começou com o que você poderia chamar de uma ideia de cinco dólares.

O QUE VOCÊ FAZ POR CINCO DÓLARES?

Você não precisa de uma *grande* ideia quando é possível pegar uma *pequena* ideia e torná-la grande.

O que você consegue comprar por cinco dólares? Mais do que poderia imaginar. A Trend Hunter certa vez pagou cinco dólares a um imitador de Steve Irwin para ele saltar na selva, num vídeo, advertindo sobre a espécie de animal selvagem mais perigosa de todo o reino: "A Trend Hunter." No total, a Trend Hunter pagou apenas US$ 1 mil para que duzentas pessoas no mundo fizessem poucas coisas – mas coisas inteligentes – para vender nosso negócio.

Essas conquistas de cinco dólares se tornaram possíveis graças a um site na internet chamado Fiverr, o maior mercado do mundo para microtarefas. Milhares de pessoas oferecem seus serviços únicos no site cobrando uma comissão. E embora os bicos possam custar a partir de US$ 5, muitos vendedores oferecem extras que elevam suas gratificações, tornando o site uma fonte de renda lucrativa. E a experiência no Fiverr é igualmente benéfica para aqueles que procuram serviços. Digamos, por exemplo, que você está abrindo um novo negócio. O Fiverr tem pessoas que podem criar seus cartões de visita, editar suas cartas, fazer uma animação com seu logotipo, fazer um pequeno vídeo comercial, gravar um jingle ou traduzir sua brochura. O site também disponibiliza dicas de viagem, trabalhos legais, branding e consultoria financeira. Você pode até obter ajuda para vender seu produto.

Micha Kaufman e Shai Wininger fundaram a empresa em 2009 com o objetivo de remover os obstáculos a contratações ou freelancers. Empreendedores experientes, eles sabiam de antemão como pode ser difícil contratar especialistas para trabalhos de curto prazo. "Existe dor nesse processo", disse-me Kaufman. "Havia uma ideia muito focada para ser destruidor e simples. Começamos pensando em aonde a ideia podia levar."

A observação principal deles foi quanto tempo se desperdiça para encontrar pessoas e negociar contratos. Essa barreira impedia muitos especialistas de oferecer serviços simples de baixo custo. Kaufman explicou: "Tem havido uma explosão incrível de pessoas supertalentosas com algum tipo de habilidade que outra pessoa, na outra extremidade do planeta, pode precisar. Imagine o que poderia acontecer se você conectasse o talento com a necessidade?"

Kaufman sabia que "precisava ser muito simples. Precisávamos de um ponto de partida para chegar aos ingredientes mínimos para que as pessoas se interessassem. Então, por exemplo, queríamos que tudo no Fiverr funcionasse em não mais do que cinco minutos. Comprar alguma coisa não deveria durar mais do que vinte a trinta segundos. E negociação de preço é um atrito enorme, então isso precisava ser removido. Fizemos apenas um preço, que era o preço de um cappuccino. Queríamos algo simples para que, independentemente do que você recebesse de volta, você nunca ficasse chateado."

Três anos após o lançamento, o Fiverr tem agora uma lista de mais de 2 milhões de serviços, incluindo propaganda, artes gráficas, programação, redação e tradução. Num dia qualquer, os itens mais destacados podem variar de "Gravo qualquer narração com sotaque britânico", ou "Edito sua carta de apresentação", até a imagem de uma mulher atraente com a frase "Pinto seu logotipo ou imagem em minhas costas". O site disparou e se tornou um dos duzentos sites mais populares do mundo, e aproximadamente 15% dos vendedores do Fiverr afirmam que ele é sua principal fonte de renda. Esse crescimento rápido inspirou um grupo de investidores de risco a aplicar recentemente US$ 15 milhões na empresa.[2]

---

[2] Classificação em Alexa.com em janeiro de 2013.

Kaufman acredita que você deve travar uma batalha constante pela simplicidade. "Não achamos que a simplicidade é algo que você possa fazer só uma vez." Ele me explicou: "Quando você introduz novas características, inerentemente torna as coisas mais complexas. Então estamos tentando acrescentar mais funcionalidades, mas tentando torná-las disponíveis apenas aos usuários avançados."

O PODER DE UM NICHO

O Fiverr em si é um exemplo da facilidade com que você pode desenvolver novos produtos e ideias. A Trend Hunter chama isso de "empreendedorismo instantâneo". Nunca foi tão fácil abrir seu negócio usando templates de webdesign, impressão em 3D para criar protótipos e os serviços oferecidos por sites como o Fiverr. Hoje, um adolescente de 14 anos pode fazer um protótipo, construir uma presença na internet e começar a solicitar fundos no Kickstarter muito antes de o produto estar pronto para ser vendido. Todos esses serviços simplificados ilustram o potencial das oportunidades de nicho.

As ideias de nicho têm hoje um alcance muito maior porque a internet ajuda você a encontrar pessoas que pensam de maneira semelhante. Lançar uma comunidade de nicho pode demorar meia hora – o tempo necessário para abrir uma página de fãs no Facebook. Milhares de comunidades de nicho surgem no Facebook todos os dias, muitas delas ganhando popularidade rapidamente e se tornando negócios por seus próprios méritos.

Minha página favorita na internet é I F*cking Love Science, que, com um título chocante, apresenta animais estranhos, fatos impressionantes, imagens de Einstein remixadas, neuropsicologia contraintuiva e ciência revolucionária. Em outras palavras: ciência divertida! Trata-se de um lugar onde você pode aprender que "cientistas encontraram uma maneira de implantar falsas lembranças em camundongos". Ou você pode explorar os últimos avanços científicos, descobertas animais e fatos da medicina. Elise Andrews, uma britânica de 24 anos que estudou biologia na faculdade, iniciou o grupo em março de 2012 para compartilhar ciência com seus amigos. Seis meses depois, ela ganhara um impressionante milhão de fãs e criara uma nova missão: mostrar ciência de "maneira divertida e acessível".[3]

Um ano depois, os seguidores de Andrew haviam passado de 6 milhões, tornando o I F*cking Love Science o grupo de fãs de ciência mais popular do mundo e levando Andrew a um projeto de televisão correlato.

O Fiverr e o I F*cking Love Science nos ensinam que em nossa época de mudanças e interconectividade, você não precisa encontrar uma grande ideia; você pode encontrar uma pequena ideia que pode se tornar grande. Pense em algo fracionado, menor, mais simples ou mais focado – tudo com um potencial de crescimento subjacente.

Mas há muitas formas de redução, e às vezes esse padrão é ideal para lidar com um desafio de negócio único e enorme.

DE TÁXIS A TUÍTES

Jack Dorsey era um menininho tímido que adorava trens, geografia, computadores e ouvir seu radioamador. Embora os jovens típicos de sua cidade, St. Louis, pudessem decorar suas paredes com pôsteres de heróis de filmes de ação e atletas, Dorsey colava mapas em seu quarto. Ele sonhava em simplificar sistemas complexos. Em particular, era fascinado com o despacho de táxis, na época um processo defeituoso, dominado por rádios de ondas curtas. Intrigado com os ruídos na comunicação que lembravam um enxame de abelhas, ele se perguntava se esse processo antiquado poderia ser simplificado.

Dorsey tinha apenas 14 anos quando programou um software para despachar táxis, frotas de entrega e veículos de emergência. Seu software podia planejar o despacho de veículos em mapas, combinando seus dois maiores interesses: mapas e despacho de táxis. E ele estava pronto para pôr seu gênio para trabalhar. Quando você tem 14 anos e está em busca de um trabalho de adulto, precisa dar passos não convencionais. Então Dorsey hackeou o site do Dispatch Management Services Corp. Depois de se enfiar na conta de e-mails de Greg Kidd, o fundador da empresa, Dorsey lhe enviou um e-mail explican-

---

[3] Elise Andrew, "I Fucking Love Science About Page", Facebook, acessado em 7 de agosto de 2013, https://www.facebook.com/IFeakingLoveScience/info.

do como poderia consertar os defeitos da operação. Foi uma atitude arriscada, mas ele foi contratado na hora e começou a implementar seu software de despachos, que ainda hoje é usado por empresas.

Em 2000, Dorsey começou a desenvolver um software para postar ao vivo sua localização para os amigos. Infelizmente, seus amigos não ficaram impressionados (eles não podiam imaginar que o Foursquare, o site de localização, seria um sucesso nove anos depois). O fracasso lhe ensinou algo essencial: para criar um negócio baseado em simplicidade, você precisa resolver um problema atual.

Ao longo dos anos seguintes, Dorsey parecia estar à deriva. Ele trabalhou cuidando de crianças e como massagista, e morou num galpão no quintal de seu ex-chefe. Mas Dorsey estava caçando. "O maior talento de Jack não é como programador. Sim, ele pode programar e hackear com os melhores deles, mas sua qualidade realmente surpreendente são seus insights sociais. Ele podia estudar o que a Apple estava contratando em seus anúncios de emprego e prever quais seriam seus próximos produtos e serviços com uma precisão sinistra. Ele hackeava um navegador na internet para você poder ver [o que] as pessoas [...] haviam pesquisado recentemente", disse Kidd ao *Wall Street Journal*.[4]

Dorsey era um investigador de padrões.

Ele começou a trabalhar para a Odeo, uma start-up de podcasts que de repente estava sendo esmagada pela concorrência da Apple. Sentindo a pressão, Evan Williams, cofundador da Odeo, forçou a equipe a fazer brainstorms para propor novas ideias para produtos. Sentado num banco de parque, Dorsey teve a inspiração da ideia de usar texto para as pessoas transmitirem suas mensagens. Williams adorou a ideia e, durante as semanas seguintes, Dorsey e seu colega Biz Stone desenvolveram o protótipo. A equipe começou a usar o software para a comunicação interna e foi convencida de seu potencial. Numa sessão de brainstorm que durou um dia inteiro, e que incluiu Dorsey, Williams, Stone e um quarto cofundador, Noah Glass, nasceu o Twitter.

Em outubro de 2006, os quatro procuraram investidores com um plano para comprar a Odeo, que passava por dificuldades, e levar o sistema de mensagens de texto para o próximo nível. Logo, o Twitter estava atraindo meio

---

[4] Emily Maltby, "Punk Fan, Computer Hacker–Jack Dorsey's Early Years", *Wall Street Journal*, 22 de setembro de 2012, http://online.wsj.com/news/articles/SB10000872396390444620104578008560821169192.

bilhão de usuários, tendo como base uma abordagem de comunicação tremendamente redutora (não surpreende que os três princípios orientadores de Dorsey fossem simplicidade, restrição e habilidade). Em poucos anos, o Twitter se tornou um componente fundamental da ecosfera da tecnologia – uma ferramenta nova e poderosa usada por revolucionários, marqueteiros, estrelas de Hollywood, presidentes e até o papa. O Twitter é mais de que uma nova maneira de conectar pessoas e ideias. Ele introduziu um estilo icônico de comunicação: textos curtos e repletos de acrônimos e hashtags que nunca excedem o limite exigido de 140 caracteres.

Mas, em 2008, o Twitter chutou Dorsey para fora de seu cargo de CEO. Seus sócios aparentemente acharam que ele era melhor empreendedor do que administrador. Sentindo-se não muito diferente de Steve Jobs (também expulso sumariamente de um papel de liderança numa fase inicial), Dorsey ficou arrasado e não tinha a menor ideia do que faria em seguida.

NA QUARTA VEZ DÁ CERTO

Conforme este livro salientou várias vezes, o fracasso pode ser um tremendo motivador, e não demorou para Dorsey agarrar uma nova oportunidade. Um dia, ele estava ouvindo uma reclamação de seu amigo James McKelvey. Nas horas vagas um artista que trabalhava com vidro, McKelvey estava frustrado porque alguém queria pagar US$ 2 mil por uma de suas peças mas ele não podia aceitar cartão de crédito. Dorsey e McKelvey pensaram em quantos outros pequenos vendedores enfrentavam a mesma dificuldade. Isso lhes pareceu irônico, considerando o tremendo poder dos iPhones como computadores móveis.

Foi o suficiente para Jack criar o protótipo de um produto para mais uma empresa. E, o que não foi surpresa, para esse trabalho ele utilizaria seu padrão de oportunidade comprovado favorito: simplificar um sistema terrivelmente complicado. Neste caso, ele procurou simplificar os pagamentos em cartão de crédito.

Assim nasceu o Square.

Dorsey e McKelvey perceberam que simplificar a aceitação de pagamentos era uma imensa oportunidade internacional. Montar um terminal de comércio é complicado e caro, e alguns contratos de serviço nos EUA custam até US$ 10 mil.[5] Em contraste, o Square seria incrivelmente simples. Não exigiria instalação nem taxas mensais. Apenas faça uma assinatura pela internet e, sem cobrar nada, a empresa lhe envia um pequeno cartão de leitura quadrado que você prende em seu iPhone. Baixe o aplicativo de graça e você está pronto para agir.

O Square facilita o recebimento de pagamentos, quer você seja um comerciante, um motorista de táxi, um vendedor da Craigslist ou a mãe de Dorsey (ela dirigia um café). Curiosamente, como se importou em pensar nas modestas necessidades de sua mãe, Dorsey acrescentou as análises de dados e os relatórios que faltam à maioria dos terminais tradicionais. A maioria dos lojistas e restaurantes independentes teria dificuldade de lhe dizer seus números de vendas no fim do dia. Mas o Square oferece transparência total em relatórios simples e fáceis de entender.

Em 2013, após apenas três anos em atividade, a Square anunciou que estava processando mais de US$ 15 bilhões em transações sobre uma base anualizada, o que a tornava uma das instituições financeiras de crescimento mais rápido na história.[6] A empresa rapidamente acrescentou um sistema para transformar um iPad numa caixa registradora e anunciou planos para pagamentos online.

Em retrospecto, o Square é tão simples e intuitivo que você pode achar que foi desenvolvido por um banco, uma empresa de cartões de crédito ou uma empresa de pagamentos online. Mas as instituições financeiras tradicionais com frequência estão atoladas em burocracia, enquanto os Jack Dorseys do mundo treinam suas visões sobre simplicidade. Navegue nos sites do HSBC, do Bank of America ou da Wells Fargo e você encontrará 818 palavras, 661 palavras e 511 palavras, respectivamente.[7] Em comparação, a página principal do Square exibe apenas 69 palavras, incluindo essas: "Comece a aceitar

---

[5] Matt Warman, "Square is the Shape of Things to Come, Says Twitter Founder Jack Dorsey", *The Telegraph*, 25 de maio de 2013, http://www.telegraph.co.uk/finance/newsbysector/mediatechnologyandtelecoms/digital-media/10079532/Square-is-the-shape-of-things-to-come-says-Twitter-founder-Jack-Dorsey.html.

[6] Om Malik, "With Square Stand, Jack Dorsey & Co. Reimagine the Cash Register", *Gigaom*, 14 de maio de 2013.

[7] Sites acessados em 11 de agosto de 2013.

cartões de crédito hoje. Inscreva-se e nós lhe enviaremos um Leitor Square. 2,75% por operação, sem taxas adicionais e depósitos no dia seguinte."

Assim como o Twitter, o site (e o sistema) do Square simplifica o complicado. Em contraste, a maioria das instituições financeiras está preocupada com uma série atordoante de produtos financeiros.

Dorsey se tornou oficialmente um bilionário em 2011, e a diretoria da Twitter sabiamente o convidou para voltar. Ele aceitou a presidência da empresa, e no ano seguinte o *Wall Street Journal* lhe deu o prêmio de Inovador do Ano em tecnologia. Mais uma vez, Dorsey havia criado uma solução útil explorando o mesmo padrão: pegue sistemas complicados, reduza-os a uma característica-chave e crie um produto incrivelmente simples.

Dorsey nos ensina a importância da simplificação, mas também nos mostra que um passo fundamental é começar com uma coisa que você pode fazer realmente bem. Para o Square, isso significou pagamentos móveis. A advertência é que a redução pode ser muito mais difícil do que parece. "Fazer algo simples é muito difícil", disse Dorsey à *Vanity Fair*, num perfil.[8] Hoje, Dorsey é conhecido por rotineiramente levar seus funcionários para uma excursão ao Lands End Park, em São Francisco, para eles se maravilharem diante da gloriosa Golden Gate Bridge. Seu propósito: mostrar a assombrosa dualidade da ponte. Trabalhadores dependem dela todos os dias, mas quando você a olha de longe, fica impressionado com seu design e sua elegância magistrais. Dorsey acredita que um bom negócio deve funcionar da mesma maneira, como disse ao *SF Gate*: "Quando as pessoas entram no Twitter e querem expressar algo no mundo, a tecnologia desaparece", disse ele. "São elas escrevendo uma mensagem simples e elas sabendo que as pessoas a verão."[9]

SUBPADRÕES DE REDUÇÃO

SIMPLIFICAÇÃO — Nossa era tecnológica tem visto uma tendência geral para a simplificação. Os sites se tornaram mais elegantes e menos confusos, empresas

---

[8] David Kirkpatrick, "Twitter Was Act One", *Vanity Fair*, abril de 2011, http://www.vanityfair.com/business/features/2011/04/jack-dorsey-201104.

[9] Alyson Shontell, "The Unusual Place Jack Dorsey Takes Employees to Motivate Them", *SF Gate*, 18 de março de 2013, Business Insider, http://www.sfgate.com/technology/businessinsider/article/The-Unnusual-Place--Jack-Dorsey-Takes-Employees-To-4363340.php.

importantes de hardware são aplaudidas pelas funcionalidades que deixam de fora e sites de mídia social são cada vez mais minimalistas. Mesmo linhas de produtos tradicionais estão se beneficiando de marcas e design simplistas. Na indústria de bebidas, por exemplo, a estrela de reality show Bethenny Frankel lançou uma linha de martínis simples, com menos aditivos, carboidratos e açúcar. As bebidas são destinadas especificamente a pessoas que estão de dieta e ainda querem participar de festas. Frankel vendeu sua marca Skinny Girl Martinis à Beam Global por estimados US$ 64 milhões.

ESPECIALIZAÇÃO – Em 2007, a Trend Hunter começou a cobrir os primeiros "blow dry bars" europeus, salões especializados para mulheres que queriam secar e pentear o cabelo, sem cortá-lo ou pintá-lo. Mais tarde, naquele ano, foi aberto o primeiro salão do tipo nos Estados Unidos, o Blo, que rapidamente passou a ter 25 endereços. Em 2012, o concorrente Drybar também crescera, tinha 25 endereços e faturou US$ 19 milhões – e parecia que o total em 2013 seria o dobro.[10]

MENOS CAMADAS E ETAPAS – Remover etapas de um serviço sempre foi lucrativo, mas só na era do comércio digital, e agora da mídia social, a tática se tornou tão potente. Vimos a ZipCar, a AutoShare, a Car2Go e outras locadoras modernas disponibilizando carros por uma hora, vindos diretamente da garagem. Ao abdicarem de escritórios para seus serviços, esses negócios fizeram muito mais do que reduzir custos: ofereceram uma experiência mais conveniente para o cliente.

FRACIONÁRIO – Do Airbnb, que permite a donos de imóveis alugar com facilidade suas casas, às empresas que permitem aos clientes alugar plantas e obras de arte para suas salas de estar, a posse fracionária está se tornando uma maneira atraente de ter experiências de luxo. Na Califórnia, a Lyft conseguiu mais de US$ 83 milhões em financiamento de capital de risco para um serviço cada vez mais popular, que permite a quase qualquer pessoa se tornar um motorista contratado. Se você já está num bairro onde vê alguém tentando pegar carona,

---

[10] Kelsey Meany, "Blow Dry Bars Are a Thriving Industry Disrupting the Salon Business", *Daily Beast*, 13 de julho de 2013, http://www.thedailybeast.com/articles/2013/07/13/blow-dry-bars-are-a-thriving-industry--disrupting-the-salon-business.html.

agora pode compartilhar o carro de maneira mais inovadora. Para conseguir preços melhores que os dos táxis, os passageiros simplesmente baixam um aplicativo e apertam um botão que sinaliza que querem compartilhar um carro. O resultado é um modelo de negócio incrivelmente popular, que está desestabilizando várias indústrias tradicionais.

CROWDING – O crowd-sourcing e o crowd-funding estão ampliando as fronteiras do comércio, às vezes de maneiras surpreendentes. O Kiva.org levantou bilhões permitindo às pessoas financiar agricultores independentes e fabricantes de cestas em países em desenvolvimento. O Indiegogo foi usado por jovens turcos para conseguir dinheiro para um anúncio de página inteira no *New York Times* que chamou atenção para a opressão do governo. E em Toronto, uma campanha de crowd-funding foi usada para comprar um vídeo infame que mostrou o prefeito da cidade fumando crack. O vídeo não valia US$ 200 mil para qualquer *indivíduo*, mas, numa cidade de 6 milhões de pessoas, houve centenas de milhares dispostas a pagar para ver se os rumores chocantes eram verdadeiros. Infelizmente para Toronto, eram.

ASSINATURAS – Modelos de negócios que preveem vendas repetidas, como assinaturas anuais, são eficientes tanto para a empresa quanto para o cliente, o que os torna um excelente exemplo de redução. Em 2012, Michael Dublin ficou irritado com o preço de lâminas de barbear descartáveis e começou a duvidar que a tecnologia patenteada de várias lâminas valia o preço alto. Então ele criou um vídeo bem-humorado promovendo lâminas de barbear simples e oferecendo um serviço de assinatura chamado Dollar Shave Club. (Mais ou menos como no Fiverr, o preço inicial do Dollar Shave, de US$ 1 por mês, é apenas o ponto de partida: a empresa também oferece serviços de entrega mensal de lâminas por US$ 6 e US$ 9.) O vídeo de Michael, com seu slogan atrevido, "Nossas lâminas são boas pra c***lho" (algo que nunca aconteceria na Gillette), atraiu mais de 10 milhões de visualizações, e em 2013 o clube tinha 200 mil assinantes, gerando uma receita anual estimada em US$ 10 milhões.

MAIS EFICIENTE – Algumas das maiores empresas de finanças e atividades bancárias conquistaram seu status por meio de simplificação, incluindo a ING

Direct, a eTrade e a Esurance. Todas elas contradizem a suposição de que as pessoas precisam visitar filiais físicas para realizar negócios. Ao adotarem o acesso exclusivamente pela internet, essas empresas conseguiram cortar custos e crescer, tornando-se instituições de muitos bilhões de dólares.

RESUMO: REDUÇÃO

Este capítulo abordou oportunidades de redução sob muitos ângulos diferentes – do reality show à inspiração decorrente de um fracasso pessoal, passando pelo potencial de inovações de tecnologia revolucionárias que beiram a genialidade. Você viu como é crucial sentir dor e entender o que há por trás dela – reconhecer e em seguida remover habilmente as camadas que podem separar a procura e a oferta. Reduzir a complexidade, tanto em seu produto quanto em sua mensagem, é essencial para explorar padrões de redução.

PARA LEVAR

1. **Encontre uma pequena ideia** – Você não precisa encontrar uma grande ideia. Você também pode encontrar uma pequena ideia e torná-la grande. Isso pode significar algo fracionário, menor, mais simples ou mais focado.

2. **Mapeie pontos problemáticos específicos** – A maioria das grandes ideias resolve um problema existente. Refletindo sobre as dificuldades e problemas das pessoas de seu nicho, você pode mapear áreas únicas de oportunidade.

3. **Remova as camadas que separam a oferta e a procura** – A estrutura de custo de um negócio com frequência é inflada por aumentos de preço cobrados por fornecedores e intermediários. Identifique as camadas extras e você poderá criar valor por meio da simplificação.

4. **Isole nichos de pessoas** – É cada vez mais fácil encontrar nichos de pessoas com mentalidades semelhantes. Josh Opperman, como vimos, descobriu

um negócio de vários milhões de dólares em algo tão aparentemente pequeno quanto ex-noivos com o coração partido.

5. Seja o número um (mesmo que num grupo ou categoria pequeno) – Ser o número um num mercado pequeno pode levar a uma profunda conexão com um grupo homogêneo de pessoas que podem se tornar embaixadores ativos e abrir um mundo de possibilidades.

CAPÍTULO DEZ

ACELERAÇÃO

ACELERAÇÃO: Identificar uma funcionalidade crítica de um negócio ou produto e aprimorar radicalmente esse elemento. Inclui: perfeição, posicionamento aspiracional, funcionalidades exageradas e soluções reimaginadas.

A aceleração consiste em assumir uma posição extrema. Consiste em fazer uma observação perspicaz sobre o mercado e adaptar seus produtos de maneira tão ousada nesse sentido que há um risco de afastar alguns clientes.

Com frequência, a oportunidade de aceleração está nos encarando há anos, mas não ousamos expandir os limites o bastante. No mundo dos automóveis, por exemplo, os híbridos estão entre nós desde o lançamento do Toyota Prius, em 1997. Em 2006, os americanos estavam comprando 200 mil veículos híbridos por ano.[1] Embora a suposição em geral fosse de que os carros híbridos e elétricos estariam dominando num futuro próximo, nenhum grande fabricante moderno havia focado na construção de um carro totalmente elétrico. Preocupações com a duração e o alcance limitados da bateria mantinham os fabricantes de automóveis comprometidos com motores de combustão interna. Desafiando os riscos, a Tesla fez uma aposta ousada em 2008 e lançou o Roadster, o primeiro carro todo elétrico. Cinco anos depois, lançou o Model S e ganhou o prêmio de Carro do Ano da *Motor Trend*, o que ajudou a empresa a gerar uma receita anual de aproximadamente US$ 2 bilhões e levou suas

---

[1] Bureau of Transportation Statistics, http://www.rita.dot.gov/bts/publications/pocket_guide_to_transportation/2013/environmental_sustainability/figure_05_04.

ações a níveis vertiginosos. O fundador, Elon Musk, é agora considerado um dos maiores inovadores do mundo.

O segredo da aceleração é reconhecer que o processo pode afastar uma grande proporção de consumidores. Por exemplo, a Panasonic percebeu em 1997 que laptops quebrados estavam levando corporações a perder centenas de milhões de dólares por ano. A solução óbvia era fazer laptops mais fortes, mas ficou claro que a durabilidade garantiria uma certa dose de feiura. O que fazer?

Assim como Dave Horvath, da Uglydoll, a Panasonic decidiu adotar o feio.

A empresa lançou os robustos Panasonic Toughbooks, revestidos de borracha. Falta aos aparelhos o apelo estético, mas não para os incontáveis soldados, engenheiros de campo e trabalhadores de plataformas de petróleo que os adoram. Consumidores convencionais os consideram velharias, mas os Toughbooks vencem a concorrência quando se trata de durabilidade. O resultado? A Panasonic transformou sua linha de laptops grosseiros num negócio de US$ 1 bilhão por ano.

Para lucrar com a aceleração, você precisa ser deliberado, seletivo e assumir uma posição distinta no mercado. Empresas tradicionais com frequência se resignam a aprimorar produtos de acordo com dimensões comprovadas, anteriores. Se uma empresa faz vestidos sensuais, pensa apenas em como torná-los mais sensuais. Esse caminho estreito de otimização pode acabar levando uma empresa à ruína.

Neste capítulo, você aprenderá como criar versões bem mais intensas e superiores de produtos existentes. Exploraremos também métodos para desenvolver ideias únicas que podem ser expandidas para novos mercados.

TRANSFORMANDO POÇAS DE LAMA EM OPORTUNIDADES

Imagine isso: você está pingando suor, coberto de lama, cercado por uma multidão de homens e mulheres que gritam, fazem caretas e, assim como você, estão se arrastando por pântanos, saltando para dentro de grandes latas de lixo cheias de gelo, atravessando paredes de fogo e correndo por um labirinto de cercas elétricas. Pode parecer que você está vagando por uma zona de guerra, mas as pessoas realmente *pagam* para suportar essa tortura. Bem-vindo à Tough

Mudder de Will Dean, um percurso de aventura torturante que demonstra o padrão de aceleração.

Antes da Tough Mudder, Dean passou vários anos no Ministério de Relações Exteriores britânico, trabalhando no escritório de contraterrorismo. Em 2007, ele estava se sentindo empreendedor e partiu para os Estados Unidos a fim de fazer MBA em Harvard enquanto estudava, por conta própria, o negócio da aventura.

As corridas de resistência prosperam há mais de um quarto de século, desde o primeiro Iron Man, em 1978, um triatlo anual de 225 quilômetros realizado no Havaí. Mas Dean não pôde deixar de notar que, para a maioria dos corredores, os triatlos, ultramaratonas e corridas em estradas não consistiam na atividade propriamente dita: "O que eu realmente não gostava nos triatlos e maratonas", explicou ele ao *New York Times*, "era que o único indicador real de como você se saía era o seu tempo."[2] A ênfase no tempo criava um desequilíbrio que significava um vencedor, milhares de perdedores e, geralmente, uma grande distância entre o seu desempenho e o pequeno grupo de concorrentes de elite.

Dean queria criar uma corrida que acelerasse a sensação de conquista, então ele baniu o relógio. Ele notou que os esportes movidos a adrenalina estavam cada vez mais entrelaçados à cultura pop. Os X Games eram pioneiros, enquanto *The Amazing Race*, *Survivor* e *Wipeout* eram reality shows de sucesso na TV. Até mesmo os organizadores dos Jogos Olímpicos de Inverno haviam introduzido esportes mais arriscados, como esqui cross country, snowboard half pipe e patinação de velocidade em pista curta. A propaganda de bebidas para adolescentes havia trocado radicalmente a Coca-Cola por marcas de adrenalina, como 5-Hour ENERGY, Red Bull, Monster Energy e Rockstar. A amalucada promoção Flugtag ("dia de voo"), da Red Bull, demonstrava o lado bem-humorado dessa tendência de "até o medo deve tomar cuidado". Os concorrentes construíam "máquinas voadoras" temáticas e depois voavam (ou, mais precisamente, despencavam) de uma plataforma suspensa, caindo na água.

Diante desse cenário em transformação, Dean identificou uma oportunidade. Ele decidiu acelerar a corrida de obstáculos, um esporte que já ganhava

---

[2] John Branch, "Playing with Fire, Barbed Wire and Beer", *New York Times*, 28 de abril de 2010, http://www.nytimes.com/2010/04/29/sports/29/mudder.html?pagewanted=all&_r=0

força na Europa com o Grim Challenge, na Grã-Bretanha, e a Strongman Run, na Alemanha. O interessante é que Dean chegava atrasado à festa. O Tough Guy – um evento que se orgulha da probabilidade de os corredores sofrerem "cortes, arranhões, queimaduras, desidratação, hipotermia, acrofobia, claustrofobia, choques elétricos, distensões, torções, deslocamento de articulação e fratura de ossos" – já estava em seu 27º ano.[3] Dean viu essa paisagem e começou a criar uma experiência de aventura ainda mais intensa, em que as pessoas tendessem menos a comparar seus tempos e tendessem mais a dizer: "O buraco de eletrocução não foi incrível?!"

Ele imaginou uma aventura de estilo militar de 16 a 19 quilômetros, criada pelas Forças Especiais britânicas, para aumentar as prerrogativas para se gabar. Os concorrentes, salpicados de lama, avançariam com dificuldade, dispararia e escorregariam para vencer desafios que incluiriam cercas de arame farpado, subidas em cordas e, sim, até mesmo possíveis eletrocuções. Ele planejava descartar contagens de tempo e prêmios. Os finalistas seriam recebidos com cerveja gelada e uma festa épica. Os participantes não comparariam seus tempos de realização da prova. O objetivo era simplesmente participar e sobreviver.

Dean propôs seu plano na Harvard Business School Case Competition de 2009. Embora ele tenha sido finalista da competição, sua ideia não ganhou o prêmio principal dos juízes, que o advertiram de que ele não encontraria 500 pessoas nos Estados Unidos dispostas a se inscrever para uma tortura daquelas.

Sem se deixar intimidar, Dean se juntou a Guy Livingston, um amigo de longa data que também estava em busca de uma aventura empreendedora. Com uma equipe de apenas seis pessoas, um modesto orçamento para marketing de US$ 8 mil e uma campanha agressiva no Facebook, eles marcaram seu primeiro evento no Bear Creek Ski Resort para 2010. A resposta foi fenomenal. Mais de 4.500 participantes se inscreveram, cada um deles pagando mais de US$ 100 para se submeter à tortura.

Fardos de feno em chamas, água gelada e penosos pântanos lamacentos desafiaram os competidores. Ao fim da prova, eles foram recebidos com cerveja, uma comemoração alegre e a ubiquidade do rótulo da Tough Mudder. Tatuadores estavam disponíveis para tatuar a marca da Tough Mudder nos corpos

---

[3] "Tough Guy January 26th 2014 Promotion Material", site do Tough Guy, acessado em 11 de maio de 2013 https://eventdesq.imgstg.com/index.cfm?fuseaction=main&EventDesqID=1702&OrgID=2107.

dos competidores, e cabeleireiros os aguardavam na linha de chegada, prontos para oferecer de graça cortes moicanos ou mullets.

A selvagem experiência agregadora foi compartilhada ampla e rapidamente, e logo acelerou. No fim do primeiro ano, mais dois eventos (em Bear Valley, Califórnia, e Englishtown, Pensilvânia) atraíram 4 mil e depois 9.300 participantes. A Tough Mudder expandiu para 15 eventos em 2011 e 35 em 2012. Em dois anos, tornou-se uma empresa de US$ 70 milhões.[4]

Desde então, mais de um milhão de participantes da Tough Mudder se inscreveram para a tortura. Durante uma recente apresentação, mencionei a Tough Mudder. Depois, um dos espectadores se aproximou mancando, com um grande sorriso e disse: "Dê uma olhada nisso. Está vendo minha bota ortopédica? Estou usando isso há cinco semanas, desde que rompi meu tendão de Aquiles numa Tough Mudder." Eu não sabia se devia consolá-lo ou parabenizá-lo, até que ele exclamou: "Quer saber a melhor parte? Eu me inscrevi para outra em setembro!"

Um crítico poderia argumentar que Dean não inventou as corridas de aventura. Mas sua criação tem sido a mais bem-sucedida de todas as novas corridas de aventura por causa da maneira inteligente com que ele explorou várias oportunidades de *aceleração*.

Dean não apenas intensificou o desafio humano e alimentou a fascinação das pessoas pelo extremo, como fez disso uma tribo. Em vez de continuar no caminho maçante e decrescente das corridas cada vez mais longas, seu evento celebrou desafios espetaculares e únicos, envolvendo banheiras de gelo e fogo.

Dean, esperto, também focou em tornar sua aventura prática e gratificante. A maioria dos esportes radicais exige muito treinamento aeróbico ou foca demais na competição em si. A Tough Mudder não tem relógio. Consiste mais em *completar* do que em medir seu desempenho. Os participantes são incentivados a enfrentar uma Tough Mudder com um espírito de camaradagem, ajudando seus companheiros durante o percurso.

Por fim, Dean capitalizou sobre o desejo de compartilhar usando a mídia social. Ele assegurou que os obstáculos de estilo militar da Tough Mudder fossem fotografados por profissionais, dando aos competidores bastante munição para suas páginas no Facebook e seus blogs. O evento é *planejado* para "se tornar viral". Os Tough Mudders se tornam autênticos defensores da marca.

---

[4] Tim Donnelly, "Zooming from Zero to $70 Million in 2 Years", *Inc.*, 29 de março de 2012.

Até agora, três start-ups de corridas de aventura decolaram – Warrior Dash, um evento mais curto que traz US$ 50 milhões em receita anual; Spartan Series, que gera US$ 30 milhões; e, é claro, a Tough Mudder.[5] Como você poderia esperar, os empreendedores por trás desses negócios são ferozes concorrentes. Processos judiciais e acusações de roubo de ideias, violação de direitos autorais e difamação de caráter se acumularam.

Explorar essas oportunidades não é para quem tem pouca coragem. Os empreendedores que planejam acelerar precisam estar preparados para a violenta competição. Mas, depois dos arranhões e contusões, as potenciais recompensas são grandes. O sucesso impressionante da Tough Mudder e das duas outras start-ups de percursos de obstáculos é uma prova de que a aceleração – tanto literal quanto figurativamente – pode ser muito lucrativa.

GAROTAS FORTES USAM SAIAS

Nicole DeBoom, uma triatleta profissional, estava correndo em sua cidade, num dia terrivelmente frio de dezembro, quando viu seu reflexo na vitrine de uma loja. Ela ficou deprimida quando percebeu que sua roupa de corrida tradicional a fazia parecer um garoto. Foi um choque. Ela não percebera até então como os shorts de corrida podem fazer uma mulher parecer e se sentir masculina.

De repente, DeBoom soube o que precisava fazer: "Se eu pudesse estar em contato com minha imagem 'bonita'", disse-me ela, "eu poderia ficar mais motivada a correr."

DeBoom correu para casa e rapidamente escreveu a palavra "bonita" e em seguida "roupa de mulher que faça você parecer e se sentir bem". Um brainstorm a levou ao conceito de saia de corrida, um novo e potente símbolo de feminilidade – e que estava à frente de seu tempo.

De repente, DeBoom começou a desenhar e produzir modelos de saias de corrida. Nove meses depois, em setembro de 2004, ela subiu no pódio do prêmio Ironman Wisconsin, depois de garantir a recompensa de US$ 5 mil correndo de saia. Ela investiu o que ganhou em seus esforços empresariais e, no

---

[5] Scott Keneally, "Playing Dirty, *Outside*, 22 de outubro de 2012, http://www.outsideonline.com/outdoor-adventure/multisport/Playing-Dirty-November-2012.html?page=1.

ano seguinte, levou seu primeiro estoque de saias de corrida para a Maratona de Austin. O estoque esgotou rapidamente. A *Runner's World* mostrou suas criações num artigo intitulado "Garotas fortes usam saias". A Skirt Sports estava tendo um bom começo, e DeBoom vendeu 2.500 saias em alguns meses.

Mas as saias de corrida eram também polêmicas. "Eu tinha cartas de amor e de ódio", disse-me DeBoom. "Algumas mulheres achavam uma vergonha que nos importássemos com a aparência. Outras diziam que queriam que [as saias] tivessem aparecido dez anos atrás." DeBoom pensou que todo aquele barulho era um sinal de que ela conseguira algo grande. "Nós criamos algo controverso e isso só pode nos ajudar."

Por que sua ideia era tão boa? DeBoom identificou com êxito um aspecto da corrida competitiva perfeito para a aceleração – isto é, o desejo das mulheres de não ter sua feminilidade obscurecida pelas roupas de corrida. Ao criar um produto que se utilizava do desejo da mulher atlética de ainda querer exibir uma aparência feminina, ela lançou uma nova e provocativa categoria de roupa esportiva.

Numa tentativa de acelerar mais seu negócio, em 2007 DeBoom lançou uma corrida de cinco quilômetros batizada de Convert to Skirt. Os participantes mais tarde a chamaram de "Skirt Chaser 5k" e o nome pegou. As "Skirts" – mulheres – saem na frente e três minutos depois os homens começam a persegui-las. Há uma grande festa depois da corrida, com música, bebidas e socialização (os solteiros são solicitados a usar um adesivo, o que ajuda a tornar o evento uma festa gigante para se conhecer pessoas). A corrida foi um sucesso – e imediatamente causou controvérsia. Jornais universitários, recordou DeBoom, "começaram a tachar [a Skirt Sports] de empresa machista e a chamar a Skirt Chaser de 'um retrocesso' para o movimento pelos direitos das mulheres". Grupos feministas atacaram DeBoom, considerando a palavra "chase" ("perseguição") predatória.

DeBoom me contou que nas Skirt Chasers subsequentes ela alterou sutilmente sua mensagem para enfatizar o amor e os relacionamentos. Ela também redesenhou o logotipo, tornando-o "mais forte em vez de mais sexy" e ajustou seu marketing para salientar que as mulheres estão no comando: "As mulheres começam primeiro e 'convidam os homens para se juntar a nós'."[6] Felizmente,

---

[6] Mario Schulzke, "Nicole DeBoom – Owner of Skirt Sports", *Idea Mensch*, 9 de outubro de 2012, http://ideamensch.com/nicole-deboom/.

a ultracompetitiva DeBoom não tirou o pé do acelerador. Hoje, a Skirt Chaser 5k é um fenômeno em seis cidades, com corridas nos Estados Unidos e no Canadá. E o site da empresa na internet continua a assumir riscos, mostrando uma silhueta de mulher posando com uma saia de corrida e a provocação: "No seu ritmo ou no meu?"

Na Trend Hunter, notamos que as roupas de nicho são uma onda crescente, e vemos muito mais oportunidades nesse filão. Outros exemplos que identificamos incluem luvas feitas de materiais condutores para facilitar o uso de smartphone, sapatos altos com saltos desmontáveis para dirigir, bolsas femininas com energia solar para recarregar celulares, capacetes para snowboard com fones de ouvido embutidos e relógios de pulso que medem a atividade física. Cada um desses produtos tem tido sucesso por focar especificamente num propósito estreito – e depois criar uma via de acesso rápido a ele.

CORRIDA CONTRA A MÁQUINA

Imagine essa cena com uma mulher que chamaremos de Julie. Ela é uma jovem mãe solteira que está brincando com sua filhinha Alexis num parque ensolarado num subúrbio de Dallas. De repente, ela recebe uma mensagem pelo telefone de um número conhecido: "É difícil acreditar que Alexis já está com 2 anos! Você quer saber quando e como começar a poupar para pagar a faculdade?"

Julia escreve "sim" em resposta, e logo recebe um telefonema.

A voz conhecida oferece algumas informações e conselhos úteis: "Quando Alexis tiver 19 anos, com a inflação na educação, seu ensino superior poderá custar US$ 300 mil, supondo que ela continue no Texas. Você quer saber como poupar para isso?" Julie diz sim e ouve: "Se sua conta rende 5%, você precisará poupar US$ 215 por semana, o que cabe no seu orçamento, com base em seu salário, suas despesas e a inflação." Nesse momento, Julie vê que sua mãe está telefonando. Ela deixa a ligação com o banco cair e esquece o assunto.

Mais tarde, naquele fim de semana, ela acessa sua conta bancária. Uma janela se abre, continuando a conversa anterior: "Você quer que eu abra uma conta e comece a retirar US$ 215?" Com um clique de um botão, Julie concorda.

O que é surpreendente – ou talvez *não* tão surpreendente – nessa situação é que a inteligência por trás das mensagens e da voz não é do assessor financeiro de Julie. A "voz" do outro lado da mensagem de texto sequer é humana. Nesse cenário, Julie está trocando mensagens e conversando com Watson, o supercomputador da IBM famoso por ter desafiado Brad Rutter e Ken Jennings, campeões do programa de TV *Jeopardy!*, em fevereiro de 2010. A batalha da máquina contra o homem foi um marco em engenharia da computação, e um prenúncio de como Watson seria adaptado para propósitos bem maiores, como salvar vidas em hospitais e planejar futuros financeiros.

A história pregressa de Watson é uma aventura de uma década em experimentação e utilização do poder da aceleração. Eu tive uma rara chance de conversar com os criadores de Watson quando falei na Smarter Commerce Conference da IBM, onde Watson foi revelado. Stephen Gold, o vice-presidente animado, de cabelo escuro, responsável por comercializar o projeto, contou-me uma história curiosa.

RODADA DE ACELERAÇÃO 1: TRANSFORMANDO UM JOGO NUM ESPETÁCULO

Durante a Guerra Fria, os soviéticos e os americanos transformaram o xadrez num campo de batalha para provar sua superioridade intelectual. Os soviéticos financiaram e treinaram legiões de jogadores, criando uma verdadeira "máquina de xadrez", e os americanos usaram publicidade e dinheiro de prêmios para competir.

Devido ao contexto dramático, quando a IBM quis provar o poder de sua tecnologia, escolheu o xadrez como campo de jogo. A empresa sabia que os computadores eram cada vez mais capazes de fazer coisas incríveis, mas precisava acelerar esse objetivo – precisava fazer algo ousado e digno de nota que convencesse os céticos.

A empresa contratou uma equipe de cientistas brilhantes que passariam oito anos com uma única missão: construir o mais perfeito robô jogador de xadrez. Quando a máquina, chamada "Deep Blue", ficou finalmente pronta para a batalha, a IBM ofereceu ao soviético Garry Kasparov – o homem que muitos consideram o melhor jogador de todos os tempos – uma enorme quantia de dinheiro para enfrentá-la.

Kasparov, 16 vezes campeão mundial, aceitou confiante o desafio. Com o mundo assistindo, Deep Blue venceu o primeiro jogo, mas acabaria perdendo a partida. O homem derrotou a máquina, mas no ano seguinte a IBM havia preparado um novo modelo para uma nova disputa, apropriadamente chamado Deeper Blue. Na segunda partida, o computador cometeu um erro simples, mas Kasparov passou mais tempo pensando do que seu oponente, atribuindo o erro à suprema inteligência, e Deeper Blue venceu por pouco.

Kasparov pediu outro jogo, fazendo um desafio público na revista *Time*. "Acho que a IBM deve a mim, e a toda a humanidade, uma nova partida."[7] A empresa se recusou e Deeper Blue foi desmontado. Mais tarde, a IBM alegou que o evento – coberto com afinco por redes de TV e pelos principais jornais – valeu centenas de milhões em publicidade.

Deeper Blue ensinou à IBM que acelerar um desafio específico pode levar a um resultado fenomenal. A IBM realizou muitos feitos tecnológicos naquela mesma década, mas foi Deeper Blue que simbolizou a marca da empresa, criou um senso de propósito para os funcionários e ofereceu um contexto dinâmico e altamente público para a batalha entre o homem e a máquina.

O raciocínio por trás do desenvolvimento de Deep Blue está relacionado diretamente ao assunto deste livro. Assim como o computador foi capaz de vencer o mestre humano de xadrez mais brilhante do mundo por entender os padrões, você pode estudar padrões para dar sentido ao caos à sua volta e identificar as oportunidades que outros não conseguem ver.

RODADA DE ACELERAÇÃO 2: CONSTRUINDO A CURIOSIDADE COM UM DESAFIO ÉPICO

Sete anos depois da criação de Deeper Blue, o gerente de pesquisas da IBM, Charles Lickel, estava jantando com alguns colegas de trabalho quando o falatório no restaurante barulhento de repente diminuiu. Todo mundo estava olhan-

---

[7] Garry Kasparov, "IBM Owes Mankind a Rematch", *Time*, 26 de maio de 1997.

do para a TV instalada no meio do restaurante para ver se Ken Jennings, campeão de *Jeopardy!*, venceria outro jogo. Jennings já vencera 74 jogos seguidos, levando o programa de volta à vanguarda da cultura pop. Lickel se lembrou da aura que envolvera as partidas de xadrez. E se a IBM pudesse levar Deeper Blue para o próximo nível e derrotar Ken Jennings em *Jeopardy!*?

Para vencer um jogo de perguntas e respostas como o *Jeopardy!*, o novo computador precisaria pensar amplamente sobre padrões e aprender como um ser humano. Teria que entender uma linguagem complicada, com insinuações e sutilezas que nenhum computador ainda havia sido capaz de dominar. A equipe não poderia usar programação tradicional, em que se podiam codificar um milhão de diferentes regras e árvores de decisão para o computador acompanhar. Esse volume de codificação seria impossível. Em vez disso, os membros da equipe iriam expor a máquina a cada informação disponível. De maneira incrível, eles a ensinariam a aprender sozinha, procurando os padrões.

Quando conversei com Gold, ele explicou a natureza do desafio comparando essa nova máquina, Watson, ao Google: "O problema com a busca, e todos nós fazemos isso, é que com a busca você recebe quatro milhões de entradas, olha as duas ou três primeiras e depois põe novas palavras-chave", diz ele. O Google basicamente está cultivando uma resposta. Em contraste, Watson precisa caçar.

Se você perguntar "Quantos são dois mais dois?", quase todo mundo lhe dirá que são quatro, inclusive o Google. Watson, porém, precisa responder "Depende. Para um engenheiro automotivo, dois mais dois podem ser a configuração de um carro: dois assentos na frente, dois assentos atrás. Para um psicólogo de família, dois mais dois podem ser uma unidade familiar: dois pais, dois filhos. Para um jogador, podem ser uma estratégia de pôquer".

Depois de vários anos de trabalho intensivo, o método de aprendizado baseado em padrões resultou na capacidade de Watson de jogar *Jeopardy!* – pelo menos bem o bastante para derrotar funcionários da IBM. A máquina logo sabia cada pergunta anterior de *Jeopardy!*, o texto inteiro da Wikipedia, um dicionário inteiro, volumes de informação sobre cultura pop, textos científicos e até o Urban Dictionary completo. Mas entender gírias podia ser complicado. Num encontro engraçado, quando a IBM exibiu Watson pela primeira vez, a máquina tocou a campainha e disse "F*da-se". Para a equipe, esse insulto público doeu, porque era um exemplo evidente de o quanto Watson podia errar.

Assim como muitos inovadores que lutam com um problema difícil, a equipe continuou caindo nas armadilhas do agricultor, procurando repetir o que funcionara bem no passado: "Toda vez que esbarrávamos em uma barreira ou em um obstáculo, quase voltávamos para o centro do que sabíamos dos tempos programáticos", explicou-me ele. "Dizíamos 'ah, vamos construir uma regra para isso'." A equipe inteira podia ver que estava havendo progresso, mas com frequência era tentada a tomar atalhos para criar novas regras. No entanto, como diz Gold, essa era uma armadilha que eles tinham que evitar: "A não ser que, de maneira precisa, uma situação aconteça exatamente conforme você a conceba, regras não vão funcionar bem."

A equipe "teve que evoluir completamente além da noção de usar velhas regras". Enquanto ele me explicava isso, percebi que eles estavam pondo em prática algo muito semelhante a um de meus mantras favoritos: Viole as regras! Não há nada que impeça mais as empresas de inovar com êxito do que as próprias regras que elas usam para proteger o *status quo*.

Depois de mais sete anos absorvendo conhecimentos e aprendendo padrões, Watson estava pronto para sua estreia. Numa partida transmitida pela TV, a máquina apareceu em *Jeopardy!* para desafiar os ex-campeões Brad Rutter e Ken Jennings, que tinha suas 74 vitórias ininterruptas para proteger.[8] O acesso quase instantâneo de Watson a 200 milhões de páginas de conteúdo tornou a máquina um sabe-tudo muito veloz. Jennings ganhou US$ 24 mil e Rutter, US$ 21.600, mas o computador dominou os concorrentes humanos, ganhando US$ 77.147. Um humilde Jennings observou em sua última resposta: "Eu, pelo menos, dou boas-vindas aos nossos novos soberanos computadores."

Assim como a conquista de Deeper Blue, o feito desencadeou uma publicidade global e um ressurgimento do interesse dos clientes pela IBM. Mas o que a empresa poderia fazer além de derrotar mestres de xadrez e campeões de *Jeopardy!*?

---

[8] "Jeopardy! and IBM Announce Charities to Benefit From Watson Competition", site da IBM, 13 de janeiro de 2011, http://www-03.ibm.com/press/us/en/pressrelease/33373.wss.

RODADA DE ACELERAÇÃO 3:
O JOGO DE XADREZ DE MUDAR O MUNDO

O que você faz com uma máquina que pode vencer em *Jeopardy!*? Gold recordou: "Nós não sabíamos, até realmente chegar a *Jeopardy!*, quais seriam as oportunidades comerciais." Centenas de potenciais caminhos se anunciavam, mas cada um deles exigia um pouco de esforço. A equipe procurou se concentrar nos poderes de Watson: processar grandes volumes de informação, entender linguagens e aprender. Isso levou a IBM à assistência médica. Talvez Watson pudesse ajudar a diagnosticar doenças ou contribuir para pesquisas sobre curas medicinais. O problema era que a medicina é ainda mais complicada do que *Jeopardy!*. Gold explicou: "É como dizer 'Acabei de tirar minha carteira de motorista, acho que vou correr na Fórmula 1 no ano que vem'. É uma coisa ótima para tentar fazer... mas é muito difícil."

Porém, quando a equipe soube que um em cada cinco diagnósticos médicos é errado ou incompleto, ficou motivada. Em vez de encher a memória de Watson de inumeráveis perguntas de cultura inútil e fatos do mundo, eles puseram estudos de medicina, fatos e registros sobre pacientes. Imagine ter um médico com o cérebro lotado de quase todos os conhecimentos sobre medicina – cada combinação de sintomas cruzada com cada combinação de histórico familiar, fatores de risco e potenciais diagnósticos.

Hoje, Watson está sendo empregado em certos hospitais – não como médico ainda, mas como máquina de diagnóstico. A IBM relata que no Memorial Sloan Kettering Cancer Center, em Nova York, 90% dos enfermeiros seguem a orientação de Watson, combinando suas avaliações humanas com a precisão e a eficiência de uma máquina.[9] Anteriormente, eu dei um exemplo de uma das maneiras com que Watson está tornando sua presença percebida nas finanças: ajudando mães e pais a abrir contas de poupança para a educação de seus filhos. Lembra-se de Julie? Aquele cenário e aquela tecnologia são reais, e hoje a IBM tem parcerias com vários bancos, incluindo o RBC Financial, para ajudar a provar o valor, como negócio, de um planejamento financeiro feito com a ajuda de um computador.

---

[9] Bruce Upbin, "IBM's Watson Gets Its First Piece of Business in Healthcare", *Forbes*, 8 de fevereiro de 2013, http://www.forbes.com/sites/bruceupbin/2013/02/08/ibms-watson-gets-its-first-piece-of-business-in-health-care.

Watson está provando o poder dos padrões. A IBM originalmente esperava que cada implementação de Watson precisasse ser um caso especial. Mas Gold explica que a empresa está aprendendo que a oportunidade em padrões é muito mais ampla: "O que descobrimos é que os tipos de interação que organizações e indivíduos têm não são muito diferentes. Se você olha um advogado, em relação a um médico, alguém pode dizer que são padrões diferentes. Mas o que um advogado faz? Ele avalia jurisprudências. Ele pesquisa precedentes e examina os fatos do caso e as histórias das testemunhas. Isso parece muito com o que os médicos fazem... A psicologia é diferente, mas o padrão é o mesmo."

Com base nas palavras de Gold, podemos ver que o *ethos* de Watson é o *ethos* deste livro. Da moda à tecnologia, passando pelas finanças, os padrões têm o potencial de encurtar o caminho de um indivíduo para o sucesso.

SUBPADRÕES DE ACELERAÇÃO

PERFEIÇÃO – Criar um produto perfeito é mais complicado e mais caro do que criar um que seja simplesmente ótimo. As empresas geralmente respondem atingindo um equilíbrio entre qualidade e preço. Porém, há alguns casos em que a perfeição pode compensar. Por exemplo, nas últimas décadas, haviam sido modestas as melhorias em roupas de natação para competições, mas perto dos Jogos Olímpicos de 2008 a Speedo adotou uma estratégia radicalmente acelerada. A empresa se juntou à NASA para criar as mais modernas roupas de natação. O fruto dessa extraordinária colaboração foi o LZR, uma roupa de natação soldada com ultrassom, que cobre o corpo inteiro, é leve e feita de um tecido futurista. A roupa foi tão extremamente planejada que atletas que a usaram bateram 13 recordes mundiais um mês após seu lançamento. Nos Jogos Olímpicos de 2008, 98% dos medalhistas a usaram, e dos 25 recordes olímpicos em natação, 23 foram alcançados por nadadores que usavam LZR. A roupa superpoderosa de natação foi banida de futuros Jogos Olímpicos, mas seu sucesso excepcional iluminou a marca Speedo.[10]

---

[10] Record Breaking Benefit, NASA, http://www.nasa.gov/offices/oct/home/tech_record_breaking.html#.UquJLeIg_70.

ÍCONE ASPIRACIONAL — Muitas empresas se esforçam para criar uma versão de um produto com alto desempenho para, com o passar do tempo, atrair consumidores para alternativas mais caras. Na indústria de automóveis, por exemplo, o modelo de mais alto desempenho com frequência alcança um status icônico. Embora muitos clientes inicialmente comprem um modelo de faixa inferior, um grande percentual muitas vezes muda depois para um produto superior. Essa estratégia de "sedução" tem sido altamente bem-sucedida em muitas indústrias — por exemplo, na Intel, com o negócio de chip de computador. Nos anos 1990, consumidores claramente queriam mais velocidade, então a Intel investiu pesado para assegurar que sempre tivesse os chips mais rápidos, e depois anunciou intensamente que alcançara o "estado da arte", o nível mais alto de desenvolvimento. Isso levou consumidores a desejar máquinas com o logotipo "Intel Inside", e a preferência permitiu à empresa cobrar um preço bem maior que o dos chips da rival AMD. O resultado? A Intel continuou sendo líder de mercado, embora durante todo o tempo a maioria dos consumidores não estivesse comprando os chips mais rápidos da Intel.

FUNCIONALIDADE EXAGERADA — Pegue uma funcionalidade ou atributo que permitirá a sua empresa, a seu produto ou a seu serviço ser o melhor. Depois, atraia a atenção para essa funcionalidade. Por exemplo, a Blendtec tem um liquidificador potente. Para se colocar acima da concorrência, a empresa criou uma série no YouTube intitulada "Will it Blend?" ("Será que vai misturar?"). Toda semana, a empresa pega algo do qual as pessoas estejam falando, como o mais recente iPhone ou produto de consumo, e o joga dentro de seu liquidificador doméstico de potência quase industrial. Sim, é dramático — a máquina moendo é uma prova visual de que o liquidificador Blendtec é assombroso. No primeiro ano do canal, as vendas da Blendtec cresceram seis vezes, e no fim de 2013 o canal havia acumulado mais de 230 milhões de visualizações.

SOLUÇÃO REIMAGINADA — Com uma solução reimaginada, inovadores podem provocar paixão e empolgação numa indústria que de outro modo seria maçante. Por exemplo, os aspiradores de pó domésticos eram considerados sem graça até que James Dyson repensou o modo como funcionam. Frustrado com o entupimento da bolsa do aparelho em sua casa, Dyson trabalhou para criar uma nova solução. Ao recordar uma visita a um moinho de vento, ele se lembrou de ter visto a agitação do ar criar miniciclones que mexiam lascas de madeira sobre o chão, formando uma pequena pilha no meio da sala. Ele se perguntou se o mesmo movimento de ciclone poderia ser aplicado a aspiradores domésticos. Então, começou a aprimorar a ideia, criando 5.127 protótipos de aspiradores antes de chegar àquele que produzia à perfeição um efeito semelhante. Em 1991, ele lançou uma versão acelerada do aspirador Dyson que seria vitoriosa na Feira Internacional de Design e acabaria se tornando o padrão mundial dos aspiradores potentes, sofisticados e bem planejados.

RESUMO: ACELERAÇÃO

A aceleração é tanto fácil quanto difícil. Certamente, estamos acostumados a competir fazendo algo maior, mais rápido ou melhor, mas é crucial escolher a funcionalidade certa para acelerar.

PARA LEVAR

1. **Identifique com precisão por que algo é ótimo** — Para acelerar uma ideia, identifique com precisão a funcionalidade de que as pessoas gostam mais e depois comece a melhorá-la. Como vimos, ao criar a Tough Mudder, Will Dean amplificou a sensação de conquista que uma pessoa sente depois de sobreviver a um evento de resistência torturante.

2. **Distancie-se da concorrência** — Para criar algo notável, é crucial ser percebido como significativamente diferente. Para Will Dean, isso representou acelerar a ideia de conquista criando uma corrida repleta de ameaças extremas – de fogo a eletrocução.

3. **Você pode acelerar algo pequeno** — Você não precisa fazer algo tão grande quanto a Tough Mudder. Simplesmente encontre uma ideia ou inspiração e

leve-a para o próximo nível com um produto ou serviço que envolva totalmente uma necessidade do consumidor.

4. **Pegue uma emoção ou ideia e enfatize-a** – Correr fazia Nicole DeBoom se sentir feminina e bonita, mas suas roupas, não. Então ela se concentrou nesse aspecto e criou uma saia de corrida que a ajudaria a se sentir incrivelmente mais feminina.

5. **Crie desafios épicos** – Desafios podem inspirar grandes coisas. Com Deep Blue e Deeper Blue, a IBM desafiou a si própria a desenvolver uma máquina que pudesse vencer partidas de xadrez do mais alto nível. Depois, com Watson, a tarefa foi produzir uma máquina capaz de "pensar melhor" do que os seres humanos e vencer o *Jeopardy!*. A tecnologia promete agora dar o pontapé inicial para uma nova era de inteligência artificial acelerada em medicina, negócios e ciência. Quanto à empresa em si, hoje ela se gaba de ter uma receita anual de US$ 1 bilhão.

RESUMO DOS PADRÕES DE OPORTUNIDADE

Por meio de exemplos notáveis de sucesso, você aprendeu como nerds, ex-condenados, fashionistas e pessoas com talento empreendedor alavancaram os seis padrões de oportunidade para criar produtos e serviços revolucionários. Na próxima seção, você mergulhará mais fundo no modo como pode realmente aplicar os padrões e fazê-los funcionar para sua indústria.

Os seis padrões

1. Convergência – combinar produtos e serviços previamente não relacionados.

2. Divergência – divergir da tendência dominante (alcançar status ou customizar).

3. Ciclicidade – acompanhar ciclos que são previsíveis entre gerações ou recorrentes na história, na moda ou na economia.

4. Redireção – mudar, reaproveitar ou reposicionar um conceito.

5. Redução – a simplificação, especialização ou focalização de uma ideia.

6. Aceleração – identificar uma funcionalidade crítica e aprimorá-la drasticamente.

PARTE 3
CAPTURE

CAPÍTULO 11

O TERRITÓRIO DE CAÇA

Armado de um conhecimento sobre os padrões de oportunidade e tendo despertado seu caçador interno, você agora está mais bem preparado para identificar e alcançar essas oportunidades para encontrar ideias melhores, mais rápido.

Primeiro, você precisa estreitar seu foco. Desenvolva essa habilidade e você será capaz de concentrar sua atenção nas oportunidades que são grandes o bastante para serem lucrativas, mas não tão grandes e óbvias que seus concorrentes já possam tê-las localizado. Isso começa aprendendo-se a estreitar de maneira inteligente o campo do que você está olhando. Eis uma estrutura sobre como fazer isso:

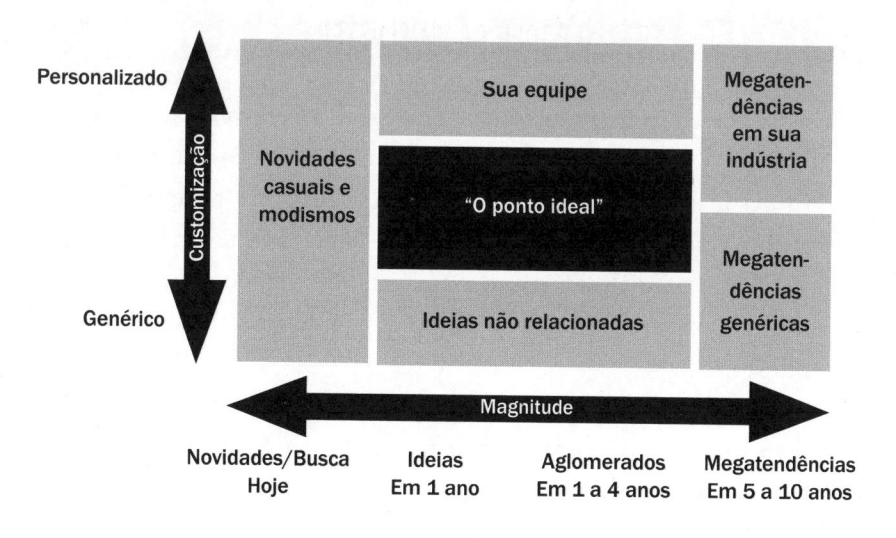

ESTREITANDO SEU FOCO

1. **Não grande demais** – A maioria das pessoas já tem sido massacrada pela cobertura da mídia sobre megatendências como ecologia, mídia social e o crescimento da China. Para identificar algo lucrativo, você precisa cavar mais fundo em busca de oportunidades menores e menos óbvias compatíveis com suas vantagens e talentos.

2. **Não pequeno demais** – A palavra *tendência* com frequência é usada de maneira equivocada para definir o que está em voga no Twitter ou no Google. Esses pequenos modismos podem ser fascinantes, mas seu tempo sob os holofotes é passageiro. Eles não são significativos o bastante para gerar uma vantagem competitiva de longa duração.

3. **Não o que você sabe** – Quando você caça, precisa evitar gastar tempo demais com tendências e ideias que já identificou. Essas tendências parecerão pipocar à sua frente por causa do instinto de seu cérebro de cultivar o mesmo terreno.

O PODER DE UM CLUSTER

A chave para desencavar grandes ideias de negócios é encontrar um cluster de oportunidades. Um cluster é um grupo de produtos, serviços ou conceitos que seguem uma ideia semelhante. Clusters são importantes porque significam o interesse do consumidor por algo bem mais amplo do que um único produto. Encontre um bom cluster e você estará se aproveitando de uma profunda necessidade ou oportunidade de consumo que pode ser satisfeita com múltiplos produtos.

Se você olhar o mercado de bebidas nas últimas décadas, será fácil ver, em retrospecto, como a paisagem mudou radicalmente. A Red Bull, conforme discutimos, foi um inovador divergente, criando um tremenda marca de estilo de vida fortalecida por aventuras extremas. A empresa pegou a cafeína – a droga que está no cerne das sementes de café – e a transformou magistralmente numa experiência. A Red Bull pegou algo velho e transformou em novo. Quinze anos após o lançamento do Red Bull, o Monster Energy Drink entrou no negócio e, desde então, cresceu e se aproximou muito em receita e reputação. O Rockstar Energy, lançado em 2002, é o outro jogador que ganhou uma fatia significativa do mercado (aproximadamente 10% nos Estados Unidos).

É incrível que os grandes conglomerados de refrigerantes tenham chegado tarde ao jogo das bebidas energéticas. Essas empresas dominantes focaram apenas em bebidas descafeinadas nos anos 1990 e nos primeiros anos deste século, perdendo o grande padrão da cafeína. Sim, houve amplas oportunidades para os cafés especiais, mas o novo território – e cluster – maior foi levar o café para lugares onde ele nunca estivera. A empresa Living Essentials, de Indiana, viu o padrão. Suas doses de 5-Hour ENERGY basicamente reduziram a já diminuta lata do Red Bull a um único gole de 60 mililitros. Ela acelerou o Red Bull, conforme expresso no slogan "Beba em segundos, sinta em minutos". Mais ou menos da mesma forma, a Gu Energy Labs, em Berkeley, Califórnia, foi uma das várias empresas que criaram uma maneira de ingerir rapidamente a cafeína com carboidratos e açúcar – nesse caso, via minúsculos pacotes de gel. Hoje, existem incontáveis produtos semelhantes a balas – de cápsulas a batatas fritas – que são basicamente sistemas de entrega de cafeína. Juntos, eles significam um cluster de oportunidade, o que na Trend Hunter chamamos de "onipresença da cafeína".

Em 2011, um grupo de colegas de trabalho e amigos de longa data, do setor de bens de consumo empacotados, identificou essa mesma oportunidade e decidiu persegui-la numa start-up, que chamou de Awake. Construindo a partir do cluster de onipresença da cafeína, eles focaram em adicionar cafeína a barras de chocolate. Em menos de dois anos, desenvolveram alguns tipos de chocolate cafeinado e logo ganharam a atenção da mídia. "Nós pudemos ver, a partir desses múltiplos exemplos, que as pessoas queriam algo cafeinado que não fosse café, e percebemos que muitas dessas pessoas eram adolescentes", disse-me o cofundador Matt Schnarr. Em 2014, a Awake havia desenvolvido uma ampla série de produtos, de barras de chocolate a caramelos e tabletes de "dose única", distribuídos para 20 mil lojas de conveniência e 1.300 lojas em campus universitários. "Quando você tem um insight, e não apenas uma única ideia, isso lhe dá algo maior a partir do qual você pode construir."

A equipe da Awake não tentou vender mais uma bebida energética. Ela viu crescer o tsunami de produtos cafeinados que não eram café e se jogou ali com um novo conceito que aproveitou o impulso de um cluster muito bom.

Como você verá mais adiante neste capítulo, esse tipo de oportunidade está disponível em toda espécie de indústria.

VAMOS CRIAR UM NEGÓCIO

Imagine que você tem uma ideia empreendedora promissora à qual quer dar asas. Pode ser um serviço ou produto que você mesmo está desenvolvendo ou que esteja levando para uma grande empresa. Você gostaria de lançá-la numa loja de varejo, mas seu orçamento é limitado. Então imagine que seu sócio no negócio sugira uma loja pop-up, temporária. Como você não pode arcar com uma loja convencional, essa ideia lhe parece brilhante. Mas quando você começa realmente a planejar e construir a loja, fica confuso.

São tantas as possibilidades que é fácil perder o rumo.

Antes de ler a próxima seção, tire alguns minutos para pensar e visualizar sua pop-up. Qual seria a localização? O que você venderia? Qual seria o visual e a atmosfera desse espaço?

O motivo pelo qual eu lhe pedi para fazer esse exercício é que ele demonstra nossas limitações naturais. Quando tentamos inovar às pressas, nossas primeiras ideias quase sempre derivam de intuições e percepções espontâneas sobre lojas pop-up. Essas ideias iniciais muitas vezes são grandiosas demais ou genéricas demais para serem úteis. Esse exercício de loja pop-up ajudará você a ver como a identificação de uma tendência e a formação de um cluster podem ajudar a refinar sua estratégia e torná-la mais interessante e focada.

Eis como isso funciona. Quer eu esteja ajudando a Cadbury a desenvolver um novo tipo de chocolate ou a Microsoft a repensar seu futuro, meus workshops para identificação de tendências seguem sete passos testados na prática:

PASSO 1: DESPERTE SEU CAÇADOR – Pense em tudo o que eu lhe disse a respeito de caçadores e agricultores e da importância de se libertar de sua intuição. Para encontrar uma ideia *nova* e memorável, você precisa de uma nova maneira de pensar. Para muitos inovadores, isso pode ser realizado olhando para fora de sua indústria em busca de inspiração. Um bom exemplo foi demonstrado em minha surpreendente entrevista com Marco Morosini, um dos principais designers da Ferrari. Eu esperava que ele me dissesse que pesquisava novas ideias frequentando todos os salões de automóveis, estudando todo tipo de corrida de carro e prestando muita atenção ao modo como os participantes de corridas urbanas modificam seus carros. Em vez disso, ele me contou que passava metade de suas horas de trabalho criando moda feminina. Embora a Ferrari seja um dos fabricantes de carros mais másculos do mundo, Morosini acredita que a única maneira de manter seu próprio frescor e sua inspiração é explorando outros territórios. Ele me disse: "Você precisa estar mais aberto para a completa possibilidade do que pode ser."

PASSO 2: ESTABELEÇA UM TERRITÓRIO DE CAÇA – Como ponto de partida, você vai querer caçar ativamente todas as ideias semelhantes em seu mercado. Estar consciente das inovações em seu mercado inspirará uma ideia baseada no melhor de tudo o que aconteceu antes. Você pode encontrar essas ideias pesquisando na internet, viajando, entrevistando pessoas ou lendo livros, revistas e publicações sobre negócios em sua área. Você também pode contratar serviços que façam isso para você. A TrendHunter.com foi intencionalmente estruturada para ser uma fonte de inspiração, e você é bem-vindo para pesquisar nosso banco de dados gratuito com 250 mil ideias, que, conforme verá, abrirá sua mente para uma série de possibilidades.

Note que cada um desses exemplos baseados em tendências é real, portanto, se você quiser mergulhar mais fundo e explorar cada um deles, visite BetterandFaster.com/popups.

PRIMEIRA RODADA DE IDEIAS: LOJAS POP-UP

Festa pop-up em ônibus
A Square Enix lançou o videogame *Final Fantasy* em ônibus escolares transformados em fliperamas.

Lojas de moda desmontáveis
A loja 24 Issey Miyake pode ser facilmente "guardada", o que a torna utilizável em qualquer lugar.

Supermercados virtuais no metrô
A Homeplus criou cartazes com fotos de alimentos que você pode encomendar pelo celular.

Exposições em jardins fechados
A Openhouse Gallery foi uma exposição de arte pop-up, montada num parque urbano.

Galeria de arte e moda pop-up
A Lightbox Shop, da Schwarzkopf, foi uma galeria de arte e moda criada por Karl Lagerfeld.

Biblioteca em cartaz
A Billboard Library permitiu pegar novos livros emprestados simplesmente escaneando seu código QR num cartaz

Café e banco pop-up
A ING criou um bar e café móvel que também oferecia serviço de banco.

Ringues de patinação pop-up
A UNIQLO chamou atenção com um ringue de patinação pop-up.

Jantares pop-up
Mil pessoas vestidas de branco se reuniram para o Dîner en Blanc, em Nova York.

Cinema portátil movido a pedaladas
O Cycle-In é uma sala de cinema ao ar livre em que as pessoas precisam pedalar para que o filme seja exibido.

Pop-ups monumentais temporárias
O pop-up Cube, da Eletrolux, parecia um castelo francês gigante.

Lojas esportivas em contêineres de navio
A loja pop-up da Puma permitiu à marca expandir rapidamente a tempo para a Copa do Mundo

PASSO 3: INVESTIGUE O PERÍMETRO EM BUSCA DE IDEIAS LEVEMENTE RELACIONADAS — Expanda seu ponto de vista para incluir conceitos que não sejam repetições do que você pretende fazer mas que, ainda assim, estejam relacionados o bastante para inspirar. Em vez de apenas olhar lojas existentes, você pode observar inovações dentro das lojas, a arte das vitrines e máquinas de venda automáticas novas e criativas. Essas iniciativas inteligentes não são obviamente lojas pop-up, mas compartilham um objetivo semelhante de tentar atrair a atenção do comprador, com frequência por meio de alguma técnica que talvez possa ser aplicada em seu negócio. Examinando o que está adjacente a seu desafio de negócio, você fará sua mente saltar para novas possibilidades. Veja, por exemplo, o seguinte:

IDEIAS LEVEMENTE RELACIONADAS: INOVAÇÕES DENTRO DA LOJA, FACHADAS CRIATIVAS, MÁQUINAS DE VENDA AUTOMÁTICAS

Centros de varejo de ficção científica	Inaugurações com ilusão de ótica	Anúncios ativados por movimento
O shopping center L'atoll Angers é inspirado no futuro.	Para sua loja conceito em Chicago, a Burberry criou uma ilusão de infinito.	Cartazes com percepção interativa respondem a interações do observador.
Venda de identidade facial	**Loja de alta-costura em cinema**	**Madrugada na loja de móveis**
A máquina de venda automática da Sanden customiza ofertas com base em seu rosto.	A butique Roma Etoile, da Louis Vuitton, tem seu próprio cineteatro.	As festas do pijama da IKEA, em que os clientes passam a noite na loja, se tornaram virais, com diversões e mimos inesperados.
Entrega de produtos escaneável	**Paredes para compras em 3D**	**Máquinas de escambo automático**
Os caminhões PGMobile, da Walmart e da P&G, oferecem conveniência e acessibilidade.	A parede de calçados virtuais adiVerse oferece aos compradores a mais moderna experiência de compras.	A Swap-O-Matic permite às pessoas trocar um produto por outro.
Tuíte para receber gostosuras	**Showrooms digitais interativos**	**Varejistas em realidade aumentada**
A máquina de venda automática BEV Twitter troca hashtags por chá gelado.	A Audi City oferece aos clientes uma experiência de compra virtual.	A Airwak criou uma loja invisível num lugar real que só podia ser vista por meio de smartphones.

PASSO 4: AMPLIE SEUS LIMITES – Em seguida, procure ideias *menos* relacionadas em lugares fora de seu desafio particular. A maioria dos grandes inovadores busca inspiração em uma ampla variedade de fontes. Quando entrevistei Mark Southern, diretor de inovação de produtos da Hilton Worldwide, ele me contou que uma das maiores fontes de inspiração da rede era a NASA. Ele disse que a NASA os inspirava a usar partes intercambiáveis, uma tática utilizada no ônibus espacial para assegurar que, se uma parte importante quebrar, esta possa ser consertada com partes de alguma coisa menos crítica. Usando essa tática, a Hilton padronizou faqueiros, louças, utensílios e outras partes em seus 4 mil hotéis. Já a interface ConnectedDrive, da BMW, inspirou-se em videogames, e o novo modelo Shox Shoes, da Reebok, inspirou-se nas molas de um carro. Portanto, olhe além de seu mercado e inspire-se em alguns dos variados exemplos abaixo:

IDEIAS MENOS RELACIONADAS: FORA DE SEU MERCADO

Simuladores de provador	Tabernas com autosserviço	Sessões de fotos de livro de histórias
Experimente roupas em casa com o provador virtual do Tobi.com.	A Thirsty Bear permite que clientes se sirvam de cerveja.	A MAC e a Hello Kitty canalizaram *Alice no País das Maravilhas*.
Playgrounds improvisados	**Festas de rua da FIFA**	**Provadores interativos**
Parques inesperados embelezam sua cidade e ao mesmo tempo criam um lugar para brincar.	A Adidas transformou um estacionamento num bar para os torcedores da Copa do Mundo.	Experimente um par de sapatos com o aplicativo de telefone Sampler, da Converse.
Veículos ecoretrô expansíveis	**Spa de beleza em ônibus**	**Bares criativos para rabiscar**
A Kombi retrô da VW dá guinada ecológica e se transforma em lugar para acampar.	A Clean Earth Design criou um spa transportável com todos os serviços.	O Doodle Bar, em Londres, permite que os clientes rabisquem em cima de tudo, do teto ao chão.

Assinatura de roupas (não é uma loja)	Manequins eletrônicos interativos	Food Trucks de moda
A Le Tote permite aos usuários alugar trajes completos por US$ 49 por mês.	A TeamLabHanger criou manequins virtuais que respondem a gestos.	Henry Holland transformou uma van para venda de sorvete em loja de moda.

A essa altura, você teve uma chance de examinar várias ideias diferentes. É tentador pensar "É isso aí!" e convencer a si mesmo de que sua próxima ideia terá mais informações como base. Mas há outro passo. Para assegurar o sucesso, você precisa treinar a si mesmo para ver diferentes tipos de padrões e clusters.

PASSO 5: COLECIONE E AGRUPE O QUE VOCÊ ENCONTRA — Você e sua equipe precisam ser capazes de ver e comparar as ideias mais animadoras e inspiradoras. Você pode anotar cada ideia num post-it e pregar sua coleção num quadro, acompanhada de fotos ou desenhos, ou seguir um caminho mais tradicional e exibir suas descobertas em PowerPoint, Keynote ou Excel. A chave é reunir, exibir e depois procurar os padrões.

PASSO 6: JOGUE FORA SEUS PRIMEIROS CLUSTERS — A mente humana é ótima para encontrar tendências e padrões criando atalhos ou caindo na armadilha de estereótipos, esquemas e vieses. Tentamos tornar nossa carga mental mais leve tomando como referência o que já vimos e o que sabemos que funciona. Para você ter uma ideia do quanto essa tendência é forte, pense por um instante nas faixas pintadas no meio da estrada que impedem colisões de veículos. Você confia em normas semelhantes em seu dia a dia. Quer você reconheça ou não, grande parte do nosso dia é conduzido no piloto automático. Esse é o motivo pelo qual podemos caminhar até uma porta e abri-la sem pensar. Você não precisa analisar a porta e descobrir como ela abre.

Todos esses sistemas automáticos são essenciais, é claro, mas eles não ajudam muito se o seu objetivo é a inovação. Quando esse tipo de pensamento robótico governa o modo como você procura novas ideias, ele pode deter você. Para se libertar, você com frequência precisa jogar fora sua primeira ideia.

Por exemplo, analisando os exemplos de negócios anteriores, você pode identificar um cluster de ideias semelhantes. E isso pode levar você a tentar vender algo imitando uma dessas ideias. Mas há um problema. Se uma ideia se tornou popular o bastante para se transformar num grande negócio, provavelmente ela é bem óbvia. Na verdade, o conceito é tão óbvio que é quase genérico. O que você pode fazer para reenquadrar essa ideia? Ou para tentar algo diferente? Usando os padrões, você pode reformular ou descobrir uma nova oportunidade.

PASSO 7: USE OS SEIS PADRÕES PARA REAGRUPAR SEUS INSIGHTS – Se você olhar o mesmo grupo de ideias novamente e investigar outros clusters e ideias, padrões mais distintos surgirão:

- **Loja dentro de loja** (redução) – Uma loja dentro de uma loja pode ser o conceito mais simples. Barata e de rápida implementação, essa abordagem permite a você focar a atenção do comprador na novidade de sua ideia em comparação aos itens mais familiares de um espaço de varejo maior. A tática explicitamente destaca seus produtos de todo o resto que está sendo vendido ao lado deles – é focar a atenção.

- **Loja cartaz** (redireção) – Os exemplos relacionados acima incluem um supermercado no metrô que permite aos trabalhadores que transitam por ali comprar produtos durante seus percursos; serviços de entrega em que o celular permite a compra imediata de produtos e a entrega; e um cartaz que funciona como uma biblioteca em que os livros podem ser baixados. Tudo isso atrai a atenção. A biblioteca-cartaz reaproveita o cartaz para o comércio direto. Impressionante e inesperada, também tem o benefício de ser extremamente expansível. Se esta semana sua loja cartaz pop-up decolar, você poderá expandi-la com mais dez cartazes no próximo mês e mais cem até o fim do ano.

- **Loja de realidade virtual** (aceleração) – A vitrine interativa, a loja de tênis com realidade ampliada, o provador interativo e os manequins virtuais interativos têm algo em comum. Todos eles aceleram um aspecto da realidade aumentada para criar algo futurista e empolgante durante um lançamento.

- **Escape nostálgico** (ciclicidade) – Os exemplos da sessão de fotos de livro de histórias, dos ringues de patinação pop-up, do playground improvisado e do food truck de moda retrô apostam na nostalgia. Explorando nosso passado, eles forjam uma profunda conexão emocional. Curiosamente, a criação de nenhum deles seria particularmente cara. Eles demonstram o poder do design calculado.

- **Antiloja** (divergência) – Alguns negócios são bem-sucedidos porque desafiam nossas crenças dominantes removendo conscientemente serviço, escolha e tradição. Como eles rompem violentamente com nossas expectativas, um determinado segmento de consumidores com frequência os acha atraentes. Considere o bar em que os próprios clientes se servem (remoção de serviço), a assinatura de roupas (remoção de escolhas) e o cinema movido a pedaladas (remoção da tradição de assistir ao filme passivamente). Cada um deles extrai sua energia do ato de desafiar radicalmente nossas expectativas.

- **Experiência agrupada** (convergência) – A festa pop-up da FIFA, o jantar pop-up e a festa pop-up no ônibus mostram o imenso poder de criar um evento de massa em uma única ocasião. Eles são pontos de convergência para outras ideias e eventos que já estão atraindo a atenção. Eles capitalizam sobre ser o lugar ideal para atrair uma confluência de ideias ao redor.

- **Negócio duplo** (convergência) – Muitas dessas ideias têm o dobro de probabilidade de ter êxito porque reúnem vários negócios em um único endereço. Existe a loja de moda/galeria de arte, o café/banco pop-up e o cinema/loja de alta-costura. Essas lojas com interseção de dois propósitos dão às pessoas mais motivos para explorá-las e oferecem algo incomum para comentar, o que aumenta muito a probabilidade de que sejam notadas.

- **Desafio final** – Agora é hora de destruir. Jogue fora seu primeiro conceito, pegue um dos clusters acima e passe algum tempo pensando em seu negócio. Com toda a probabilidade, sua segunda iteração se aproveitará de novas ideias e será mais empolgante e mais focada.

No fim das contas, você está procurando um cluster. Tomar esse caminho ajudará você a ter ideias, a criar novos conceitos e a ter um insight com maior probabilidade de ser bem-sucedido por não se apoiar em uma intuição. Na verdade, isso alavancará o poder de um padrão subjacente.

CAPÍTULO 12

EXAMINANDO INDÚSTRIAS INDIVIDUAIS

Para ajudar as pessoas a fazer uma mudança significativa, com frequência eu acho suficiente pintar para elas um retrato do que *poderia* ser. Mas também preciso salientar o risco da falta de ação. Ao tentarem imaginar como o mundo evoluirá, as pessoas ficam sempre animadas com o futuro *distante*, sonhando alegremente com o que será possível dentro de uma década ou mais. Mas quando se trata de tomar decisões de negócio de curto prazo, elas tendem a parar de olhar para o futuro. Existe um conforto em supor que as coisas não mudarão muito, quer seja em nosso trabalho ou em nossas relações ou em qualquer outra área. Mesmo que *possamos* prever certos aspectos do futuro de nossa indústria, é provável que subestimemos a extensão da mudança.

Para tornar claro o ritmo da transformação, ajuda olhar para trás. Vamos contrastar, por exemplo, a experiência do consumidor de ir ao cinema em 2000 com a mesma experiência em 2010.

Considere a indústria do cinema. Se você estivesse trabalhando na Warner Brothers em 2010, iria querer saber sobre o futuro de curto prazo do entretenimento cinematográfico. Você notaria que as pessoas estão assistindo a filmes em streaming, online, mas pode ser que desprezasse equivocadamente o crescimento dos downloads na internet porque os filmes tradicionais exibidos nos cinemas ainda estão batendo recordes. A bilheteria seria seu *status quo*. Em se tratando do futuro *bem* distante, você poderia facilmente sonhar com um 3D avançado, uma interatividade maior, realidade virtual e personalização. Mas essas ideias pareceriam tão distantes que seria difícil convencer os outros a fazer mudanças urgentes para se prepararem. Além disso, o então atual modelo de negócio de cinema centrado em salas de exibição pareceria ainda estar funcionando.

Então como você poderia preparar sua organização para o futuro? Um ponto de partida seria estudar a mudança que já teria acontecido. Você poderia retroceder ao ano 2000 e imaginar uma noite fora com os amigos. Para escolher um filme naquele primeiro ano do novo milênio, você provavelmente reviraria sua pilha de jornais para encontrar os últimos lançamentos. Talvez escolhesse *X-Men*, mas ao perceber que seu jornal era de dias atrás, teria que verificar a programação. Por telefone! Se por acaso você tivesse um celular, isso não ajudaria. No ano 2000, havia poucos smartphones, e as opções de programação de cinema na internet eram limitadas. Você literalmente teria que ligar para o número do cinema, ouvir pacientemente todos os anúncios antes de confirmar o horário do filme e depois desligar e telefonar para seus amigos. Muitos deles provavelmente sequer teriam celulares, então você talvez tivesse que deixar mensagens em suas secretárias eletrônicas. Por fim, você teria que entrar em seu carro e ir para o cinema. Como isso está acontecendo antes da popularização do GPS, você teria que saber onde estava indo e, por mais estranho que isso possa parecer, na época poucas pessoas usavam regularmente mapas impressos. Quando você finalmente chegasse, descobriria, para seu desânimo, que os ingressos estavam esgotados. Você precisaria então de um plano alternativo, que poderia incluir uma ida ao shopping mais próximo para comprar tênis e comer alguma coisa.

Na década seguinte, tudo nessa noite mudou.

Em 2010, se você quisesse ver um filme com esses mesmos amigos, poderia escolher *A rede social*, sobre os fundadores do Facebook. Você poderia decidir economizar alguns dólares vendo o filme em streaming, em casa, mas se quisesse encontrar seus amigos pessoalmente, poderia enviar e-mails para eles, ou uma mensagem de texto pelo celular ou usar o próprio Facebook para se comunicar. Enquanto esperava as respostas, você poderia usar o mesmo smartphone para fazer uma pesquisa sobre o filme. Por exemplo, você poderia usar seu aplicativo de filmes favorito para ver o trailer de *A rede social* e checar as avaliações dos internautas. (E quando você tivesse analisado o que veria, seus amigos poderiam já ter respondido com um emoticon de carinha feliz.) Você teria então a opção de comprar os ingressos antecipadamente e poderia usar o GPS para achar o cinema. Se tivesse feito a compra antecipadamente, chegaria com o ingresso garantido e não precisaria esperar na fila nem se arriscar a sentar numa poltrona horrível. Você poderia, então, dar um bom uso a esses minutos extras – por exemplo, encontrando o Starbucks mais próximo ou lugares para fazer compras. Tudo pelo seu smartphone.

Talvez a maior mudança nesse período fosse a de que em 2010 você poderia ter desistido completamente do cinema. Em 2010, o tempo dos espectadores era cada vez mais dominado por vídeos na internet, navegação online e videogames. Os adolescentes haviam mudado, passando muito mais tempo na internet do que vendo a televisão tradicional. Vídeos online de todos os tipos e tamanhos haviam explodido e milhões de sites haviam começado a atender a cada nicho do público do cinema. A indústria de videogames rapidamente derrubou as vendas nas bilheterias. Para efeito de comparação, em 2000 o filme de sucesso *X-Men* faturou US$ 50 milhões em seu primeiro fim de semana, e cerca de US$ 300 milhões no total. Em 2014, o videogame de sucesso *Grand Theft Auto V* faturou impressionantes US$ 800 milhões em seu primeiro dia de venda e US$ 1 bilhão em três dias – um recorde em entretenimento que faz o total de *X-Men* parecer insignificante.[1]

A questão é que comparar 2000 e 2010 ajuda a prever o ritmo da mudança. Quando nos lembramos de meros dez anos atrás, parece agora pré-histórico encontrar uma lista de filmes num jornal ou procurar direções num mapa impresso. E não apenas isso: a própria experiência de ir ao cinema se transformou de muitas outras maneiras. Em uma simples noite no cinema, podemos ver uma dúzia de indústrias destruídas, transformadas e criadas. A era dos filmes tradicionais, dos telefones fixos, dos telefones celulares não muito inteligentes, dos catálogos telefônicos, dos jornais impressos e dos mapas de papel foi ofuscada por smartphones, mensagens de texto, avaliações de espetáculos por comunidades na internet, compras online e videogames sociais.

Em 2011, estrategistas da Warner Brothers começaram a ligar os pontos comprando o site de avaliação de filmes Rotten Tomatoes e o aplicativo de filmes Flixster. Essas aquisições ligaram a Warner Brothers à experiência em evolução de escolher filmes e, o que é mais importante, deram a ela uma plataforma digital com possibilidades de longo prazo superiores. Como proprietária dos principais aplicativos de filmes e site de avaliação, a empresa está

---

[1] Erik Kain, "Grand Theft Auto V" Crosses 1$B in Sales, Biggest Entertainment Launch in History", *Forbes*, 20 de setembro de 2013, http://forbes.com/sites/erikkain/2013/09/20/grand-theft-auto-v-crosses-1b-in-sales--biggest-entertainment-launch-in-history.

posicionada de maneira ideal para lançar novos produtos digitais, formular decisões sobre filmes e – alguns especulam – tentar algum dia rivalizar com a Netflix. Embora tenha se adaptado bem mais rápido do que muitos de seus concorrentes, a Warner Brothers poderia ter sido mais presciente. Se tivesse feito o exercício acima para entender o ritmo das mudanças, o estúdio poderia ter tido uma plataforma digital anos antes, poupando milhões e vencendo a Netflix, o Google Play e a Apple para tomar o controle do mercado de downloads digitais.

Uma mensagem clara aqui é que você tem uma probabilidade maior de convencer a si mesmo e os outros do ritmo intenso de mudanças quando pensa holisticamente nas principais mudanças na experiência de seu cliente. Internalizar o ritmo de mudanças é crucial porque isso levará você a fazer previsões que não estão ancoradas no *status quo* e imbuirá seu plano de um senso de urgência.

INDÚSTRIAS PRINCIPAIS PARA ACOMPANHAR

Para um caçador de tendências, prestar atenção aos próximos anos é crucial porque isso pode gerar oportunidades extraordinárias. Porém, a maioria das pessoas passa tempo demais estudando o estado atual de sua indústria sem pensar de maneira mais ampla em seu futuro cliente. Como mostra a experiência de ir ao cinema, para abrir oportunidades maiores, é importante pensar de maneira abrangente nas grandes mudanças que poderão acontecer na vida de seu cliente dentro de três, cinco ou até dez anos. Uma boa maneira de internalizar mudanças comportamentais é estudando múltiplos mercados.

Por exemplo, a observação de um ótimo vestido retrô estilo anos 1980 pode fazer você pensar em oportunidades cíclicas que estão bem além da moda. A visão do vestido pode influenciar você a prestar atenção a uma tendência relacionada – por exemplo, como a moda dos videogames nos anos 1980 está se insinuando dentro da mídia social. Você pode também, por acaso, deparar-se com o anúncio de uma nova cerveja de estilo vintage e se entusiasmar de repente com o que sua empresa pode fazer para alavancar a nostalgia focada na mesma época.

"Aqueles que não conhecem a história estão destinados a repeti-la", escreveu o filósofo e estadista irlandês Edmund Burke. Estudamos história na escola e na faculdade por muitos motivos, um dos quais é o de que ela nos ajuda a evitar repetir velhos e desgastados planos e políticas que já não funcionam. A seção a seguir mostrará a você o ritmo de mudanças em algumas indústrias-chave, examinando produtos e serviços historicamente associados a essas indústrias. Cada uma delas serve a mercados complexos, portanto tenha em mente que meus resumos são, necessariamente, muito simplificados. São destinados simplesmente a ilustrar mudanças importantes que a Trend Hunter vem acompanhando com base em nosso trabalho com inovadores de primeira linha em cada mercado.

Moda

A moda há muito tempo cumpre a função de identificar tendências de consumo que estão surgindo. A indústria age rápido, os atores são competitivos e a cultura contemporânea influencia enormemente o que funciona e o que não funciona.

A moda é fascinante porque em grande medida não tem seu acesso limitado por barreiras. Isso pode surpreender você, mas os estilistas não se beneficiam de proteção aos direitos autorais porque roupas são consideradas "gênero de primeira necessidade", assim como alimentos, bebidas e produtos domésticos. Para poder ser protegido, um design precisa ser qualificado como representação gráfica em escultura, pictórica ou redigida. Isso basicamente deixa os estilistas livres para copiar os trabalhos uns dos outros (a exceção é que as marcas de moda podem proteger seus logotipos registrados, o que em parte explica por que tantos rótulos sofisticados, como Louis Vuitton ou Chanel, enfeitam seus produtos com seus logos corporativos). O incrível é que essa falta geral de proteção legal ao design tem desencadeado uma criatividade desenfreada e uma evolução rápida.

ANTES — Por volta da virada para o século XXI, o mercado de moda era competitivo, mas os estilos eram bem mais homogêneos. Processos de produção gigantes, grandes campanhas de publicidade e a grande mídia reduziam bastante a variedade. Essa uniformidade na indústria não era surpreendente. Algumas décadas atrás, todos nós assistíamos aos mesmos programas de televisão no horário nobre, líamos as mesmas revistas e em geral tínhamos uma visão mais homogênea sobre a cultura popular. Os adolescentes recebiam suas dicas de estilo da mesma penca de celebridades. Graças à internet, esses tempos ficaram para trás. Tudo é hiperindividualizado, dos modelos seguidos às comunidades de nicho e, no fim das contas, às nossas preferências. Os estilistas já não podem criar apenas uma linha perfeita, apoiá-la numa enorme campanha publicitária, enfiá-la num catálogo e esperar vendê-la durante a próxima estação.

AGORA – A moda tem sido fortemente influenciada pela divergência e pelo desejo de personalização. Conforme temos visto, os varejistas de moda rápida, como a Zara e a H&M, têm tido um tremendo sucesso oferecendo dezenas de milhares de itens diferentes. Essa abordagem desfez a sabedoria convencional do varejista de que as ofertas deviam ser minimizadas para beneficiar as economias de escala e a administração dos estoques. Alguns varejistas levaram o desejo de personalização ainda mais longe, permitindo aos consumidores customizar seus vestidos ou ternos pela internet. Sites de moda como o Polyvore permitem aos entusiastas compor suas próprias coleções e combinações de roupas, que depois são adoradas ou criticadas pelo grupo. Com esse controle maior sobre a identidade de moda pessoal veio o surgimento do "fashionista" e de comunidades populares como a LOOKBOOK, em que milhões de amantes da moda compartilham seu look diário e se inspiram em pessoas reais do mundo inteiro. Celebridades do cinema e da TV estão perdendo sua posição central como modelos de estilo a serem seguidos.

Isso leva a uma lição crucial para inovadores e empreendedores: a moda se estende além das roupas.

De início, você pode pensar que a moda não tem relação com seu negócio. Na última década, eu e meus colegas da Trend Hunter descobrimos que mesmo nossos clientes mais técnicos agora se importam com mudanças sutis em estilo e preferência. *Todo mundo* se importa com estética. Está claro, por exemplo, que a gigante de tecnologia Samsung aspira a produzir um smartphone mais moderno do que o da Apple. De maneira semelhante, a LG Electronics logicamente quer uma geladeira interconectada com mais estilo. E até a Intel precisa prever o que será moda para os aparelhos sem fio do futuro.

EXPECTATIVA – A convergência com a tecnologia continuará crescendo dentro da indústria da moda, resultando em vários tipos de inovação, desde tecnologias vestíveis até cabines de prova interativas que usam realidade aumentada para ajudar o cliente a visualizar diferentes roupas em diferentes ambientes. Inovadores fora da indústria combinarão cada vez mais seus produtos com a moda. Por exemplo, a GM foi um dos primeiros fabricantes de automóveis a usar desfiles de moda para apresentar seus carros. E, desde 2005, a Samsung vem trabalhando para descobrir e recrutar estilistas coreanos promissores – um esforço que permitiu à empresa avançar o estilo de sua tecnologia e que tem se provado crucial em sua batalha contra rivais como a Apple.

Oportunidades baseadas em padrões

Divergência: Hoje, apenas algumas empresas são realmente capazes de produzir peças personalizadas num esquema fast fashion, mas, enquanto outras se adaptam, a moda explodirá de escolhas e customização extrema. Por que comprar sapatos no shopping se você pode escolher o modelo que calça melhor nos seus pés e depois encomendar suas combinações preferidas de cores e os materiais? Em peças de vestuário, esse tipo de personalização é uma tendência intuitiva, mas a direção da moda influenciará muitos outros mercados a incorporar a customização.

Convergência: A convergência de design, tecnologia, novos materiais e tendências de compras gerará muitas oportunidades novas naquilo que vestimos. Espere convergência em tecnologia vestível, moda impressa em 3D, provadores com realidade aumentada, roupas esportivas tecnológicas e mais materiais avançados.

Redireção: Como a tecnologia permite que cada empresa se torne mais rápida em moda, a maneira mais duradoura de criar valor de longo prazo será por meio de marcas poderosas, propósito relevante para seu público. O uso mais inteligente das mídias sociais e o branding experimental permitirão às empresas redirecionar marcas para subculturas, valores e causas sociais.

Ciclicidade: A moda, é claro, sempre estará sujeita a tendências retrô e outras mudanças cíclicas. Preste atenção à moda e você encontrará dentro dela outras mudanças culturais que se aplicam à sua indústria.

Tecnologia

Mais ou menos a cada década, há um rodízio de líderes em tecnologia. Considere uma indústria simples e focada como a dos fabricantes de disco rígido de computador. Em 1980, o mercado para discos de 14 polegadas era dominado por Control Data, IBM e Memorex. Mas todas as três se tornaram obsoletas apenas quatro anos depois, por causa de firmas pioneiras em discos de oito polegadas, lideradas pela Shugart. As três maiores no mercado de oito polegadas perderam o lugar apenas quatro anos depois para as líderes no mercado de 6,25 polegadas, a maior delas a Seagate. Apenas um desses concorrentes – a Connor – continuava no topo cinco anos depois, quando os discos de 3,5 polegadas estavam a todo vapor. E dois anos depois, uma empresa chamada Prairetek ultrapassou todas as outras para liderar o mercado de 2,5 polegadas. Vista de fora, a evolução para discos menores parecia inevitável. Mas, de algum modo, os líderes não conseguiram se adaptar.

ANTES – Em 2000, pensava-se em tecnologia como uma grande indústria com promessas ilimitadas. Os fabricantes de computadores e telefones celulares, desenvolvedores de softwares e empreendedores digitais eram com frequência agrupados na mesma categoria nerd e meio nebulosa, e pensava-se que os "geeks" passariam a governar o mundo. É claro que essa bolha estourou em 2001. Na época, a empolgação dos consumidores era fortemente influenciada por hardware e especificações técnicas. As pessoas queriam um processador mais rápido, mais memória, uma resolução melhor e tantas funcionalidades quanto possíveis.

AGORA – Hoje, está bem claro que a tecnologia tem uma participação enorme na vida de todo mundo e no sucesso de quase todas as empresas. Existem incontáveis oportunidades para convergência de tecnologias – e, em particular, uma infinidade de maneiras de levar capacidades móveis para indústrias que têm resistido a mudanças. Computadores mais rápidos gerando quantidades enormes de dados – chamadas de "big data" – estão tornando possíveis estratégias corporativas mais informadas. Técnicas avançadas de comércio eletrônico e o alcance do público-alvo a partir das mídias sociais estão tornando as decisões de propaganda mais precisas e proféticas. O hardware está indo para o segundo plano, com um foco maior na experiência do usuário, no design e no software. Empresas inteligentes estão contratando jovens e prestando atenção neles, que, por crescerem num mundo digital, têm uma vantagem única.

Temos visto a rapidez com que a aparência e a percepção das máquinas evoluíram – dos PCs de mesa aos laptops, smartphones e tablets. Em cada uma dessas categorias, as especificações técnicas e o poder de processamento dominavam nosso interesse antes, mas as pessoas já não desejam o celular mais rápido. Design, software e o "ecossistema" maior dos aplicativos são o que empolga hoje. Como quase todos os smartphones evoluem para se tornar aparelhos finos, leves e rápidos, o que distingue um do outro é simplesmente o que você pode fazer com ele.

EXPECTATIVA – E o que vem em seguida? Estamos entrando na era das tecnologias embutidas e vestíveis. Num futuro distante, quer você goste ou não, milhões de pessoas usarão a tecnologia para impulsionar sua visão e seus sentidos e obter acesso quase instantâneo e onipresente a informações, lembranças e entretenimentos.

Impressionante? Talvez. Mas considere o seguinte: Os primeiros olhos biônicos foram implantados em 2002, os videogames controlados pelo pensamento estavam sendo experimentados em 2010, e, em 2013, o Google havia comprimido o poder de um computador num par de óculos. A ampla integração de tecnologias não será uma questão de "se", mas sim de "quando".

Não, não será tudo cor-de-rosa. Se você quer explorar o potencial lado negativo da emergente difusão de tecnologias, dê uma olhada no terceiro episódio de *Black Mirror*, série da televisão britânica que imagina o impacto de certas tecnologias no futuro. Nesse episódio de *Black Mirror*, intitulado "The Entire History of You", a humanidade se tornou excessivamente dependente de um banco de memórias conectado à internet e implantado atrás da orelha. As pessoas conseguem ter lembranças, reviver seu passado e acessar informações quase ilimitadas. Embora pareça bom, o que isso pode significar para suas relações? O episódio mostra um casal que está preso como um velho disco arranhado – revivendo suas piores brigas e discussões. Imagine sempre poder recordar as piores palavras de seu parceiro ou ter a capacidade de reviver essas cenas que geraram raiva e ciúme. Isso não pode ser bom para um relacionamento.

Ainda assim, haverá uma quantidade incrível de coisas animadoras e úteis acontecendo. As futuras gerações serão moldadas por produtos e experiências mais personalizados, porque a tecnologia tem permitido gerar rapidamente produções de curto prazo e bens feitos sob medida. Você estará imprimindo designs em 3D só para você, vivendo mais graças à bioengenharia e usando produtos que incorporam materiais avançados nunca antes sonhados. As empresas que você adora estarão utilizando dados para criar experiências e produtos que atendam às suas necessidades. A propaganda será personalizada e o entretenimento envolverá mais sentidos.

Haverá retardatários, é claro – empresas que deixam de usar a mídia social, que se prendem a navegadores de internet antiquados e que tentam sobreviver com computadores pesados e lentos. Com o tempo, elas serão esmagadas por legiões de empresas famintas fazendo crowd-sourcing, crowd-filtering e estruturadas para rupturas. Faça a si mesmo algumas perguntas difíceis: Quais são as empresas rivais que você está vendo em *seu* mercado? Quais são as start-ups ou os investidores de risco que estão entrando em *sua* indústria? Daqui a dez anos, como será a empresa líder de seu setor? O que ela precisará fazer para sobreviver?

Oportunidades baseadas em padrões

Redução: A tecnologia tem nivelado o campo de jogo, gerando plataformas que dão poder a empreendedores individuais. Algumas dessas plataformas incluem: eBay, Fiverr, Kickstarter e os marketplaces de aplicativos do Google, Apple e Amazon. Todos esses sites e ferramentas permitem que os consumidores resolvam necessidades com elegância.

Aceleração: Novas tecnologias permitem que empresas inovadoras repensem o que os consumidores realmente gostam, e facilitam muito a criação de experiências marcantes. Inovações em tecnologias vestíveis, em realidade virtual e em mídia social ajudarão empreendedores a reformular seus negócios.

Divergência: Os produtos e serviços de amanhã serão muito mais apurados e com alvos mais específicos, graças à tecnologia que permite uma personalização melhor tanto no mundo digital quanto no mundo real. Do design de produto customizado aos objetos impressos em 3D, toda uma nova maneira de atender às necessidades individuais das pessoas está surgindo.

Varejo

A maneira como compramos bens está mudando rapidamente, e o impacto abrange quase todas as categorias. Para entender melhor a grande transformação que acontece no varejo, é essencial explorar o modo como saltamos dos sombrios shoppings sem graça para compras capacitadas pelas mídias sociais e para provadores com realidade aumentada.

ANTES – No fim dos anos 1990, íamos às lojas de varejo comprar roupas, itens básicos e aparelhos eletrônicos. Grandes redes dominavam, competindo em variedade e preço. Então vieram o comércio eletrônico e a batalha final por preço e variedade. As lojas de rua de repente passaram a ser vistas como antiquadas e descartadas como meros blocos de concreto. Tentando acompanhar a nova onda, muitas marcas investiram equivocadamente energia demais em seus sites.

Mas então algo inesperado aconteceu. A bolha do ponto-com estourou, atingindo aqueles que haviam investido demais na internet e prenunciando um novo conservadorismo.

Havia mais águas turbulentas pela frente. Em 2007, a economia norte-americana entrou em colapso, levando alguns dos maiores varejistas à falência, incluindo Circuit City, Linens'n Things, KB Toys, Borders Books, Ritz Cameras e Eddie Bauer. Outras incontáveis redes foram obrigadas a se reestruturar. Muitos varejistas evitaram renovar suas lojas, apegando-se a designs básicos e simplificados. Embora alguns varejistas dignos de atenção tenham explorado novos modelos, foi uma década marcada por inovações limitadas no varejo.

Ao mesmo tempo, a mídia social começou a se apoderar da discussão sobre marketing e marcas perceberam que cada consumidor individual era de repente capaz de difundir experiências de compras – boas e ruins. Isso foi tanto uma grande oportunidade quanto um pesadelo de relações públicas.

AGORA – Empresas têm aprimorado com urgência a apresentação de suas lojas, a tecnologia e o branding. Elas procuram imitar empresas "queridas" como Starbucks, Urban Outfitters, Lululemon, Apple e Victoria's Secret, que têm se destacado na criação de experiências em lojas físicas e atravessado bem as recessões. Lojas foram reformuladas para melhorar a experiência da marca e grandes varejistas começaram a criar lojas pop-up e experiências de loja dentro da loja. Muitos shoppings aprimoraram suas praças de alimentação e melhoraram a estética para aumentar a sensação de que um shopping é um destino, e não apenas um lugar para fazer compras. Marcas, enquanto isso, começaram a usar o marketing móvel e a mídia social para se conectar com clientes na loja.

EXPECTATIVA – Na próxima década, varejistas gastarão mais tempo e dinheiro investindo em tecnologia de varejo e lojas físicas, e ao mesmo tempo se esforçando para criar experiências culturais profundas para seus clientes de nicho. Muitos líderes de indústrias veem essa abordagem como a única defesa contra o massacre do comércio eletrônico. Eles veem esperança num padrão de convergência mais holístico. Por exemplo, como você imagina sua ida à mercearia no futuro? Tudo indica que o estabelecimento terá uma integração digital maior, um cardápio inspirado para atender a suas necessidades específicas e experiências dentro da loja. Quem sabe haja interação com chefs visitantes e especialistas em nutrição, o que aumentará seu interesse por uma alimentação saudável e lhe fará valorizar a refeição como um momento comemorativo. Você provavelmente experimentará mais, comprará mais e aproveitará mais a vida por causa do modo como a tecnologia muda sua experiência diária com a comida.

Oportunidades baseadas em padrões

Convergência: Para muitas empresas, começou a haver uma combinação de lojas físicas, programas de marketing e sites de comércio eletrônico. Num futuro próximo, diferentes tipos de convergência resultarão em incontáveis oportunidades, incluindo compras potencializadas pelas mídias sociais, lojas híbridas e realidade aumentada (provadores digitais e experiências virtuais).

Redução: Espere uma simplificação contínua das compras baseada no desejo das pessoas por aquilo que é simples ou selecionado. Essa tendência fomentará negócios de assinatura, pagamentos não monetários (pague com um tuíte ou com escambo), máquinas automáticas para vendas de nicho, entregas mais lentas (a loja como lugar para encomendar *versus* internet) e conceitos de loja focados.

Divergência: Com as tendências da década passada – grandes lojas, compras na internet e economias de escala – empurrando-nos para uma paisagem de varejo cinzenta, de lojas gigantes e frias, há uma clara necessidade de algo único. Isso aumentará nosso apetite por temas focados, a conveniência de lojas dentro de lojas, empreendimentos pop-up, níveis extremamente altos de serviço, personalização e "*shoppertainment*" – experiências criadas dentro da loja para entreter os clientes.

Mídia

A internet e a tecnologia móvel mudaram o equilíbrio do poder da mídia, que foi de algumas grandes emissoras para milhões de produtores de conteúdo individuais. As emissoras têm lançado grandes iniciativas para mudar, sabendo que é uma questão de "se adaptar ou morrer", mas as maiores mudanças por vir estão relacionadas a corporações. Quase todas as corporações se tornaram empresas de mídia, publicando, no mínimo, nas mídias sociais e, na melhor das hipóteses, em seus próprios blogs e canais de vídeo. Como os dólares dos anúncios sendo investidos cada vez mais em plataformas de mídia social, a paisagem da mídia mudará ainda mais.

ANTES – Retroceda aos anos 1990 e você verá que o poder estava concentrado. Algumas rádios gigantes controlavam as transmissões, um punhado de emissoras dominava a televisão e várias redes de jornais controlavam as notícias impressas. Criar conteúdo de qualidade – noticiários, radionovelas e telenovelas e matérias em revistas e jornais – era caro. Anunciar nos melhores programas ou nas melhores publicações muitas vezes significava comprometer a maior parte do orçamento de marketing – milhões de dólares por ano.

AGORA – Hoje, todo esse sistema pode ser contornado. Empresas e indivíduos podem ganhar tração fenomenal com um vídeo viral ou uma história cativante. O mundo mudou de um-para-muitos para muitos-para-muitos, o que já está tendo um impacto em nossas vidas, em nossos estilos individuais, em nossas escolhas de produtos e em nosso senso de pertencimento.

Essa mudança causou uma dor brutal em emissoras, revistas impressas e jornais tradicionais, muitos dos quais têm sido obrigados a reduzir seu tamanho ou declarar falência. Resultado: a mídia da velha guarda está revendo seu compromisso rígido com o tamanho das reportagens, os formatos de vídeo e os níveis de salário que têm se provado fora da nova realidade.

Imagine que você trabalhe num jornal, numa revista ou numa emissora de televisão de uma cidade de porte médio. No passado, esses veículos de mídia tradicionais podiam pagar vários milhares de dólares por reportagem. Agora, milhões de blogueiros podem derrubar essas mesmas empresas em dois tempos com notícias mais rápidas e pagando apenas alguns dólares por artigo. Se você trabalhasse na indústria, sua primeira atitude poderia ser competir com os blogueiros por meio de um jornalismo rigoroso. Infelizmente, hoje as pessoas estão condicionadas a acessar seu site favorito na internet em busca de notícias de última hora. Elas são criaturas de hábitos, e não juízes de qualidade jornalística. E valorizam a velocidade.

EXPECTATIVA – As empresas de televisão precisarão se proteger dos serviços de streaming e da mídia online desenvolvendo experiências mais imersivas, como realidade virtual (que mudará tudo no modo como experimentamos o mundo), 3D, televisão interativa ou a possibilidade do espectador escolher sua própria aventura. Ultrapassados por rádios online sem propaganda e ouvintes que optam por escutar música em streaming em seus carros usando seus celulares, as emissoras de rádio precisarão focar em seus baluartes locais para monetizar seus serviços. Jornais fizeram tardiamente a mudança para a internet – na maioria dos casos, não rápido o bastante para impedir a fuga dos anunciantes. Para sobreviver, os jornais restantes precisarão se reestruturar completamente. Alguns se voltarão para a expertise local, outros diminuirão de tamanho radicalmente, e alguns darão o salto para as novas formas de mídia.

Indivíduos continuarão a se tornar importantes editores de reportagens, podcasts e vídeos. Com tantas pessoas participando, curadores e agregadores desempenharão um papel crucial. As pessoas já estão tendendo cada vez mais a descobrir notícias num feed do Facebook em vez de acessar seu site de notícias favorito.

A tecnologia transformará cada vez mais o modo como experimentamos a mídia – por meio de jogos, interatividade, realidade virtual, hologramas, personalização, 3D e integração de redes sociais. Em vez de jogar um videogame ou assistir a um filme, imagine escolher seu próprio filme de aventura em 3D que foi personalizado para suas preferências e é estrelado por você e seus amigos. A tecnologia emergente é particularmente atraente às grandes organizações midiáticas. Elas acreditam que assim podem se proteger melhor da pirataria, sem falar que as barreiras de entrada são maiores.

Por fim, a força mais interessante e potente que molda a mídia é o fato de que cada empresa no mundo está se tornando seu próprio canal. Nos primeiros anos de mídia social, as empresas estavam se conectando com seus clientes por meio do Twitter e do Facebook, mas, num mercado em que as pessoas cada vez mais pulam os anúncios, o conteúdo é a maneira mais influente de se conectar. Histórias cativantes são uma das melhores propagandas possíveis, e é por isso que as empresas passarão a se interessar mais por administrar e desenvolver seu próprio conteúdo.

Ironicamente, parte daquilo que tornou os gigantes da mídia bons – talento superior para transmissões, grandes redatores e locutores de rádio envolventes – permitirá que eles ressurjam como uma força influente. Por que anunciar na mídia se você pode *ter* a mídia? Marcas como Red Bull, Diesel e Dove já exploraram essa transição, criando vídeos eficazes ainda em 2006. A Red Bull

Media House foi fundada em 2007. O fabricante da bebida energética a descreve como "uma empresa de mídia multiplataforma com foco em esportes, cultura e estilo de vida" que oferece "uma ampla série de produtos de primeira qualidade e um conteúdo atraente em canais tão diversos quanto TV, celular, digital, áudio e impressos".

Oportunidades baseadas em padrões

Convergência: A próxima década terá uma explosão de convergência de mídia enquanto novas tecnologias se combinam com a concorrência maior de produtores de conteúdo. Espere mais marcas participando de produção de mídia (em vez de gastar dinheiro com propaganda). Espere também mais experiências interativas (como realidade aumentada, realidade virtual e escolher sua própria aventura), integração entre internet e televisão, convergência de videogames e televisão e "entretenimentos compráveis".

Divergência: Para se destacar num mundo repleto de mídia, empresas grandes e pequenas precisarão criar algo realmente divergente ou personalizado, o que significará conteúdo e anúncios personalizados e experiências inesperadas. As emissoras aumentarão suas apostas em novas tecnologias e experiências ao vivo mais imersivas, particularmente em esportes com realidade aumentada, contagem de pontos ao vivo, feeds sociais integrados (por exemplo, assistir à reação de seus amigos enquanto você os vê) e tridimensionalidade.

Redução: As futuras oportunidades em emissoras consistirão em simplificação e em encontrar modelos de negócios livres de estruturas de custo herdadas.

Comida

O modo como comemos e compramos comida está evoluindo, fomentado por um conhecimento maior sobre ingredientes, saúde, bem-estar, cultura culinária na internet e a mudança de geração, com *baby boomers* envelhecendo e se tornando mais conscientes de como suas escolhas influenciam sua saúde.

ANTES – Sucrilhos Kellogg's, Mac and Cheese da Kraft, carne enlatada Spam, biscoitos Doritos e ketchup Heinz são apenas alguns exemplos de alimentos empacotados populares que dominaram as prateleiras e as mesas de jantar dos lares americanos durante décadas. Essas marcas icônicas resistiram a recessões e ficaram entranhadas na cultura popular. Comprar comida envolvia uma ida semanal à grande mercearia do bairro para comprar esses e outros produtos de marcas conhecidas e muito anunciados. Frutas frescas e vegetais raramente representavam uma grande porção do cardápio.

AGORA – Os hábitos alimentares e a compra de comida estão sendo modificados por nossa crescente preocupação com a saúde e a fonte dos alimentos, e por um renovado desejo de transformar as refeições com os amigos ou a família em comemorações. Os alimentos empacotados estão sendo examinados como nunca antes. Pessoas de todos os lugares estão cada vez mais preocupadas com conservantes, gorduras, açúcar e sal (e até com glúten e laticínios), incentivadas por documentários, pela atenção da mídia e por celebridades, como Jamie Oliver e Michelle Obama, que se posicionam contra a epidemia de obesidade nos Estados Unidos. A nutrição e o sabor estão ganhando terreno em detrimento de opções empacotadas e prejudiciais à saúde.

Documentários populares sobre fast-food, pesca excessiva e modificações genéticas em alimentos também têm aumentado o interesse do consumidor em reavaliar suas escolhas alimentares. A tendência é para saúde e bem-estar, e isso significa produtos naturais, uma alimentação baseada no bem-estar, dietas alternativas e comprar de agricultores locais de confiança. De olho nas novas prioridades dos clientes, algumas empresas diminuíram o tamanho das porções, reduziram a quantidade de ingredientes "ruins" ou criaram substitutos mais saudáveis – veja, por exemplo, as "Satisfries" do Burger King, que contêm 40% menos de gordura.

Enquanto isso, surge uma cultura gourmet, repleta de chefs famosos e competições gastronômicas na televisão. A internet popularizou os blogs de comida e o fenômeno na mídia social de fotografar as refeições em restaurantes e em casa. Essa celebração da comida gera um interesse por pratos e alimentos especiais, por marcas de pequenas empresas familiares e por hábitos alimentares melhores. Muita gente está fazendo assinaturas de clubes de queijo, clubes de vinho e kits de culinária para refeições gourmet. Há até assinaturas para planos alimentares personalizados, e consumidores podem comprar barras de cereais e suplementos personalizados, apropriados para eles.

EXPECTATIVA – Nos mercados de comida em expansão, a convergência é um padrão essencial para se explorar. Os vencedores se utilizarão da crescente convergência de saúde, fornecedores e experiência. Muitas das maiores e mais fortes marcas serão pressionadas a se adaptar rapidamente, ajustando seus ingredientes e fornecedores. Mas, assim como os primeiros gigantes de computadores deixaram de se adaptar à revolução do computador pessoal ou de ver o potencial da internet, a maioria das empresas de bens de consumo empacotados terá dificuldades. A tendência delas é simplesmente proteger os direitos de suas marcas fortes. Elas são agricultoras. Uma cliente que trabalha em uma das mais poderosas dentre essas empresas me disse recentemente que sua marca é forte no que chamou de "producionalizar e otimizar um produto", mas fraca para encontrar os novos produtos "certos" e para divergir do raciocínio convencional.

É claro que as compras de comida também serão fortemente influenciadas pelo crescimento das compras na internet. Além de fazer assinaturas para receber alimentos, as pessoas serão cada vez mais atraídas por varejistas online, que oferecerão os mesmos alimentos frescos convenientemente entregues em casa por um preço menor. A indústria alimentícia online também será fomentada pela tecnologia de casa inteligente, que levará você a ter uma cozinha conectada à internet, trazendo receitas, treinamentos, administração de estoque digital e entregas de comestíveis. Os amantes da gastronomia acharão mais fácil encomendar os ingredientes incluídos nas receitas que viram em seus blogs ou programas de culinária favoritos. Com um clique, eles poderão receber todos os ingredientes e toda a orientação necessária para imitar seu chef com estrela no Michelin ou blogueiro de culinária preferido.

Oportunidades baseadas em padrões

Redução: A simplificação continuará sendo um padrão cativante na indústria alimentícia. Espere ver experimentações explosivas com simplicidade e mais pop-ups de alimentos isolados, food trucks e lojas exclusivas, como aquelas que vendem apenas sucos, ou iogurtes, ou cupcakes, ou chocolates etc. A internet permitirá mais serviços de assinatura para aquela gostosura única ou para kits de alimentos – de queijos a chocolates e vinhos. Além disso, os consumidores verão alimentos mais calóricos em versões pequenas, como "porções de prazer" – tais como cupcakes, hambúrgueres e por aí adiante.

Ciclicidade: Nós já vimos como a exploração da nostalgia dos anos 1960, 1970 e 1980 pela indústria da moda tem sido um sucesso comercial. A mesma tendência continuará na comida com o ressurgimento de clássicos como os sanduíches de queijo.

Convergência: Muitas empresas farão parcerias com outros atores do mercado em esforços criativos de co-branding, e se conectarão com outros negócios por meio do crescimento de programas de bem-estar.

Empreendedorismo

As aspirações empreendedoras estão aumentando e subvertendo a paisagem de negócios tradicionais. Em pequenos negócios, o número de start-ups e novos jogadores entrando no jogo disparou. Em grandes corporações, o raciocínio empreendedor está se tornando a ferramenta escolhida para atacar novas oportunidades de mercado e melhorar a capacidade de adaptação de uma organização. Para entender melhor o que está acontecendo, vale a pena refletir sobre essa grande transição.

ANTES – Quando os *baby boomers* entraram no mercado de trabalho, no fim dos anos 1960 e nos anos 1970, muitos deles sentiram forte pressão dos pais, que viveram na época da guerra, para que garantissem empregos sólidos, seguros, e sustentassem suas famílias. Naquela época, muitas empresas americanas bem-sucedidas estavam expandindo firmemente, e um emprego numa grande corporação era um distintivo de honra, que representava estabilidade e status.

AGORA – Hoje, as aspirações empreendedoras substituíram a busca de estabilidade numa empresa bem-sucedida. Entre 2004 e 2014, o número de pessoas em busca de um empregador "estável" no Google caiu pela metade, enquanto a procura pelo "empreendedor" teve um salto de 50%. Estatísticas do governo mostram um enorme aumento do número de homens e mulheres que abrem pequenos negócios. Um processo darwiniano está ocorrendo. Cada vez mais, as pessoas querem fazer parte de algo que cresça e se adapte, seja uma start-up, uma empresa pequena ou uma grande empresa que reconheça a necessidade de oferecer muitos dos mesmos atributos de firmas menores e mais ágeis.

Simplesmente, as organizações precisam estar mais bem equipadas para se adaptar, mais ou menos como numa start-up. A produção em massa e as economias de escala perderam sua posição central. Enquanto isso, muitas mudanças demográficas estão fomentando o empreendedorismo, incluindo o número crescente de trabalhadores jovens (*millennials*), de mulheres na força de trabalho e de *baby boomers* que "trabalham até cair".

Os *millennials* têm sido duramente castigados pelos mais altos índices de desemprego pós-escolar em décadas. Altamente criativa e intensamente motivada a perseguir escolhas de vida e trabalho gratificantes, essa geração poderá vir a ser definida por sua tendência empreendedora. Os jovens da geração Y cresceram num período em que muitas comunidades na internet têm facilitado a capitalização dos hobbies, incluindo Etsy, Fiverr, eBay e Kickstarter. As pessoas de vinte e tantos anos e trinta e tantos anos veem as ambições empreendedoras como normais e se sentem confortáveis ganhando a vida por meio de múltiplas fontes de renda enquanto lidam com riscos potenciais.

As mulheres empreendedoras formam hoje um dos maiores segmentos de proprietários de novos negócios. A igualdade de gênero ganhou proeminência, e hoje muito mais mulheres se encontram em posições de poder (talvez mais visivelmente Sheryl Sandberg no Facebook e Marissa Mayer no Yahoo). Existem incontáveis publicações e comunidades online para inspirar as mulheres a perseguir suas ambições. Mulheres blogueiras – desde aquelas de vinte e tantos anos (como Elise Andrew da página I Love F**king Science) até as mamães blogueiras – com frequência são mais bem-sucedidas do que seus colegas homens.

Os *baby boomers*, enquanto isso, estão nos ensinando que hoje os 60 são os novos 50. São ativos, atléticos e trabalham duro, financiando avidamente start-ups e abraçando negócios de hobby e projetos pessoais. Curiosamente, eles trabalham extraordinariamente bem com os jovens. Pesquisas mostram que os *baby boomers*, com sua ampla experiência, seus robustos recursos financeiros e sua rica rede de talentos, tendem a ser mais bem-sucedidos ao abrir pequenos negócios ou start-ups do que qualquer outro grupo.

EXPECTATIVAS – A remoção de barreiras de entrada continuará a catalisar mudanças. A tecnologia torna muito mais simples identificar necessidades de mercado, criar protótipos de produtos, obter financiamento, assegurar parceiros, criar uma presença de marca e conectar-se com clientes. A mensagem urgente às empresas maiores é que para sobreviver elas precisam se tornar mais empreendedoras. Mas a boa notícia é que os trabalhadores nunca estiveram tão bem equipados para fazer uma transição assim. Os mesmos recursos que facilitam lançar um novo empreendimento podem ser usados para experimentar novos produtos e serviços. Tomem nota, empreendedores: Vocês já não precisam fazer um grande investimento e dar o salto completo. As ferramentas e plataformas online e a capacidade de encontrar o apoio de companheiros que trabalham apenas meio expediente tornam possível experimentar e criar uma nova fonte de renda.

Oportunidades baseadas em padrões

Redução: Com tantas plataformas para vender e trocar um serviço por outro, nunca foi tão fácil abrir um negócio simples que resolve um único problema, o que significa que o futuro estará repleto de negócios baseados em paixão e serviços ultranichados.

Ciclicidade: Como está havendo muita atividade empreendedora dentro do grupo demográfico dos *baby boomers*, há oportunidades previsíveis em bem-estar – mas também em todas as atividades em que um *baby boomer* pode se envolver, incluindo negócios de hobby.

Redireção: As start-ups e os novos empreendimentos de destaque serão aqueles que criarão uma conexão mais profunda – por exemplo, o turismo com um propósito e os negócios com um bem social embutido. Os consumidores responderão não apenas ao produto, mas a uma missão autêntica.

PENSAMENTOS RÁPIDOS SOBRE MAIS ALGUMAS INDÚSTRIAS

Além do punhado de grandes empresas nas quais você deve estar de olho regularmente, pode haver outras que tenham uma relevância surpreendente para seu mercado ou suas paixões pessoais. Os exemplos seguintes são especialmente oportunos para polinização cruzada e para semear ideias:

AUTOMÓVEIS – A indústria automotiva foi uma das primeiras a descartar o paradigma da agricultura em favor da caça. Depois da crise financeira de 2008, os fabricantes de carros americanos foram forçados a caçar maneiras de satisfazer as mudanças radicais na preferência do consumidor. Havia também um novo ator em cena. A Tesla mostrou, de maneira impressionante, como investimentos em engenharia superior, novas tecnologias e um novo modelo de negócio podem perturbar até mesmo a indústria que mais recebe investimentos. Hoje, a maioria dos fabricantes está experimentando tecnologia híbrida, células de combustível de hidrogênio e carros elétricos, bem como a "direção autônoma", uma tecnologia que permite aos carros prever perigos e conduzir passageiros no piloto automático. Enquanto isso, o design de carros é cada vez mais dominado pela moda. Como nossos veículos expressam nossa personalidade, nosso estilo e nosso status, os compradores de carros continuarão a ver novos formatos, conceitos atraentes e designs retrô que exploram nosso amor por épocas antigas e marcas de carro clássicas. (Com frequência, os novos carros são feitos com tanta sutileza que nem sempre reconhecemos que eles são retrô.) As oportunidades nesse segmento incluem: integração com dispositivos móveis, conectividade em streaming, carros sem motorista e com segurança autônoma, veículos elétricos baratos e moda e design.

FINANÇAS – As finanças são um lugar contraintuitivo para estudar inovações. As pessoas com frequência pensam equivocadamente em finanças como uma indústria cheia de lógica conservadora. Mas, como identificador de tendências que teve seu início num banco, eu admiro a abordagem calculada da indústria financeira para a diversificação, suas ideias de alto risco e sua disposição para destruir o que funcionou no passado. O que eu *não* admiro são os maus atores que manipulam o sistema, quebrando a confiança de seus clientes e do público. Os especialistas em finanças estão, tipicamente, entre os mais sintonizados com os padrões cíclicos. Estratégias de investimento sadias com frequência se baseiam em pensamentos divergentes, e uma boa compreensão de finanças pode muitas vezes ser convergida com seu produto para criar um modelo de negócio mais lucrativo. Pegue o modelo de negócio *freemium*, usado em muitos produtos de videogame. (Nesse modelo, um produto básico é dado de graça a um grande grupo de usuários e, depois, produtos de qualidade especial são vendidos a uma parcela da base de usuários.) Você poderá se surpreender ao saber que o modelo se baseia no modo como as pessoas tomam decisões financeiras de curto prazo. De maneira semelhante, o sucesso do modelo de assinatura deriva de nossa tendência a tomar decisões financeiras com cautela: diremos sim ao primeiro mês e adiaremos o "não" porque já tomamos nossa decisão. Por fim, a "administração de carteiras" (a ideia de que uma linha de produtos tem maior probabilidade de sucesso se combinar as vantagens de diferentes características de risco) pode ser usada para explicar por que uma empresa pode querer forçar uma inovação mais agressiva em sua oferta. As oportunidades incluem: banco social, empréstimo coletivo, investimento gamificado, investimentos em disseminação de alfabetização financeira, investimentos automatizados e otimizados e convergência de produtos financeiros.

ASSISTÊNCIA MÉDICA – Com o envelhecimento dos *baby boomers*, as dietas de nicho a todo vapor e as preocupações com a nutrição aumentando, saúde e bem-estar se tornarão preocupações primordiais nas próximas décadas. Haverá muitas oportunidades para convergir saúde e bem-estar. Laboratórios farmacêuticos estão se envolvendo muito mais em saúde preventiva, e hospitais estão oferecendo confortos e serviços normalmente vistos na indústria de hospitalidade. A boa forma física está a ponto de se integrar totalmente com a tecnologia, prognosticando um boom de aplicativos e serviços de saúde e boa forma física (não pense apenas em tecnologias vestíveis, como relógios de pulso que medem as condições físicas ou roupas com fios que monitoram o batimento cardíaco, mas também em videogames que promovem o bem-estar físico e mental e oferecem experiências multidimensionais). Conforme os *baby boomers* se aposentam, vemos um surto de produtos que promovem a longevidade, a saúde mental e o bem-estar. As oportunidades incluem: saúde preventiva e bem-estar, monitoramentos digitais, atividades físicas com socialização e viagens para realização de procedimentos médicos.

ECOLOGIA – A consciência ambiental tem crescido devagar nos Estados Unidos – em comparação, digamos, com a Alemanha, que adotou leis generalizadas para embalagens e reciclagem já em 1991. Mas, no início dos anos 2000, os americanos começaram a adquirir produtos ecológicos para suas casas, em parte como símbolos de luxo. Hoje, a sustentabilidade está perto de se tornar uma tendência dominante nos Estados Unidos e em muitos outros países ocidentais. Ainda assim, vivemos numa época em que as questões ambientais são com frequência alvos de controvérsias e os "fatos" científicos diferem, dependendo de quem os articula. Lamentavelmente, alguns especialistas pensam que será preciso algum tipo de desastre – a versão ambiental de um colapso de mercado – para inspirar mudanças substanciais. Qualquer que seja o ímpeto, o mundo precisa despertar seu caçador interno em se tratando de progresso ambiental. Aqueles que se mantêm à margem estão correndo o maior risco. A próxima catástrofe ecológica pode criar uma reação divergente contra empresas que têm resistido a integrar características ecológicas às suas ofertas. As oportunidades incluem: bens reciclados, produtos do berço ao túmulo (aqueles que são feitos tendo em mente seu estado final), pegadas de carbono reduzidas, embalagens sustentáveis, eficiência gamificada, consumo reduzido e produtos que embutem um bem social.

LUXO – Os ricos continuarão cada vez mais ricos, com uma desigualdade de renda possivelmente superior à dos anos anteriores à Grande Depressão. Essa disposição continua a fomentar uma procura por bens de luxo absurdamente caros, como iates maiores e carros de U$$ 250 mil. Mas essa tendência também tem produzido um ressentimento crescente. Muitos bens de luxo correm o risco de parecerem ostentosos, particularmente se o abismo cada vez maior entre ricos e pobres não for tratado antes do próximo inevitável ciclo econômico decrescente. Os novos produtos de luxo tenderão a significar menos um símbolo de status e mais uma personalização, que, assim como a categoria de ultraluxo, também é divergente, mas com um potencial menor de reação contrária. As opções incluem: superluxo (para o crescente 1%), customização extrema e produtos de luxo ecologicamente ou socialmente responsáveis.

EDUCAÇÃO – As salas de aula clamam por uma reforma tecnológica radical. Nunca foi tão grande o abismo "invertido" de conhecimento entre estudantes e professores. As crianças são extraordinariamente hábeis para explorar os mais recentes aplicativos, sites e linguagens de programação, enquanto os professores ficam bem atrás. Quando qualquer fato ou data pode ser instantaneamente consultado num telefone celular, será que devemos fazer questão que nossos filhos possam recitá-los de cabeça? Ou será que é mais importante eles serem capazes de desenvolver rapidamente o protótipo de uma nova ideia num tablet e imprimi-lo em 3D? Tanto a universidade quanto a educação que a precede exigem uma completa reformulação tecnológica e uma integração mais profunda dos princípios centrais do empreendedorismo e da inovação. Mas há um enorme problema subjacente. A educação é uma das mais tradicionais indústrias de "agricultura". Na maioria das instituições, a inovação em métodos de ensino está mais ou menos estagnada, e o dinheiro é gasto cada vez mais em dormitórios elegantes, centros esportivos gigantes e instalações de pesquisa reluzentes, e não em métodos de ensino efetivos. Quatro anos de faculdade nos Estados Unidos podem custar inacreditáveis US$ 250 mil ou mais. Talvez não seja surpresa que em 2012 as matrículas em faculdades tenham diminuído pela primeira vez em décadas, e que os cursos na internet ameacem afastar milhões de estudantes. Novas empresas – como 2U, edX e Coursera – estão fazendo parcerias com universidades tradicionais como UC Berkeley, Harvard e MIT para oferecer experiências de aprendizado online semelhantes àquelas encontradas nos campi. Será que diplomas híbridos – concedidos por uma combinação de aprendizados no campus e na internet – surgirão como uma alternativa nova, mais rápida e mais econômica? Será que os jovens começarão a ingressar na força de trabalho mais cedo, como fazem na Europa, recebendo seus diplomas por meio de esquemas de cooperação ou estudando à noite? Em uma ideia divergente, Peter Thiel, o bilionário cofundador da PayPal, paga anualmente US$ 100 mil a cada um dos 22 integrantes de um grupo de formandos do ensino médio promissores e empreendedores para que eles adiem a faculdade por dois anos, simplesmente para ver se isso os ajuda a encontrar sua próxima ideia revolucionária. Uma coisa é certa: o modelo atual é insustentável, e quando a mudança atingi-lo de vez, ela será divergente e provavelmente tornará obsoleto um grande número de universidades e faculdades.

As oportunidades incluem: educação empreendedora, aprendizado gamificado, educação voltada para estilos de vida, salas de aula virtuais, educação viabilizada por tecnologias e o ressurgimento de ensino prático e profissional.

PROPAGANDA E MARKETING – A propaganda direcionada por dados chegou para ficar. Hoje, ainda vemos em grande medida os anúncios como uma chateação, mas, como os anunciantes entendem melhor nossos hábitos, nossa mobilidade e nossos padrões de consumo, será maior a probabilidade de sermos apresentados ao produto certo na hora certa pelo preço certo. Considere esse cenário potencial: uma joalheria em São Francisco poderia criar uma campanha publicitária no Facebook voltada para homens solteiros de 23 a 28 anos que têm um relacionamento há alguns anos, mas ainda não estão noivos. Esses jovens têm uma probabilidade muito maior de serem o cliente ideal da joalheria do que uma pessoa comum que passa por cartazes ao caminhar pela rua. Não estamos longe do cenário mostrado no filme *Minority Report – A nova lei*, em que anúncios individualizados aparecem no lugar e na hora certa. Os marqueteiros também estão reconhecendo que, num mercado abarrotado de anúncios, a maneira mais rápida de se destacar é ser refrescantemente divergente e único. As oportunidades incluem: propaganda interativa, alvos personalizados, anúncios personalizados, *sampletising* (a palavra que usamos para o ato de os clientes testarem um produto antes de comprá-lo), marcas como mídia, branding socialmente responsável, campanhas de transparência e um crescimento do branding.

CONCLUSÃO

Se você levar apenas uma mensagem deste livro, espero que seja a de que a única certeza real na vida é a mudança.

Só despertando seu caçador interno e procurando padrões você estará mais bem equipado para se adaptar e prosperar diante dessa mudança. Conforme vimos em tantos campos diferentes, a viagem começa reconhecendo – e evitando – as três armadilhas do agricultor e, então, voltando-se totalmente para caçar os seis padrões de oportunidade.

Para mim, escrever este livro foi uma viagem pessoal. As conquistas empreendedoras de meu pai foram uma enorme fonte de inspiração; ele me ensinou a caçar ideias no mundo, procurando oportunidades que passam despercebidas, e eu, por minha vez, criei uma comunidade online que ajuda indivíduos a fazer exatamente isso. Então, quando eu trabalhava nos capítulos finais, tive que enfrentar sua morte. Por mais que isso tenha sido doloroso, eu vejo mais claramente a conexão entre minhas ambições e a influência de meu pai empreendedor, de minha mãe que incansavelmente me apoiou e de minha irmã mais velha que venceu um câncer.

Depois de toda essa conversa sobre padrões, parece adequado perceber que todos nós somos a consequência do modo como respondemos aos padrões em nosso ambiente.

Portanto, ao me despedir, eu encorajaria você a pensar naquela tartaruga marinha que mencionei no começo do livro. Haverá muitas vezes em que você se sentirá vagando fora do rumo, mas preste atenção às marés e correntes. Tenha em mente os três princípios seguintes e você encontrará seu caminho de volta todas as vezes.

Seja curioso.
Seja disposto a destruir.
Seja insaciável.

Apêndice: Estudos de caso

COMO ABRIR UM RESTAURANTE EM TRINTA DIAS

Você já sonhou em abrir seu próprio restaurante ou bar? Quer tenha sonhado ou não, vamos usar esse exemplo como exercício mental para ver como os padrões que você aprendeu neste livro podem ser postos em prática. Então me faça um favor, avance rapidamente em sua vida e imagine que você deixou seu emprego, mas tem vitalidade e criatividade demais para simplesmente se aposentar. Então decide abrir um restaurante. Que culinária você escolheria? Você serviria fast-food ou teria como alvo uma comida mais refinada? E quanto a bebidas e decoração? Você faria tudo em torno de um tema? Qual seria esse tema?

Antes de continuar lendo, pare alguns instantes para reunir seus pensamentos e se comprometer com a ideia do seu restaurante...

Provavelmente, você inventou um conceito de restaurante interessante, mas a experiência me diz que você pode fazer melhor. Isso nos leva de volta ao que mencionei antes: suas primeiras ideias costumam estar presas à sua intuição ou a algumas noções que você colheu quando comia em seus restaurantes favoritos. As pessoas tendem a basear decisões em experiências passadas. Elas são agricultoras. Como você já comeu em centenas de restaurantes e acha que desenvolveu uma expertise sobre o assunto, seu cérebro engana você, levando a pensar que tem a experiência e as ferramentas para produzir um conceito de restaurante convincente.

Na história a seguir, você verá como uma abordagem vigorosa e eficiente para caçar – em vez de cultivar – pode resultar num restaurante mais digno de nota e com maior probabilidade de êxito.

Sang Kim é o rei do sushi em Toronto, embora você provavelmente não soubesse ao olhar para suas roupas pouco convencionais, seu chapéu de feltro, seus suéteres de tricô e seus óculos retrô grossos. Nascido na Coreia, Kim chegou ao estrelato da culinária depois de ajudar a abrir endereços de sushi badalados no centro de Toronto, tais como o Ki, o Blowfish e o Koko Share Bar. Mas a questão é que ele nunca abriu o seu *próprio* restaurante. Esse sonho havia esfriado, principalmente com o sucesso de sua carreira de consultor e seus cursos de sushi. Até que, em março de 2012, ele recebeu um telefonema intrigante de um amigo. Havia um imóvel vago com ótima localização, numa esquina da Baldwin Street, uma rua repleta de restaurantes perto da movimentada Spadina Avenue, celebrada como um dos centros de gastronomia de Toronto.

Kim não estava pensando em abrir um novo restaurante. Ele não tinha tempo. Sabia que precisaria de uma boa parte do ano para idealizar um conceito, criar um cardápio e fazer um plano de marketing. Embora tenha recusado educadamente, ele *ficou* tentado. O local era excelente e ele achou que podia ser divertido. A ideia ficou lhe chamando.

Quer você seja um empreendedor ou apenas alguém com boas ideias e sem horas suficientes em seu dia, você conhece essa sensação. Você tem o sonho de abrir uma empresa ou desenvolver um novo produto, mas sempre parece haver motivos para não fazer isso. Seja o temor de um fracasso ou a falta de tempo, dinheiro ou recursos, algo está impedindo você.

Depois de semanas pensando em pouca coisa além do potencial restaurante de seus sonhos, Kim finalmente concordou em pelo menos *olhar* a propriedade. Mas quando entrou ali, descobriu que o espaço havia abrigado uma franquia cafona de frango frito. As fritadeiras, as placas de cerveja de neon e os móveis baratos estavam a um mundo de distância dos restaurantes finos que ele já criara, e ele não conseguia imaginar como transformar aquilo num empreendimento condizente com seu nome e sua reputação. Questões aparentemente intratáveis aumentavam o desafio. Kim não tinha tempo para abrir um novo restaurante, que dirá partindo do zero. A estrutura existente sugeria mais um bar do que um restaurante, e havia um segundo espaço grande e inutilizável. Kim viu que o lugar tinha potencial para abrigar dois restaurantes diferentes. Mas não tinha certeza se queria criar sequer *um*.

O QUE VOCÊ FARIA?

Ponha-se no lugar de Kim. Você daria o salto? Para Kim, a escolha segura seria continuar fazendo o que ele fazia melhor: deixar os outros fazerem o mergulho financeiro e lhes prestar consultoria para um sucesso quase certo. Por outro lado, assumindo o risco, ele teria a chance de realizar o sonho de sua vida de criar seu próprio restaurante. E ele podia ser o homem certo para descobrir como abrir um restaurante num estalo. Em vez de ficar cultivando a mesma terra como chef e consultor, Kim decidiu caçar algo maior e melhor. Eis como.

Passo 1:
Desperte – Aumente o compromisso e faça pressão

Depois de deliberar pelo que pareceram eras, Kim puxou o gatilho. Ele temia estar se arriscando, mas, como todo bom caçador, era insaciavelmente curioso. Além disso, tinha uma estratégia para mitigar o risco. Em vez de dedicar um ano de sua vida a construir um restaurante, Kim criaria urgência desafiando a si mesmo a tentar algo extraordinário. Ele idealizaria e abriria dois restaurantes em um local – e faria isso tudo em apenas trinta dias.

Seria isso remotamente possível? Kim temia que pudesse estar fazendo um convite a um fracasso espetacular. Mas se *conseguisse* levar a cabo, seria seu maior feito. Uma semana depois, ele estava comprometido. Assinou seu arrendamento por cinco anos, pondo em jogo centenas de milhares de dólares.

A pressão tomou conta dele. Kim começou a questionar a si mesmo.

Animado, seu amigo lhe perguntou se ele tinha um conceito em mente. Kim considerou a pergunta estreita demais. Muitos e diversos elementos estavam envolvidos na criação de um restaurante novo e bem-sucedido. Você não pedia simplesmente um conceito tirado de um cardápio, e ele não cometeria a asneira de cultivar suas experiências passadas. Os melhores restaurantes exigem abordagens inovadoras para o cardápio, a decoração e o clima, que têm uma probabilidade muito maior de surgir de uma caça metódica a ideias do que de um único insight.

Mas Kim tinha motivos para se preocupar. A maioria dos novos restaurantes fracassa, principalmente numa metrópole competitiva como Toronto, onde, às vezes, até uma dúzia de novos restaurantes pode fechar as portas numa única semana.

Para começar a rolar a bola, Kim pregou um ponto de interrogação gigante em seu novo prédio, junto com um endereço na internet: HowToCreateARestaurantIn30Days.com (ComoCriarUmRestauranteEm30dias.com).

O rebelde estava anunciando que seu time entrara em campo para jogar, expondo a loucura de seu desafio. Será que ele conseguiria desenvolver um novo conceito, construir um restaurante proeminente, contratar uma equipe e abrir a casa em apenas um mês? Parecia impossível. Mas ali estava ele, para qualquer pessoa acompanhar e comentar em seu blog diário na internet. Essa declaração pública não apenas angariou ideias e o envolvimento do público, como também ajudou a manter Kim comprometido e responsável.

Enquanto o tempo diminuía, Kim fez uma loucura. Voou até sua cidade natal, Seul, na Coreia do Sul, para se informar sobre os últimos pratos e tendências, caçando aquela centelha imprevisível.

Ele sabia que a maioria dos restaurantes fracassa porque o dono não se importa em desenvolver um novo conceito. Sim, era insano voar meio mundo quando ele tinha menos de um mês para abrir a casa. Mas Kim achou que essa era sua única chance.

PARA LEVAR

1. **Puxe o gatilho** – Kim partiu para a ação definindo seu plano e se comprometendo financeiramente.

2. **Crie urgência** – Ele estabeleceu um prazo apertado, o que tornou sua busca um desafio maior.

3. **Crie uma responsabilidade pública** – Ao criar uma responsabilidade pública, ele pôs sua reputação em jogo. Isso aumentou seu comprometimento e ajudou a canalizar o peso de toda a sua rede de apoio.

Passo 2:
Cace – Force a si mesmo a explorar o mundo em busca de inspiração

A primeira parada de Kim na Coreia foi Gangnam, o distrito moderno e sofisticado, que se tornou conhecido graças a um vídeo imensamente popular de Park Jae Sang (conhecido como PSY), "Gangnam Style". Pense na Quinta Avenida em Nova York ou na High Street em Londres. O insaciável (em todos os sentidos da palavra) Kim comeu de tudo nos lugares mais badalados de Gangnam, provando uma dúzia de pratos por dia.

Ele não ficou impressionado.

Provar "o que está em alta agora" não estava produzindo avanços. Kim partiu para outros distritos, procurando novos padrões. Comeu animais estranhos e peixes raros e provou até sannakji, um prato de lula viva, popular na Coreia do Sul. O estranho apelo é que os tentáculos fecham seu esôfago, criando uma asfixia que dá prazer a alguns excêntricos.

Kim sabia que asfixia por lula viva não faria sucesso em Toronto, mas sabia também que é mais fácil descobrir oportunidades inovadoras quando você abre sua mente para as possibilidades. Assim como eu aprendi no Capital One a testar todo tipo de produto financeiro misterioso, Kim precisava testar toda a gama de possibilidades gastronômicas.

O tempo estava se esgotando, porém, com o tique-taque do relógio em seu encalço, Kim pensou em como se apaixonara por culinária. Ele se lembrou de estar cercado por mulheres na cozinha de sua avó. Aquelas senhoras adoravam comida e discutiam apaixonadamente sobre ingredientes, sabores e até sobre o número ideal de pratos numa refeição. Ao recordar aqueles tempos felizes da infância, Kim percebeu que suas aventuras em Gangnam haviam sido o caminho errado. Num lampejo, ele viu que, em vez de tentar caçar *a última moda do momento*, ele podia se utilizar do poder da ciclicidade e da divergência. Em outras palavras, ele podia explorar seu passado em busca de sabores e temas e aplicar esses conceitos num restaurante novo e moderno. A comida de rua da velha guarda era incrivelmente popular em Seul. Com crescente empolgação, ele percebeu que podia levar esse apelo nostálgico e a atmosfera que isso criava para seu novo restaurante. Ele faria tudo – da "culinária autêntica" à "mesa do chef" – de modo a lembrar um balcão de vendedor de rua. Ele começou a traçar um restaurante e café coreano nostálgico com ingredientes saudáveis. As recordações da comida da casa de sua mãe também geraram uma ideia para seu espaço menor. Talvez ele pudesse atrair estudantes de escolas de arte próximas com preços acessíveis.

Cada vez mais animado, ele perguntou a um grupo de estudantes coreanos qual era a comida que preferiam (lembre-se do poder da curiosidade). Quando eles aclamaram com alegria um prato chamado Duk Bok Ki (imagine um nhoque de arroz com ingredientes coreanos por cima), ele pediu que o levassem a seus endereços favoritos. Ele lhes ofereceu todas as variedades de comida possíveis e imediatamente ganhou um grupo focal maravilhosamente envolvido. Kim estava empolgado com o Duk Bok Ki, porém, mais especificamente, estava empolgado com a ideia de nostalgia e queria levá-la mais longe – em vez de apenas um único prato, ele poderia expandir o conceito e combinar todos os tipos de comidas nostálgicas coreanas e americanas. Ele sorriu ao pensar que poderia ser a primeira pessoa a fazer cheeseburguer de bulgogi (bife grelhado e marinado), mac and cheese temperado com wasabi e bolinhos de arroz com abóbora.

Kim caiu na realidade, porém, ao embarcar no avião de volta a Toronto. Como ele venceria a concorrência feroz de restaurantes em Toronto e impressionaria os críticos gastronômicos, com frequência hostis? Ele começou a pensar em como nossos tempos de juventude são cheios de competições e jogos. Será que ele poderia convergir isso com a tendência popular dos reality shows de culinária? Sentado em sua poltrona no avião, ele imaginou um concurso chamado Yakitori Top Chef. Oito chefs seriam convidados para inventar quatro espetos para um prato de yakitori epônimo único, exibindo os sabores que eram suas marcas registradas.

O jogo não poderia ser mais simples: o chef que vendesse mais seria o vencedor e poderia manter seus espetos no cardápio pelos três meses seguintes. Enquanto isso, sete novos chefs entrariam na batalha para disputar o primeiro lugar com o vencedor. Os chefs participantes receberiam uma parte dos lucros e teriam uma promoção gratuita.

Mas as ideias de Kim não pararam por aí. Em outra brilhante convergência de presente e passado, ele decidiu transformar a parte da frente de seu restaurante em uma escola de sushi. Ao longo do bar, ele pusera uma fileira comprida de mesas capazes de abrigar vinte estudantes diante de um quadro-negro digital: uma tela de 72 polegadas cheia de vídeos que ele usaria para apresentar pessoalmente suas lições favoritas. O conteúdo incluía versões pitorescas de Kim para a história do sushi. Ele imaginou uma experiência retrô, imersiva, para grandes grupos interessados em conhecer os "bastidores" da cozinha.

Kim nos mostra que identificar padrões cíclicos pode ser tão fácil quanto se conectar com o seu passado. Embora o seu passado possa ser diferente daquele do cliente, os sentimentos evocados são semelhantes: conforto, calor humano e saudade. A força da nostalgia e do retrô é que você pode explorar décadas de preferência e lembranças afetivas utilizando uma via de acesso rápido ao amor do consumidor.

PARA LEVAR

1. **Olhe fora de seu mercado** — Ao buscar ideias, Kim se colocou ativamente numa cultura diferente e num novo modo de pensar.

2. **Não se limite a uma única maneira de caçar** — Quando Kim não encontrou a inspiração que esperava, modificou rapidamente seu plano, buscando outros padrões – em particular, a nostalgia – para encontrar novas ideias.

3. **Olhe além do possível** — Kim estendeu sua caça para além dos limites do que parecia possível, incluindo comidas que poderiam nunca funcionar na América do Norte, porque queria explorar todo o espectro de possibilidades.

Passo 3:
Capture – Faça acontecer

Kim superara muitos obstáculos iniciais, mas ainda precisava se esforçar para fazer os últimos passos cruciais acontecerem.

Na última semana do desafio de trinta dias de Kim, alguns dos chefs concorrentes convidados foram testar suas participações no Yakitori Top Chef. Não surpreende que eles tenham ficado um pouco chocados ao descobrir que ainda não havia uma cozinha. Além disso, faltava também demolir paredes, canos ainda estavam expostos e a licença de Kim para vender bebidas alcoólicas ainda não fora aprovada. "Mal consegui sair da cama esta manhã, enterrado sob uma avalanche de fadiga", blogou ele. "Acho que isso pode ter algo a ver com a intensidade cumulativa de impressões, ideias, conversas, e-mails, entrevistas, reclamações – tudo isso vindo em cima de mim com uma força cada vez maior todos os dias."

Ele precisava desesperadamente impulsionar sua equipe de operários de construção e seus fornecedores. Críticos duvidaram abertamente que seu restaurante abriria no prazo. De maneira incrível, porém, o "restaurante de dois negócios" de Kim, chamado Yakitori, e a Seoul Food Company abriram suas portas no trigésimo dia. Nem tudo estava no lugar, mas graças às participações no Yakitori Top Chef a comida estava ótima. Nas semanas seguintes, o restaurante de Kim teve toda a repercussão e atenção que um chef poderia esperar.

Desde então, dezenas de chefs famosos participaram do Yakitori Top Chef, o restaurante foi classificado pelo *USA Today* como um dos melhores de Toronto, e a escola de sushi de Kim teve mais de mil turmas.

O sucesso formidável de Kim nos lembra que é importante aproveitar as tendências de sinergia certas no momento certo. Kim sabiamente se utilizou do padrão de oportunidade cíclico, canalizando nostalgia e nossa fascinação por prazeres retrô que evocam nosso passado, incluindo nossa paixão por competições divertidas.

PARA LEVAR

1. **Use as dúvidas de seus críticos como combustível** – O projeto de Kim o levou à beira da exaustão, mas o ceticismo dos outros o tornou mais determinado a ter êxito.

2. **Abra agora, conserte depois** – As ideias de Kim eram surpreendentemente poucas antes de ele começar. Mas sua ênfase na velocidade o impediu de se atolar em detalhes ou na enormidade de sua tarefa.

3. **Colabore** – Como muitos inovadores, Kim estava se forçando a ir além de sua experiência. Recrutando audaciosamente seus concorrentes para ajudá-lo, ele conseguiu cumprir o desafio autoimposto.

COMO EDUCAR O MUNDO

O lema de vida de Taylor Conroy é "destrua o normal", e não surpreende que esse seja também o nome de seu blog, *Destroy Normal*. Fiel a seu mantra, esse louro viciado em aventuras exibe uma tatuagem gigante de uma fênix no braço. Assim como J. K. Rowling, ele acredita no poder da destruição criativa.

Aos 20 anos, Conroy estava determinado a se tornar bombeiro, mas, depois de conquistar seu sonho, ele descobriu que ficar sentado esperando um incêndio para combater não era a agitação esperada. Aos 21, ele tomou a decisão incomum de comprometer 10% de sua renda com uma caridade. Ele ainda tinha uma dívida de US$ 15 mil com a faculdade, mas achou que doar uma parte de seus ganhos a uma boa causa daria mais sentido a sua vida. "Não demorou muito para eu adorar dar dinheiro. Eu sentia que estava contribuindo, como se eu estivesse fazendo a minha parte, melhorando o mundo. Embora fossem apenas uns US$ 200 por mês."[1]

Logo, o jovem e insaciável bombeiro queria mais. Ele estudou para obter uma licença de corretor de imóveis e, aos 24 anos, estava licenciado e trabalhando para a RE/MAX em Victoria, a ensolarada meca dos aposentados, na Colúmbia Britânica, no Canadá.

Como a fênix, ele reencarnara.

Conroy rapidamente se tornou o agente novato que mais faturava na firma na América do Norte. Ele sempre se certificava de guardar um dinheiro para a caridade, e o entregava a um amigo cuja igreja parecia ser um beneficiário digno. Certo domingo, seu amigo o convidou para assistir a um sermão e, depois, o pastor entregou a Conroy um envelope com seu recibo de impostos. Conroy ficou chocado ao descobrir que doara US$ 25 mil!

---

[1] Taylor Conroy, "One CRUCIAL Money-Making Activity That 99,9% of People Miss", *Destroy Normal*.

Ele não podia acreditar no que via. Seu plano de poupar crescera e se transformara em algo realmente significativo. Em pouco tempo, ele estava viciado na excitação de ganhar dinheiro – e depois doá-lo a uma causa nobre. Durante os três anos seguintes, sua franquia de imobiliárias cresceu e se tornou um empreendimento de muitos milhões de dólares. Ele comprou uma casa no litoral e uma motocicleta veloz, namorou mulheres bonitas e ficou em terceiro lugar num desafio de fisiculturismo. Conroy viajou para 33 países, surfou na onda mais longa do mundo, no Peru, treinou para se tornar professor de ioga e correu com os touros na Espanha. A essa altura, ele doara várias centenas de milhares de dólares e tinha outra enorme quantia para dar. Conroy voou para o Quênia à procura de candidatos dignos. Esperava encontrar uma instituição de caridade adequada, voltar para casa e enviar cheques de caridade até um futuro próximo. Esperava ser capaz de *comprar* sua felicidade.

Mas as crianças alegres das quais estava se tornando amigo não condiziam com suas pressuposições sobre a pobreza na África. Aquelas crianças eram felizes, mas também estavam alheias à dor e ao sofrimento que as aguardava. Metade delas tinha Aids e provavelmente morreria dentro de alguns anos. Muitas não tinham educação para escapar da catástrofe econômica. De repente, sua busca por um lugar adequado para doações ganhou uma urgência maior. No meio da procura de um lugar onde seu dinheiro pudesse ter o máximo impacto, ele se deparou com a Free the Children, uma organização que constrói escolas, cada uma delas por mais ou menos US$ 9 mil. Ao longo de vinte anos, cada escola tem o potencial de educar mil crianças, ensinando-as a ler, escrever e fazer cálculos enquanto as torna conscientes de questões sociais importantes, como a igualdade de gênero.

Conroy imediatamente fez um cheque para construir sua primeira escola. Mas depois que a escola foi construída e ele voltou a se acomodar em sua rotina regular de vender imóveis, seus pensamentos ainda estavam consumidos pelas crianças que conhecera. As mercearias lhe lembravam o desperdício de comida, enquanto os jardins da infância o faziam perceber o quanto achamos a educação uma coisa natural. Mais determinado do que nunca, ele agora estava totalmente pronto para mudar o mundo.

Mas como?

O QUE *VOCÊ* FARIA?

Conroy passou o ano e meio seguinte caçando sua ideia. Embora não tivesse muita certeza de como seu empreendimento beneficente seria, ele estava motivado por três objetivos:

1. **Destrua o normal** – Conroy estava disposto a destruir sua carreira na época porque sabia que seu propósito era servir a um objetivo altruísta.

2. **Conheça seu mercado** – Conroy não era nenhum especialista em caridade, mas passara cada momento livre estudando instituições beneficentes e modelos de negócio para tentar entender melhor o que funciona.

3. **Explore novas possibilidades** – Conroy imaginava que seu conceito não seria semelhante a ideias que já existiam. Ele precisaria pesquisar mais do que doações beneficentes para encontrar sua inspiração.

Com seu caçador interno pronto para atacar ideias, Conroy iniciou sua busca. Algumas vezes ele teve dúvidas. Ele se perguntava se deveria permanecer com seu negócio lucrativo, mas continuava a se sentir chamado para criar um empreendimento social sustentável. De algum modo, ele sabia que tinha de criar um "motor econômico para o bem social".

Seu primeiro passo foi examinar o terreno. Ele sabia que três tendências dominavam a arrecadação de fundos moderna:

1. **Eventos de doação** – Bailes de gala, espetáculos de arte, raves, maratonas e torneios de golfe expõem as pessoas à premissa de uma organização de caridade. Mas para Conroy esses modelos pareciam um desperdício, uma vez que a caridade ficava em segundo plano e o custo dos eventos podia fugir do controle.

2. **Solicitação nas ruas** – A mais recente moda em arrecadação de fundos é enviar solicitadores contratados para esquinas de ruas do centro da cidade, onde eles tentam vender diretamente uma causa aos pedestres. Essa abordagem *pode* ser muito eficiente, mas é cara e com frequência irrita as pessoas.

3. Propaganda de choque – Possíveis doadores são apresentados a uma imagem de uma criança à beira da morte, com lágrimas nos olhos, e se sentem compelidos a doar. Conroy odiava o modo como essas imagens de choque tiravam a humanidade das vítimas.

Ponha-se no lugar de Conroy por um momento e pense no processo natural que um caçador pode empregar nessa situação. Ao entender as novas tendências populares, Conroy pôde estabelecer como alvo os padrões de oportunidade para criar algo diferente. Ele começou mirando no aspecto mais forte e contagiante de um desafio de caridade e logo ficou empolgado com o conceito simples de doar juntamente com seus amigos e tornar esta uma experiência em comum agradável: "Quando eu soube que estava criando uma escola, pensei 'isso é incrível!', e eu queria uma maneira de fazer meus amigos se sentirem da mesma forma."

Para criar um protótipo para seu conceito de doação com amizade, ele iniciou um experimento de doar US$ 2.500 com amigos. Conroy enviou a cada um de seus 25 amigos mais próximos um cheque de US$ 100 pelo correio. Escolha sua instituição de caridade preferida, ele sugeriu, acrescente os fundos adicionais que você quiser e depois compartilhe no Facebook o que você fez com as doações. A maioria dos amigos de Conroy dobrou a doação, e um deles chegou a transformar os US$ 100 em US$ 800.

O primeiro experimento bem-sucedido provou que os amigos gostam de doar juntos e que Conroy podia transformar US$ 2.500 em US$ 6 mil – perto do custo da construção de uma escola.

Padrão de divergência

Como nenhuma das três tendências de doação de *status quo* agradavam a Conroy, ele buscou um modelo de negócio divergente. Isso o levou ao "Challenge Fundraising", um desafio de arrecadação. Grupos criariam seus *próprios* negócios sociais, o que lhes daria a posse do processo e da satisfação que isso proporciona.

Quando Conroy buscava uma maneira de testar tamanho desafio, Christina Pelletier, uma professora local e amiga, convidou-o para levar sua competição para as salas de aula. Com US$ 1.800 para começar, Conroy desafiou 18 turmas de uma das escolas primárias de Victoria a ver que negócio elas podiam criar com US$ 100 de capital inicial. Ele esperava que cada sala de aula pudesse gerar US$ 500, o suficiente para financiar uma escola de US$ 9 mil. As turmas fizeram de tudo, desde um simples negócio de muffins até uma minifábrica de sabão. As crianças do que Conroy chamou de "Experimento de Empreendedores Precoces" dobraram seu objetivo, financiando *duas* novas escolas de US$ 9 mil – e ao mesmo tempo dando a quatrocentos estudantes uma lição inspiradora e real de empreendedorismo e filantropia.

Padrão de aceleração

Em seu terceiro experimento, Conroy se concentrou no elemento mais bem-sucedido de seu projeto com as crianças: a competição. Ele se perguntou se o mesmo funcionaria online. Conroy mirou nesse aspecto e procurou acelerá-lo. Como a competição parecia inspirar excelência, ele desafiou os leitores de seu blog a lhe dizer a melhor maneira de transformar US$ 1 mil em US$ 5 mil, e se ofereceu para dar seus pontos de um programa de milhagem a quem tivesse a melhor ideia, prometendo enviar essa pessoa a qualquer lugar da América do Norte ou do Sul.

A ideia vencedora foi uma variação do modelo popular de solicitar doações para corridas ou caminhadas. Uma mulher pediu a 42 amigos que doassem o preço de um café com leite no Starbucks – US$ 4,20 – durante 42 dias (US$ 176,40 de cada um). Isso, combinado aos US$ 1 mil iniciais de Conroy, financiou uma escola de US$ 9 mil.

Padrão de redução

Conroy adorou o modo como essa nova estratégia simplificava e incentivava as doações. Pedir aos amigos para doar o preço de um café por dia durante pouco mais de um mês parecia criar uma conexão com as pessoas. O conceito o inspirou a ter uma nova ideia. Embora ele continuasse incerto sobre o método a perseguir, seus experimentos haviam produzido três insights importantes:

1. **Doação com amizade** – Conroy provou que essa estratégia funciona e quis acelerá-la.

2. **Filantropia de desafio** – Ao focar em status e competição, Conroy pôde criar um conceito que divergia da tendência dominante e seria bem-sucedido – como as crianças da escola haviam provado.

3. **Simplificação** – Fazer um pedido simples e tangível havia sido um sucesso extraordinário em termos de levar amigos a contribuir.

Padrão de convergência

Um dia, quando rabiscava ideias em seu quadro branco, Conroy percebeu que precisava rejeitar intencionalmente táticas de arrecadação de fundos tradicionais. Ele reagiu com um esquema que convergia todos os seus três insights principais. Chamou-o de Change Heroes, Heróis da Mudança. Sua ideia era criar uma plataforma social que permitisse às pessoas enviar vídeos personalizados para seus amigos. Imagine receber um e-mail de um amigo dizendo: "Obrigado por me receber naquele dia. Tenho uma ideia que acho que você vai adorar. Dê uma olhada nesse vídeo que fiz para você: http://www.ChangeHeroes.com/Jeremy-and-XYZs-School" (em que XYZ é seu nome, é claro). As pessoas não costumam enviar vídeos personalizados, então essa mensagem se destacaria em meio à aglomeração em sua caixa de mensagens movimentada. Você clicaria nela e veria um vídeo customizado – e a possibilidade de doar.

Havia um obstáculo técnico. Conroy precisava criar uma plataforma para permitir às pessoas gravar 33 vídeos de introdução em suas webcams para enviar a 33 amigos. E ele queria que os vídeos emendassem automaticamente com os vídeos do Change Heroes do Quênia. Queria também investigar quantas pessoas assistiam aos vídeos e permitir uma comunicação integrada, para que os participantes do Change Heroes pudessem acompanhar os amigos com o clique de um botão.

Conroy entrou em contato com Elton Pereira, um programador que se entusiasmou tanto que mergulhou no projeto imediatamente. Algumas semanas depois, Pereira telefonou para Conroy e disse: "Está pronto e funciona." Conroy disse a ele que estava animado por saber que agora podia testá-lo. "Não, eu quero dizer que já funciona", respondeu Pereira. "Eu *testei*!" Em dois dias, Pereira havia levantado dinheiro suficiente para financiar mais duas escolas.

O mundo de Conroy estava mais uma vez prestes a mudar. Sua caçada resultou numa oportunidade extraordinária, e agora ele teria que tomar uma decisão sobre como explorá-la por completo.

Ele percebeu que sua plataforma Change Heroes era formidável. Um dia, olhou pela janela de seu escritório a silhueta de condomínios e casas que poderia um dia vender. Ele me disse: "Houve um momento em que pensei 'Como estarei me sentindo daqui a um ano se vender mais quinhentas propriedades mas me perguntar se poderia ter feito uma diferença ainda maior?'"

Conroy convocou uma reunião com seus dois sócios no negócio imobiliário e perguntou a eles quais eram seus objetivos para o futuro. Seu primeiro sócio queria mais tempo livre. O segundo queria reduzir os custos e levar mais dinheiro para casa. Conroy disse: "Eu quero fazer caridade em horário integral."

Para sua surpresa, eles ficaram felicíssimos e o apoiaram, e ele conseguiu vender sua parte no negócio por um preço justo.

Conroy agora era um "herói da mudança" em horário integral.

Em seu primeiro ano, o Change Heroes levantou US$ 1 milhão e financiou cem escolas. Isso mudou a vida de 100 mil estudantes. Depois disso, Conroy discursou nas Nações Unidas, na Social Enterprise Conference de Harvard e na Universidade de Nova York. Inspirado por seu novo modo de vida, ele me disse: "As pessoas esquecem como pode ser fácil aprender coisas novas e encontrar ideias novas, mas você tem que se forçar a olhar. Quer o objetivo seja mudar o mundo ou encontrar uma nova ideia de negócio, todos nós somos capazes de muito mais do que podemos pensar."

AGRADECIMENTOS

Sig Gutsche: Este foi um ano difícil, mas tenho muita sorte por ter lhe entrevistado semanas antes de você falecer. Só percebi isso depois que você se foi, mas vejo agora que a Trend Hunter é, no fim das contas, a evolução digital de nosso esforço semanal de explorar o mundo em busca de ideias de negócios.

Kyla Gutsche: Por triunfar em meio à adversidade e criar um negócio tão formidável que transformou a vida de tantas pessoas. Por meio de sua história neste livro, espero incentivar outros com sua postura inspiradora diante da vida.

Shelby Walsh: Por todas as maneiras com que você tornou este livro, nossa empresa e minha vida melhores como chefe de pesquisa e presidente da Trend Hunter, e minha melhor metade. Obrigado por "dizer sim" durante o curso deste livro.

Jonathan Littman: Por seu trabalho editorial no livro e na estrutura. Você ajudou a refinar as histórias e – em conformidade com a sua marca – a aumentar a qualidade geral do livro.

Rick Horgan: Por ser um incansável editor executivo e levar meu jogo para o próximo nível. Sua visão não apenas reformulou a direção do livro como também minha abordagem de ideias centrais e o uso de histórias pessoais para transmitir mais profundamente a mensagem.

Tina Constable: Por sua empolgação e seu apoio como editora desde o primeiro dia até a conclusão deste livro empolgante!

Talia Krohn: Por seu entusiasmo, seu lustre editorial e seu trabalho inteligente para o lançamento do livro.

Jaime Neely: Por seu trabalho excepcional como editora sênior da Trend Hunter e na liderança das pesquisas para este projeto. Você descobriu algumas das melhores histórias do livro e é incrível em sua carreira.

Armida Ascano: Por fazer sua energia positiva brilhar sobre este livro (e nosso escritório) como uma das líderes da Trend Hunter e umas das mais brilhantes escritoras nessa montanha-russa que chamamos de vida.

Courtney Scharf: Por todas as suas ideias para integrar os insights e o trabalho da Trend Hunter junto aos clientes à prosa deste livro, acrescentando ao mesmo tempo seu entusiasmo inteligente.

Katherine Vong: Por mergulhar em centenas de histórias como parte da pesquisa inicial para este livro e continuar no projeto mesmo depois de sair da Trend Hunter e ir estudar administração.

Gil Haddi: Por ser destemida e conseguir entrevistas com algumas das pessoas mais difíceis de encontrar do planeta.

Jonathon Brown: Por seu ambicioso trabalho de equipe, seu trabalho como dublê e pela arquitetura do lançamento deste livro.

Misel Saban: Por sua flexibilidade e carisma incríveis ao administrar a publicidade de *Melhor & mais rápido*.

Equipe em tempo integral da Trend Hunter e principais colaboradores: Pelas informações preciosas e histórias incríveis. Agradecimentos especiais a Taylor Keefe, Andrew Chow, Michael Hemsworth, Tana Makmanee, Derek Cohen, Sarah St. Jules, Thomas Wade-West, Meghan Young, Jana Pijak, Laura McQuarrie, Alyson Wyers, Anne Booth, Farida Helmy, Vasiliki Marapas, Jamie Munro, Rahul Kalvapalle, Jordy Eleni, Amelia Roblin, Michael Hines, Bianca Bartz, Jacob Courtade, Katie Pagnotta e Marissa Brassfield.

Gillian MacKenzie: Por ser a melhor agente literária em atividade. Você é sempre uma aliada incrível nesse grande mundo da publicação de livros.

Ayelet Gruenspecht, Megan Perritt, Derek Reed e Campbell Wharton: Pelo entusiasmo e orientação incríveis nos detalhes da edição e no lançamento de *Melhor & mais rápido*.

Para todos aqueles que ajudaram a Trend Hunter com suas entrevistas e conselhos, incluindo: Robert Lang (origami), Diane von Fürstenberg (DVF), Hans Vriens (Red Bull), a equipe da Victoria's Secret, Ron Finley (jardineiro gângster), Jake Bronstein (Flint and Tinder), Steve Sasson (Kodak, inventor da câmera digital), Sharon DiFelice (Crayola), Ned Loach e Robert Gontier (360 Screenings), David Horvath (Uglydoll), Nicole DeBoom (Skirt Sports), Matt Schnarr (Awake Chocolate), Sophia Amoruso (Nasty Gal), Micha Kaufman (Fiverr), Josh Opperman (I Do Now I Don't), Robert Hintz e Greg Hodge (Beautiful People), Stephen Gold (IBM), Sang Kim (Yakitori) e Taylor Conroy (Change Heroes).

E, é claro, a nossos leais leitores e clientes da Trend Hunter que moldaram os insights deste livro enquanto nos ajudavam a testar teorias de negócios usando o poder de big data.

Este livro foi impresso na Intergraf Ind. Gráfica Eireli.
Rua André Rosa Coppini, 90 – São Bernardo do Campo – SP
para a Editora Rocco Ltda.